通往共享之路

——马克思社会共同需要思想的当代阐释及运用

杨 静 著

经济科学出版社

图书在版编目（CIP）数据

通往共享之路——马克思社会共同需要思想的当代阐释及运用/杨静著．—北京：经济科学出版社，2016.4

ISBN 978-7-5141-6691-0

Ⅰ.①通… Ⅱ.①杨… Ⅲ.①马克思主义-城市社会学-研究 Ⅳ.①C912.81

中国版本图书馆 CIP 数据核字（2016）第 059873 号

责任编辑：范　莹
责任校对：杨晓莹
责任印制：李　鹏

通往共享之路
—— 马克思社会共同需要思想的当代阐释及运用

杨　静　著

经济科学出版社出版、发行　新华书店经销
社址：北京市海淀区阜成路甲 28 号　邮编：100142
总编部电话：010-88191217　发行部电话：010-88191522
网址：www.esp.com.cn
电子邮箱：esp@esp.com.cn
天猫网店：经济科学出版社旗舰店
网址：http://jjkxcbs.tmall.com
北京中科印刷有限公司印装
710×1000　16 开　21.5 印张　340000 字
2016 年 4 月第 1 版　2016 年 4 月第 1 次印刷
ISBN 978-7-5141-6691-0　定价：58.00 元
(图书出现印装问题，本社负责调换。电话：010-88191502)
(版权所有　侵权必究　举报电话：010-88191586
电子邮箱：dbts@esp.com.cn)

目 录 contents

绪论 / 1

第一篇　理论探源：马克思主义的社会共同需要思想

第1章　马克思恩格斯的社会共同需要思想 / 21
1.1　社会共同需要的内涵 / 21
　　1.1.1　原始社会："社会需要"与"个人需要"区分中的利益冲突 / 22
　　1.1.2　私有制社会："社会需要"与"个人需要"分裂中的利益对立 / 24
　　1.1.3　未来社会："社会需要"与"个人需要"统一中的利益和谐共享 / 29
　　1.1.4　社会需要的基本内涵：维系社会存在与发展的共同利益需要 / 32
1.2　社会共同需要的基本特性 / 35
　　1.2.1　社会性 / 35
　　1.2.2　共同性 / 36
　　1.2.3　共享性 / 37
1.3　社会共同需要的分类 / 40
　　1.3.1　作为共同生产条件的"社会需要" / 40
　　1.3.2　作为共同消费条件的"社会需要" / 42
　　1.3.3　作为服务于共同生产条件、共同消费条件的"社会需要" / 43
1.4　社会共同需要的满足及供给 / 45
　　1.4.1　"社会需要"的满足 / 45
　　1.4.2　"社会需要"的供给 / 50

第2章 西方马克思主义学者的社会共同需要思想 / 57

2.1 社会共同需要的基本内涵 / 57
- 2.1.1 集体消费理论的背景和内涵 / 58
- 2.1.2 集体消费的影响因素与基本特征 / 60
- 2.1.3 资本主义城市中的集体消费 / 61
- 2.1.4 集体消费与社会共同需要 / 64
- 2.1.5 卡斯泰尔斯城市理论的评价 / 65

2.2 满足社会共同需要的供给属性 / 66
- 2.2.1 列斐伏尔的空间生产思想 / 66
- 2.2.2 哈维的空间生产思想与资本三级循环 / 69
- 2.2.3 资本主义国家社会共同需要供给的本质属性 / 75
- 2.2.4 列斐伏尔与哈维的空间生产、资本循环思想的评价 / 76

2.3 满足社会共同需要的政府职能 / 79
- 2.3.1 政府独立自主性 / 79
- 2.3.2 政府的公共职能与资本主义体系的维护 / 82
- 2.3.3 资本主义社会共同需要与政府职能 / 86
- 2.3.4 资本主义国家政府职能思想的评价 / 86

第二篇 揭开迷局：西方公共产品理论的反思

第3章 西方公共产品理论的发展路径与框架 / 91
3.1 公共产品与市场失灵 / 92
3.2 公共产品与政府失灵 / 97
3.3 公共产品与政府、市场的替代和合作 / 101
3.4 公共产品与需求、地域的多元化研究拓展 / 104

第4章 西方公共产品理论的四大迷局 / 108
4.1 属性界定迷局：定义、特性及分类的误导性 / 108

4.1.1　西方经济学对公共产品基本属性及其本质的认识 / 109
　　4.1.2　马克思主义经济学对公共产品基本属性及其本质的认识 / 111
4.2　**公共利益迷局：满足公共需求和公共利益的虚幻性** / 113
4.3　**市场失灵迷局：市场失灵作为划分政府与市场供给边界的局限性** / 118
　　4.3.1　公共产品中政府与市场关系的历史性内涵 / 121
　　4.3.2　公共产品的多元化供给方式及其边界条件 / 123
4.4　**方法论迷局：唯心史观与个人主义方法论的错误性** / 126

第三篇　破解困局：社会共同需要思想的当代阐释与运用

第5章　社会共同需要思想指导社会主义民生实践的理论基点 / 131
5.1　**西方公共产品理论指导我国社会主义民生实践存在的问题** / 131
　　5.1.1　西方公共产品理论对我国社会主义民生实践产生的思想影响 / 132
　　5.1.2　西方公共产品理论指导我国社会主义民生实践的弊端 / 140
　　5.1.3　西方公共产品理论指导我国社会主义民生实践的局限 / 145
5.2　**社会共同需要思想指导我国社会主义民生实践的理论基点** / 152
　　5.2.1　社会属性的决定性 / 153
　　5.2.2　公共利益的共享性 / 154
　　5.2.3　供给边界选择的动态性 / 158
　　5.2.4　方法论的客观科学性 / 163

第6章　从社会共同需要思想到社会共需品理论：对西方公共产品理论的批判性超越 / 167
6.1　**社会主义共需品的内涵** / 169
　　6.1.1　从社会发展角度理解社会共同需要的满足 / 169
　　6.1.2　从唯物史观出发理解社会共需品的普遍含义 / 170
　　6.1.3　从社会主义制度理解社会共需品的特殊内涵 / 171

6.2　社会主义共需品的特性 / 173

6.2.1　社会性 / 173
6.2.2　整体性 / 174
6.2.3　共享性 / 176
6.2.4　发展性 / 177

6.3　社会主义共需品的分类 / 179

6.3.1　维护性共需品 / 179
6.3.2　经济性共需品 / 180
6.3.3　社会性共需品 / 181

6.4　社会主义共需品的供给 / 183

6.4.1　社会主义共需品供给的三大原则 / 184
6.4.2　社会主义共需品的供给模式 / 188

第四篇　共享之路：民生型政府建设

第7章　经济发展阶段与政府财政民生支出相关性评判 / 197

7.1　经济发展阶段与政府财政民生支出的理论与实践考察 / 197

7.1.1　经济发展阶段与政府财政民生支出相关理论的回顾 / 197
7.1.2　发达国家经济发展阶段与政府财政民生支出的历史考察 / 201
7.1.3　发展中国家经济发展阶段与政府财政民生支出的历史考察 / 205
7.1.4　政府财政民生支出与经济发展阶段的相关性评判 / 208

7.2　中国经济发展阶段的国际比较评判 / 209

7.2.1　中国工业化发展阶段的国际比较评判 / 210
7.2.2　中国城镇化发展阶段的国际比较评判 / 212

第8章　我国政府财政民生共需品供给的历史考察与国际比较 / 215

8.1　我国政府财政民生共需品供给的历史考察 / 215

8.1.1　政府财政民生共需品支出指标体系构建 / 217

8.1.2　政府财政民生共需品不同发展阶段供给状况的考察 / 222
　8.2　**我国政府财政民生共需品供给的国际比较** / 250
　　8.2.1　经合组织发达国家财政民生共需品供给的历史考察 / 251
　　8.2.2　发展中国家财政民生共需品供给的历史考察 / 261
　　8.2.3　国际比较的基本判断 / 268

第9章　我国政府财政民生共需品供给绩效评价 / 270
　9.1　**政府财政民生支出绩效指标体系的借鉴** / 271
　9.2　**政府财政民生共需品供给绩效评价体系构建** / 274
　9.3　**政府财政民生共需品供给绩效的实证分析** / 277

第10章　构建民生型政府　走共享之路 / 287
　10.1　**我国政府财政民生共需品供给存在的主要问题** / 288
　　10.1.1　供给基础弱规模小、财政民生性待增强，供给存在先天不足 / 288
　　10.1.2　供给结构待优化、发展方向不明晰，供给存在后天待补 / 291
　　10.1.3　供给主体责任不清、供给形式单一，供给存在模式创新掣肘 / 295
　10.2　**我国民生型政府建设的一般框架与对策体系** / 297
　　10.2.1　民生型政府建设的整体定位 / 298
　　10.2.2　民生型政府建设的基本原则 / 299
　　10.2.3　民生型政府建设的对策体系 / 301

参考文献 / 310
后记 / 326

绪　　论

一、研究背景与研究意义

保障和改善民生是社会主义制度的本质要求，民生问题始终是历届政府施政的一个重要内容。特别是进入21世纪以来，伴随改革开放进入深水区，社会利益结构的不断分化与重组，如何持续、有效地改善民生，使经济发展成果惠及广大人民群众，已成为影响我国社会发展、稳定大局以及改革方向的重大战略问题。

党的十八大报告更是把保障和改善民生提到了一个前所未有的高度，指出"必须更加自觉地把以人为本作为深入贯彻落实科学发展观的核心立场，始终把实现好、维护好、发展好最广大人民根本利益作为党和国家一切工作的出发点和落脚点，尊重人民首创精神，保障人民各项权益，不断在实现发展成果由人民共享、促进人的全面发展上取得新成效"。党的十八届五中全会进一步提出牢固树立创新、协调、绿色、开放、共享"五位一体"的发展理念，指出"共享是中国特色社会主义的本质要求。必须坚持发展为了人民、发展依靠人民、发展成果由人民共享，做出更有效的制度安排，使全体人民在共建共享发展中有更多获得感，增强发展动力，增进人民团结，朝着共同富裕方向稳步前进"。这充分表明，在现阶段，作为社会主义国家的中国，要在不断科学发展的过程中，"以人为本"实现人的自由全面发展，必须妥善解决涉及人民群众共同需要的教育、医疗、社保等民生基本问题，不断向人人受益、人人共享迈进。而这无疑也是摆在社会主义建设者和理论者面前不可回避且必须加以重视的问题。

改善民生的政策措施需要科学的理论指导，但到目前为止，在我国还没有一套完整的民生建设理论体系。在民生建设最重要的经济领域，当前学术界存

通往共享之路
——马克思社会共同需要思想的当代阐释及运用

在着以西方公共产品理论为指导的倾向，其中教育、医疗和社保也往往被称之为民生类公共产品。不可否认，西方公共产品理论经过上百年的理论探索和社会实践，已形成日臻完善的理论体系，具有一定的合理性和较强的操作性。但是社会主义民生建设是西方从未从事过的实践，要充分认识到以西方舶来品的公共产品理论指导我国社会主义民生建设存在的理论、实践误区及弊端。从理论上看，西方公共产品理论作为资产阶级经济学的重要内容之一，是维护资本主义基本制度的产物，虽然也旨在解决人们共同需要的教育、医疗等问题，但其根本目的是为了实现资本的利润最大化，为了维持资本再生产的顺利进行，这与社会主义以"人的全面自由发展"为根本目的有着本质的区别；从实践上看，我国近些年的教育、医疗等市场化改革实践弊端不断显现，其中不乏见到以西方公共产品理论尤其是以其所谓的"市场失灵"作为划分政府市场供给边界为指导所带来的改革误区和严重后果。

事实上，民生问题一直以来都受到马克思主义的理论关注。按照马克思主义的观点，民生问题究其实质是社会共同利益需要的反映，与社会经济制度密切相关，关乎人及社会的存在与发展，涉及利益共享，而不能仅仅像西方公共产品理论那样，简单地以非竞争性、非排他性等特性作为界定公共产品，以市场失灵作为供给公共产品的依据。对此，马克思的社会共同需要思想早就有过相关论述，马克思的社会共同需要思想是涵盖和超越西方公共产品范畴更加科学、全面的思想。近几十年来，伴随西方马克思主义的发展，西方马克思主义学者从资本主义新发展出发提出了城市理论，在批判资本主义城市化动因的过程中对城市空间中具有"集体消费"特征的共同需要产品在资本主义制度中存在的供给矛盾进行了深入的分析，深刻揭示出政府供给这些满足集体消费需要产品的根本目的在于维护资本主义制度，服务于资本利益。在批判借鉴西方马克思主义城市理论的基础上，我国学者武廷海等从马克思主义关于社会主义生产的目的——实现共同富裕、服务于人的全面发展出发，提出我国的城镇化道路是一个城乡"空间共享"的价值创造过程，必须以马克思主义为指导，站在人民立场，根本上要避免资本主义城市化异化为城市资本积累和少数人攫取财富的工具，走一条更加关注民生的城镇化道路。他们提出的城乡"空间共享"思想在我国进行的民生建设中也可以借鉴。

当前，我国民生问题需要立足于社会主义实践，以马克思主义政治经济学为指导，用创新发展的社会主义政治经济学来加以解决，而不能盲目照搬照抄西方公共经济学中有关"公共产品"的理论。当然，这既不是要简单套用马克思恩格斯经典作家有关"社会共同需要"思想中的个别观点和结论来解释我国民生现实，也不能简单"引进、运用"西方公共产品理论来改造社会主义民生建设理论，而是要实现社会主义民生建设指导理论的创新发展，这就必然要求从我国社会主义制度的基本性质和实践问题出发，以马克思主义的新范畴为基础，挣脱西方概念的囚笼，构建新的民生建设指导理论体系以实现社会主义政治经济学的创新发展。

在上述背景下，本书将深入系统研究马克思的社会共同需要思想，同时借鉴西方马克思主义城市理论，结合对西方公共产品理论的批判，进一步从唯物史观出发，对马克思的社会共同需要思想进行阐释与拓展，尝试从理论上提出马克思主义社会共需品的基本内涵、特性、分类及供给的理论体系，并进一步对我国社会主义民生实践进行比较与实证研究、提出解决问题的路径，以科学、全面、系统地认识当代我国社会主义民生保障和改善问题，从而不断推动我国民生建设向人人受益、人人共享的目标迈进。尝试构建马克思主义社会共需品理论并与我国社会主义民生建设实践相结合进行比较与实证研究，是希冀能够结合中国丰富的社会主义实践提出具有中国特色的发展理论和话语体系，力争实现对西方公共产品理论的批判性超越，从而有助于破除对西方公共产品理论指导我国民生建设的路径依赖，这无疑将会对中国特色社会主义政治经济学的创新发展具有重要的理论意义，对于改革开放的成败和全面建成小康社会目标的实现具有重要的现实意义。

二、研究现状及评析

西方公共产品理论历经近三个世纪的发展，已围绕公共产品的定义、特性及分类（萨缪尔森，1954、1955；马斯格雷夫，1959；奥兹，1972；奥斯特罗姆夫妇等，2000），以及需求（蒂布特等，1956）与供给程序（德姆塞茨等，1970）、供给方式（科斯等，1974）等内容取得了深入而广泛的研究成果，形成了较为系统的理论体系。

通往共享之路
——马克思社会共同需要思想的当代阐释及运用

改革开放以来，公共产品理论作为西方舶来品引入我国后得到了学术界、政策界的广泛关注和研究。尤其是近二十年来，有些学者将西方公共产品理论运用到我国的社会主义市场经济改革实践中，尤其是在我国民生建设领域出现了一定程度以西方公共产品理论为指导的局面，这较为突出地表现在教育、医疗与社保等民生建设重要领域。但与此同时，一些学者在批判、借鉴、反思西方公共产品理论的基础上，挖掘、研究了马克思主义的公共产品理论，从马克思主义的角度探讨了公共产品存在的原因、本质、定义、特征、分类及供求等基本理论问题，并比较研究了马克思主义的公共产品理论与西方公共产品理论，指出西方公共产品理论存在的局限和误导，以及马克思主义的公共产品理论对社会主义市场经济条件下满足人民的需要、供给公共服务、加强民生建设以及构建和谐社会所具有的意义。如胡钧和贾凯君（2008）、周明海（2009）、杨静（2009）、王朝明和李西源（2010）、余斌（2014、2015）等进行的研究。

其中胡钧指出，马克思的公共产品理论是从以人为本、从整体和供给角度，围绕着社会存在和发展的共同利益需要来研究公共产品、公共服务的本质及其供求问题，市场只是当做供给公共产品的手段。而西方公共产品理论是以个人或消费占有为研究出发点，认为公共产品是弥补市场失灵的产物，围绕着消费偏好以市场需求为导向研究其供求问题。他强调比较研究这两种公共产品理论，有助于明确社会主义市场经济条件下的公共产品、公共服务本质和特征、表现形式、供给方式及选择标准等，指明马克思的公共产品理论对把握当前我国社会主义市场经济条件下扩大公共服务问题的研究奠定了理论基础。

笔者则从马克思主义视角分析了西方公共产品理论在定义、特性、分类及供给方面存在的误导性和方法论的错误性，强调只有从唯物史观出发才能科学揭示公共产品的本质，提出公共产品无论是定义还是分类都要立足其社会属性，从本质上说公共产品应是在一定社会经济条件下，以一定范围的社会共同需要为出发点，体现社会一般利益共享，为维护和促进其所依附社会经济制度发展和完善的产品。周明海认为马克思恩格斯的公共产品思想包含这样几个层次的内容，即公共产品的存在是社会再生产所必需的；公共产品的根本属性在于满足社会共同利益需要；公共产品供给的基本条件是整体供给；公共产品来源于工人创造的剩余价值；公共产品的供给量具有质的规定性。深入研究马克思主义公共产品理论，有助于正确处理经济发展与政府公共产品供给的关系以及积极推动政府职能的转变，进一步理解现阶段公共产品的供给模式选择、推进基本公共服务均等化。

王朝明、李西源的研究表明，马克思在论述阶级斗争和无产阶级国家建立过程中，在不同场合对含有公共产品蕴意的满足社会公共需要的那部分社会总产品在范围、供给（资金）来源、供给方式、供给目的和政府供给责任等方面都作了论述。马克思主义公共产品理论与现代西方公共产品理论在立论基础、理论假设、研究方法及公共产品内涵特征等方面都存在重大的理论分野。马克思主义公共产品理论采用辩证唯物主义和历史唯物主义的分析方法，坚持社会主义集体利益与个人利益关系统一观，坚持公共产品供给的国家职能和政府责任主导性，坚持公共产品的"公益性"本质和满足人的自由、全面发展之目的。马克思主义公共产品理论对中国特色公共产品理论具有指导性的建构价值。

丁兆君对公共产品理论适用性进行了再讨论，兼论了向社会共同需要论的回归。他认为公共产品理论本身至少有三方面问题需要重新认识和解读。第一，（非）竞争性是产品客观属性，而是否具有排他性则取决于外部条件；第二，产品的消费竞争程度决定了产品"公共性"的大小；第三，产品的"公共性"不等于社会共同需要。公共产品理论在界定政府与市场边界中的缺陷在于公共产品的"公共性"无法成为政府支出范畴界定的理论依据；政府支出范畴着眼于市场供给有效却忽略社会共同需要的产品。据此，重新构建政府支出的理论框架至少应包括以下三层次逻辑的内容：首先，政府支出范畴应根据社会的共同需要来界定，确保经济社会的公平正义；其次，社会共同需要的确定应是全体公民公共选择的结果，保证政府支出的社会合意性；最后，政府支出模式应结合市场手段进行创新，提高满足社会共同需要的资源利用效率。

余斌则深入揭示了西方公共产品理论在定义、供给与需求等方面存在的局限，他指出西方公共产品理论关于公共产品的定义是从消费的角度来规定的，与其说定义的是公共产品，不如说定义的是公共消费品。并进一步从马克思主义政治经济学视角将公共产品定义为是以人的活动为中介的没有交换价值或不是价值的使用价值，余斌认为这个定义中的"使用价值"不仅仅是指具体的物品，也包括语言、法律、政府、科学、教育等客观存在的东西和行为。西方公共产品供给理论的局限在于倾向于引进市场机制，由私人资本来垄断地生产公共产品，其目的是以国家权力为后盾，或者赋予垄断性、排他性经营权，或者通过政府的强制税收给予资金支持，以保证私人资本获得较高的利润，从而成为假公济私或寻租的温床；西方公共产品需求理论的局限在于在西方公共经济需求中，普通民众的需求和愿望，也受制于那些控制了金钱、权势和舆论的人。双方一致的需求是有效的公共经济需求，单独后者的需求，也是对后者有效的公共经济需求，尽管这一需求的满足往往会损害前者的利益，而单独前者的需求，就很难成为有效的公共经济需求。因此，必须从马克思主义政治经济学出发，才能知道人民群众需要的是什么，以及如何去满足人民群众的需要，并主张将私人资本替换成公有制经济部门，由后者来辅助政府生产公共产品，从而为广大人民群众进行有效的公共经济供给，满足广大人民群众的需要。

上述的研究表明，从马克思主义出发可以看到公共产品的实质是社会共同需要。但是目前学术界专门针对马克思主义社会共同需要思想进行系统研究的则不多，其内容更多地是见诸马克思的社会需要思想及其阐释的研究中，主要有社会需要的基本含义；社会需要与个人需要的辩证统一关系；社会需要的性质及其在需要体系中的地位；社会需要与社会利益的关系及其满足途径；不同社会形态中的社会需要以及社会需要与人的全面自由发展；社会需要与和谐社会构建，等等。在这些研究中，如赫勒（1976）对马克思的"社会需要"概念进行了深入分析，认为马克思在使用"社会需要"这个概念时，因为在不同范畴内，有着多重的意义，她归纳为四种含义：一是"社会的生产"的需要，这是马克思使用最多的，也是最重要的，在这个意义上"社会需要"与人类需要是一致的。二是"社会化"的人的需要，是人为了实现共产主义的需要，这是一个肯定的价值范畴。三是一个社会或阶级的平均物质产品的需要，当马克思使用这个概念时，他常常将"社会需要"加上引号，带引号的"社会需要"是以有效形式来表达的需要，反之则不是。马克思认为对于统治阶级，"社会需要"与统治阶级的真实需要是相吻合的，正是统治阶级依据他们的真实需要来规定"社会需要"的。而对于工人恰恰相反，"社会需要"仅仅是一个需要的假象，并不是他们真实的需要。四是"社会的需要"，这是非经济学的解释。

它是指人的需要不仅仅依靠生产来满足，而且还需要通过建立相应的社会制度才能真正得到满足。对于个人需要和社会需要关系的理解，赫勒尖锐批判了那些认为马克思只强调"社会"，而有意地忽视"个人"，只把个人作为社会组成部分的错误观点，她认为不能将"社会的需要"这个概念等同于"社会需要"，这是对"社会需要"的一种物化。她进一步提出马克思所说的"社会需要"更普遍，并比"个人"需要更高一层次，在面临冲突时，个体应该服从于"社会需要"，是对个人需要的满足；"社会需要"是"真正"的"个人需要"，这种"社会需要"高于"个人需要"。①

冯文光（1986）在介绍马克思著作中出现的"社会需要"概况之后，研究了马克思有关社会需要的多层次含义，如社会需要是指社会地生产出来的需要；共产主义的人的需要，是未来社会的人的需要；资本主义生产方式下有支付能力的需求；社会主义生产条件下的社会的真正需要，是社会按照比例生产所满足的需要等，并认为发现需要的历史性是制定社会需要多种主要含义的基础。而个别需要向社会需要的转化可以理解为在商品生产和商品交换发展到占统治地位的时候，所有个人的个别需要都必然表现为社会需要。②

鲍宗豪（2007、2008）则从马克思主义社会需求理论出发提出了要重视"社会需求"，以实现"社会需求和谐"。他认为从马克思关于人的需要理论中可以进一步引申出社会需求、社会需求和谐的思想与理论，以此为指导对社会需求的含义、类型及其开放性、多元性、过程性特征作进一步的阐释，并论证了马克思主义"社会需求和谐"理论的当代价值。他强调研究马克思主义社会需求理论的根本目的，是要引导人们在对当代中国的发展与现代化追求中，重视"社会需求"，实现"社会需求和谐"，并以"社会需求和谐"支撑人、自然与社会的全面协调可持续发展。

虽然马克思的社会共同需要思想蕴含于其社会需要思想中，但是社会共同需要并不完全等同于社会需要，两者所指内容并不完全一致。对此，何振一

---

① Agnes Heller, The Theory of Need in Marx, New York: ST. Martin's Press, 1976: 67–68. 转引自李晓晴：《激进需要与理性乌托邦——赫勒激进需要革命论研究》，黑龙江大学出版社2011年版，第64~65页。

② 冯文光：《马克思的需要理论》，黑龙江人民出版社1986年版，第54~62页。

(1987、2005、2012) 进行了系统研究并提出了社会共同需要论。他指出社会共同需要作为社会需要的有机组成部分，是必须由社会集中实施的社会共同事务需要，社会共同需要是社会再生产发展过程内在产生的一个客观范畴，也是一个历史范畴，社会共同需要并不是从来就有的。社会共同需要的内涵也就是维持社会正常存在和发展所必须由社会统一实施事务的需要，其本质则是社会与社会成员之间在社会再生产过程中的分工关系。其后在分析西方主流理论以市场失败为界定政府供给公共品依据的局限性之后，又提出了界定社会共同事务需要的依据在于社会共同需要具有的三个特征：一是个人或社会基本单位无力从事，只能由社会力量方能实现的事务；二是对个人或社会基本单位无直接利益或利益极少而不愿办，又是社会存在与发展所必需的事务；三是唯有社会为主体去举办，方能有效地协调相关社会成员各个方面利益的事务。他又进一步从研究对象、基本方法论、核心范畴及内涵、财政公共性等角度指出了社会共同需要论与公共财政论的区别，由此构建了基于社会共同需要论的理论财政学。[①]"社会共同需要论"是以唯物史观为指导，以人类社会财政一般为研究对象的理论体系，它填补了中外学者只研究财政个别，而不研究财政一般的理论空白。[②]

李炳炎（1990）则在研究马克思社会需要和个人需要关系的基础上，指出了社会主义社会中个人需要和公共需要的辩证统一关系。他认为劳动者在个人需要之外，产生了公共的需要，如国防的需要、生产发展的需要、行政管理的需要、公共福利的需要，等等。这些需要虽然不是劳动者个人直接用于满足的，但是它们又是个人需要的保障，或者是个人需要的补充。如果从劳动者整体角度来看，这些公共的需要也是必要的。这种公共需要已不再作为劳动者个人需要的异己力量而存在，作为扩大了的必要需要，它同劳动者的个人需要取得了一致性。它产生于个人需要，又为个人需要服务。可见，个人需要是公共需要的基础，公共需要是个人需要的前提，它们相互联系，相互依存，统一于社会主义人的需要，即自主需要。个人需要与公共需要的辩证统一，是社会主

---

① 何振一：《理论财政学》，中国财政经济出版社2005年版，第11~17页。
② 何振一：《关于"社会共同需要论"的研究及其发展》，载于《中央财经大学学报》2012年第1期。

义人的需要的特征，它们之间的矛盾就是社会主义社会最基本的矛盾。①

袁贵仁（1996）在马克思的人学思想研究中，对个人需要与社会需要的关系、社会需要的分类、社会需要与人自由全面发展的关系进行了深入研究。其中，他认为在马克思看来，从人的需要主体角度可以将需要分为个人需要和社会需要，个人需要主要同个人生活联系在一起，个人需要显然不能囊括人的全部需要。事实上，人生活在社会之中，还需要共同的社会生产和生活，要实现共同的生产和生活目标，客观上还必然存在着人的社会共同需要。如果进一步从需要的客体上看，除具有可分性能够为每个人分别占有和消费的部分外，还有一类客体，它们通常具有不可分的整体性，只能为社会共同消费，如国家机器和某些社会设施，这也说明人的需要中就客观地存在着不同于个人需要的另一类需要，即社会共同需要。社会共同需要有时候简称"社会需要"，当然马克思对"社会需要"一词有多种用法，从需要主体的角度，把"个人需要"以外的需要称为社会需要，意为"社会共同的需要"，所谓"社会共同的需要"，就是维护社会有机体的存在、发展及正常发挥其功能的需要。它主要包括三大类：一是扩大生产的需要；二是公共消费的需要；三是社会管理的需要。当社会财富总量一定时，个人需要和社会需要在数量上就必然存在此消彼长的关系，但是在社会主义社会，公有制的实现克服了劳动者个人需要和社会共同需要的根本对立，从而使两者在目的、手段和发展的方向上是一致的。②

齐守印（2002、2004、2006、2013）认为以人类需要和满足需要的活动统一综合为经济范畴，按社会生产物满足人们需要方式的不同，可以将以满足社会公共需要为宗旨、以公共权力机构为主体进行的公共物品的生产活动概括为公共经济，并在研究西方公共经济学与马克思主义相容性的基础上，提出了创建符合中国国情的社会主义公共经济学，实现公共经济理论体系的创新和发展。③他认为虽然不能把马克思主义与西方公共经济学之间直接画等号，但是马克思主义与公共经济学的基本原理及其理论基础之间存在某些一致性，因而客观上有可能运用马克思主义基本理论与方法，借鉴西方公共经济学理论，建

---

① 李炳炎：《需要价值理论——富国裕民论》，云南人民出版社1990年版，第117~123页。
② 袁贵仁：《马克思的人学思想》，北京师范大学出版社1996年版，第152~155页。
③ 齐守印：《中国公共经济体制改革与公共经济学论纲》，人民出版社2003年版，第310~322页。

立社会主义公共经济学。① 创新中国的公共经济理论体系至少应当完成五项主要任务：第一，把马克思主义理论引入公共经济学，从而实现理论基础创新；第二，在范畴、概念方面全面体现公共经济逻辑，使其概念范畴体系与公共财政学相比焕然一新，即实现理论范畴和概念体系创新；第三，将研究基点由社会再生产的分配环节转为生产环节，使其理论阐述覆盖公共物品生产、交换、分配、消费全过程，从而实现研究方式的创新；第四，以公共物品作为核心范畴和贯穿整个理论体系的主线，按照公共物品再生产四个环节和公共经济治理各主要侧面谋篇布局、构建体系，从而实现学科体系结构的创新；第五，通过研究对象、研究范围、研究范式、概念范畴和体系结构的相对独立化，实现与公共财政学等相关学科之间关系的创新。②

董瑞华和胡德平（2007）从中国公共经济学研究的马克思主义视野出发，提出在中国语境下研究公共经济学，就要求以马克思主义为指导话语。具有系统性的马克思主义公共经济思想可以归纳为"一个逻辑起点、一个建构基础和四大理论内容"，一个逻辑起点是指政治经济关系原理与国家（政府）的经济本质；一个建构基础是指对资本主义形式公共经济的批判；四大理论内容指的是公共收入理论（马克思主义的国家赋税思想）、公共支出理论、宏观调控理论、公共信用理论。这为马克思主义指导中国公共经济学的研究奠定了理论支撑。用马克思主义指导中国公共经济学研究，就必须要求从价值论、认识论和方法论三个层面上将马克思主义作为指导话语：马克思主义的公共福祉关怀必须成为中国公共经济学研究的价值取向；马克思主义的公共经济思想注入到公共经济学的基本原理中；马克思主义的经济研究方法论作为中国公共经济学的研究工具。

但是，更好地理解社会需要必须将其与利益紧密联系在一起，利益使人的需要得到满足，因此社会需要与社会利益的关系，及其满足实现的利益共享与和谐社会构建、民生问题的解决等问题成为研究的重点。如王伟光和郭宝平（1988）从需要和利益的关系出发研究了社会利益。他们指出利益是历史杠杆

---

① 齐守印：《论公共经济学与马克思主义的相容性》，载于《理论视野》2002 年第 4 期。
② 齐守印：《简论公共经济理论体系创新——兼论财政学向何处去》，载于《财政研究》2013 年第 6 期。

的支点，而需要是理解利益的钥匙，需要是形成利益的自然基础。人们一定的需要形成人们的利益，这表明需要是利益形成的基础，也说明需要本身还不是利益，因此，那种把利益与社会需要混为一谈或者把利益理解为被意识到的需要的观点是不可取的，需要只是形成利益的自然基础。但是社会关系是构成利益的社会基础，这具有两层面的含义：一是只有在一定的社会关系中，人们才可能进行社会实践活动，才能解决需要主体和需要对象之间的矛盾；二是人与人之间的社会关系制约着需要主体与需要对象之间的矛盾。而社会实践活动及其成果则是形成利益的手段和客观基础，以解决需要主体和需要客体之间的矛盾。由此，可以看出，利益使需要主体以一定的社会关系为中介，以社会实践为手段，使需要主体与需要对象之间的矛盾状态得到克服，即需要的满足。①

李炳炎（1981、1987、1990、2001、2004、2009）作为在国内最早系统研究共享经济的学者，构建了基于"需要一般"的中国特色社会主义分享经济理论的范畴体系，提出了从利益独占转到利益分享，走向共同富裕的社会主义分享经济观，认为实行利益分享是构建社会主义和谐社会的基本原则。他指出以威茨曼1986年出版的《分享经济》② 为代表的西方分享经济理论是对"滞胀"现象的解读和矫治，企图重振资本主义经济，但究其实质则是利润共享制。但是中国经济体制改革本质是公有制分享经济观的实现和实现共同富裕这一社会主义经济本性的复归，是对利益独占观的重大突破。并认为"需要一般"应当是社会主义新理论经济学的始点范畴，以需要一般为起点，必然引出自主需要（需要的社会主义形式）与生产力的矛盾，因而发展生产力是社会主义社会的根本任务和致富根本途径，要通过需要价值的再生产而实现社会主义的生产目的，自主需要得到满足。③

陈波和洪远朋（2007）则从利益和需要关系出发，认为要协调利益关系以构建利益共享的社会主义和谐社会。他们以恩格斯有关应当"结束牺牲一些人的利益来满足另一些人的需要的情况"，使"所有人共同享受大家创造出来的

---

① 王伟光、郭宝平：《社会利益论》，人民出版社1988年版，第64~69页。
② 马丁·L·威茨曼著，林青松、何家成、华生译：《分享经济——用分享制代替工资制》，中国经济出版社1986年版。
③ 李炳炎：《利益分享经济学》，山西经济出版社2009年版，第3~14、143~154页。

通往共享之路
——马克思社会共同需要思想的当代阐释及运用

福利","使社会全体成员的才能得到全面的发展"的观点出发,指出社会主义和谐社会是利益共享的社会,而协调社会利益关系是构建利益共享的社会主义和谐社会的关键。利益共享是全体人民共享社会发展的利益;目前,五大因素限制着利益共享的实现,即经济增长方式的偏差给实现利益共享带来严峻的挑战;制度不健全是实现利益共享的绊脚石;利益分配差距过大使得实现利益共享的任务更加艰巨;住房、教育、医疗、就业和社会保障等较为突出的民生问题给实现利益共享蒙上了阴影;"三农"问题是实现利益共享必须克服的"顽症"。此外,提出了协调社会利益关系应该遵循的十大思路——利益增长的思路、利益兼顾的思路、利益共享的思路、利益综合的思路、利益保障的思路、利益补偿的思路、利益制衡的思路、保证根本利益的思路、社会公平正义的思路、及时调整的思路。

何影(2013)认为人类在追求利益的过程中,由于各自利益需求的不同,必然会产生这样或那样的利益差别和利益分歧,甚至会产生对社会稳定具有威胁的利益冲突。社会要平稳地发展下去,要化解社会矛盾、解决社会冲突,就必须确保社会公正,构建合理的利益享有机制。而利益享有的不公是产生社会矛盾的根源,利益共享是和谐社会的建设目标,而利益共享理念与机制才是共同享有利益的制度保障。其中,要实现利益共享,需要相应的权威分配主体来实行权威性分配,与市场、社会相比,社会成员所享有的社会共同利益主要是由政府来配置的。政府作为配置社会共同利益的主要权威机构,其借助于相应的政策和制度来调整社会利益关系、保障社会成员共享社会利益。利益共享的价值理念和运行机制的协同作用有利于保障社会各阶层的合法权益、保障利益主体平等地参与和管理社会公共事务的权利、维护利益主体平等协商和合作共享的生活方式。[①]

武廷海(2013、2014)在借鉴以列斐伏尔、哈维等为代表的西方马克思主义城市化理论的基础上,从空间生产不能偏离空间需求的角度,提出了我国新型城镇化应该是一条城乡共生、社会公平、空间共享的城镇化道路,其根本目

[①] 何影:《利益共享的理念与机制研究——和谐社会的视角》,黑龙江大学出版社2013年版,第1~6页。

的是进一步解放和发展空间生产力,不断满足人们日益增长的空间需求。当前,我国的新城镇化道路要充分吸取西方国家的经验教训,避免资本主义城市化异化为城市资本积累和少数人攫取财富的工具,因此,必须以马克思主义为指导,站在人民立场,从马克思主义关于社会主义生产的目的——实现共同富裕,服务于人的全面发展出发,在我国城镇化进程中必须更加自觉地处理好发展中的问题,在发展方式转变过程中实现经济、社会、环境全面发展,走一条更加关注民生的城镇化道路;在发展方向上必须明确树立将人(而非资本)作为城镇化的核心这个基本观念,努力使城镇化成为一个城乡人民共享的价值创造过程,实现城乡共生、社会公平、空间共享。尽管这些研究仅仅是针对我国新型城镇化进行的理论与实践的探讨,但其中所提出观点涉及了民生众多社会共同需要的问题,可以是一种马克思主义中国化的积极探索。[①]

上述国内外研究表明,西方公共产品理论、马克思主义公共产品理论与马克思社会需要思想及与社会主义民生建设的研究已取得丰富进展。但是从这些研究的相关度以及马克思主义中国化创新发展的内在要求看,尚需从三个方面进行深入研究:一是马克思社会共同需要思想的系统梳理和研究还有待于进一步加强,尤其是将需要与利益紧密结合起来,在"个人需要"(个人利益)与"社会需要"(共同利益)的辩证统一关系中去深度认识社会共同需要的基本内涵,将有助于深刻揭示出西方公共产品理论的实质与弊端,从而明辨指导社会主义民生建设的指导思想应是马克思的社会共同需要思想;二是"公共产品"一词是西方经济学中的术语,其有特定的内涵与制度特性,虽然可以批判地借鉴其合理成分,但是解决社会主义民生建设问题,应该以马克思社会需要思想为指导,用发展的、创新的、中国化的马克思主义理论与术语来解释,照搬、照用或沿用、套用作为西方舶来品的公共产品术语,或以此术语挖掘或赋予马克思主义的相关思想,不仅易产生理论上的混淆,也易产生政策上的误导;三是马克思的社会共同需要思想还有待于结合当代国内外的民生理论与实践,从唯物史观的角度进一步加以丰富、阐释和拓展,以便更好地指导社会主

---

① 武廷海、张能、徐斌:《空间共享——新马克思主义与中国城镇化》,商务印书馆2014年版,第121~122页。

义民生建设与实现共享发展，同时也实现中国特色社会主义政治经济学有关民生建设理论的创新发展。

由此，深入系统研究马克思的社会共同需要思想，同时借鉴西方马克思主义城市理论，结合对西方公共产品理论的批判，进一步从唯物史观出发，对马克思的社会共同需要思想进行阐释与拓展，尝试从理论上提出马克思主义社会共需品的基本理论体系，并进一步对我国社会主义民生实践进行比较与实证研究，提出实现共享、解决问题的路径，具有重要的理论意义与现实意义。

三、研究思路、研究方法与研究框架

（一）研究思路

本书主要循着"文本研究——比较批判——阐释构建——现实分析——对策提出"的思路展开研究。首先从马克思社会共同需要思想的文本研究入手，深入系统研究马克思社会共同需要思想的核心内容。其次对西方公共产品理论进行全面而系统的分析、批判及反思，并结合西方公共产品理论指导社会主义民生建设产生的突出问题，指出马克思社会共同需要思想指导社会主义民生建设的科学性。然后，结合对西方马克思主义城市理论的借鉴，进一步从唯物史观出发，对马克思的社会共同需要思想进行阐释与拓展，尝试构建马克思主义社会共需品理论，并将该理论运用于我国社会主义民生建设的实践中，从实证研究的国内外比较角度，指出当前我国民生建设存在的突出问题，从宏观政策和微观举措层面提出实现共享、解决问题的路径。

具体来说，一是马克思社会共同需要思想的文本研究，有助于深刻认识西方公共产品理论的实质和弊端，从而为指导社会主义民生实践奠定理论基础；二是从唯物史观出发，对马克思的社会共同需要思想进行阐释与拓展，提出马克思主义社会共需品理论，有助于增强马克思社会共同需要思想的当代指导性与可操作性；三是将马克思主义社会共需品理论运用于我国社会主义民生保障和改善的实践，有助于从正确的理论、方法指导中探求出科学解决民生问题的路径，这将从根本上区别于沿用、套用西方公共产品术语与理论指导解决我国民生建设问题的研究趋向，以努力做到用发展的、创新的、中国化的马克思主义来指导当代中国相关实践。

（二）研究方法

科学的研究方法无论对于理论研究还是实践研究来说都是至关重要的。本书主要力求运用马克思主义的辩证唯物主义和历史唯物主义方法，采用文本分析与归纳相结合、理论与实际相结合、规范研究与实证研究相结合以及比较研究的方法，来展开研究。具体来说，主要采用了以下几种方法：

第一，文本分析与归纳相结合的方法。以《马克思恩格斯文集》《马克思恩格斯全集》中的重点篇目为主，如《德意志意识形态》《共产党宣言》《法兰西内战》《资本论》《哥达纲领批判》《家庭、私有制和国家的起源》等，辅之以其他文献资料，深入研读、挖掘和整理马克思恩格斯有关社会共同需要的思想，以及系统研究西方马克思主义城市理论中的代表性著作，不仅将散见于马克思恩格斯各个历史时期著作中有关社会共同需要的思想进行分类整理和系统归纳，还将蕴含于西方马克思主义城市理论中的社会共同需要思想进行归纳提炼，从而为本书后续研究的展开打下坚实的理论基础。

第二，理论与实际相结合的方法。理论研究的目的最终是为实践服务的。以马克思主义方法为基本的指导方法，科学借鉴马克思主义的基本理论和批判借鉴西方公共产品理论，并将这些理论与我国社会主义民生实践结合起来。理论只有通过实践才能发展，而实践离不开理论的正确指导。

第三，实证分析与规范分析相结合的方法。本书在研究中采取了实证分析为主、规范分析为辅，规范分析与实证分析相结合的方法。在具体分析中，采用了归纳与演绎相结合，数据分析与逻辑推理相结合，横向与纵向比较相结合的方法。

第四，比较的方法。对实现共享的社会主义民生建设进行研究，既需要进行历史与现实的比较，也需要从国内外比较的视角进行研究。在比较中发现问题，解决问题，以期最终能找到适合我国国情和现实需要的改革措施和途径。

（三）研究框架

从设定的研究思路出发，除绪论部分外，本书主要形成了四篇十章的研究框架，四篇主要包括理论探源、揭开迷局、破除困局、实现共享。围绕这四篇用十章的内容进行不同层面的研究，形成层层递进的研究关系，具体主要包括以下研究内容：

| 通往共享之路
——马克思社会共同需要思想的当代阐释及运用

第一篇为理论探源：马克思主义的社会共同需要思想。主要包括第1章马克思恩格斯的社会共同需要思想和第2章西方马克思主义学者的社会共同需要思想。第1章在对马克思恩格斯的社会共同需要思想的文本研究中，围绕需要和利益这条主线，系统梳理和归纳了社会共同需要的内涵、社会共同需要的基本特性、社会共同需要的分类、社会共同需要的满足及供给四大方面的内容。第2章重点研究了西方马克思主义城市理论代表性学者的思想，深度挖掘这些学者在对资本主义城市及城市化研究中所蕴含的社会共同需要的基本内涵、满足社会共同需要的供给属性、满足社会共同需要的政府职能的基本思想。

第二篇为揭开迷局：西方公共产品理论的反思。主要包括第3章西方公共产品理论的发展路径与框架和第4章西方公共产品理论的四大迷局。第3章主要从公共产品与政府市场关系的发展演进中，也就是在公共产品与市场失灵、政府失灵、政府市场的替代与合作中系统梳理了西方公共产品理论的发展路径与框架。第4章主要运用马克思主义唯物史观，从马克思主义社会共同需要的思想出发，分析并揭示出西方公共产品理论所呈现出的四大迷局，即属性界定迷局、公共利益迷局、市场失灵迷局、方法论迷局。

第三篇为破解困局：社会共同需要思想的当代阐释与运用。主要包括第5章社会共同需要思想指导社会主义民生实践的理论基点和第6章从社会共同需要思想到社会共需品理论：对西方公共产品理论的批判性超越。第5章主要从西方公共产品理论指导我国社会主义民生实践引发的问题及其弊端、局限出发，提出社会共同需要思想指导我国社会主义民生实践的四大理论基点，即社会属性的决定性；公共利益的共享性；供给边界选择的动态性；方法论的客观科学性。第6章主要从马克思主义社会共同需要思想出发在提出马克思主义社会共需品的基础上，提出社会主义共需品理论体系，主要包括社会主义共需品的内涵、社会主义共需品的特性、社会主义共需品的分类、社会主义共需品的供给。

第四篇为共享之路：民生型政府建设。主要包括第7章经济发展阶段与政府财政民生支出相关性评判；第8章我国政府财政民生共需品供给的历史考察与国际比较；第9章我国政府财政民生共需品供给绩效评价；第10章构建民生型政府走共享之路。其中，第7章在对经济发展阶段与政府财政民生支出的理论与多国实践考察的基础上，对我国经济发展阶段进行国际比较评判，从而为后续对我国政府财政民生支出进行的考量提供基本依据。第 8 章主要对改革开放以来我国政府财政民生共需品供给两个阶段进行历史考察，并与国外代表性国家进行财政民生共需品供给的国际比较研究。第 9 章从共需品供求双层约束的经济发展动态观出发，借鉴人大财经委提出的财政民生支出绩效指标体系，构建我国政府财政民生共需品供给的绩效评价体系并进行实证研究。第 10 章在指出我国政府民生共需品供给存在主要问题和进行原因分析的基础上，提出民生型政府建设的一般框架与对策体系，主要包括民生型政府建设的整体定位、基本原则与对策体系，以不断地向人民共建共享的目标迈进。

第一篇　理论探源：
马克思主义的社会共同需要思想

对马克思主义社会共同需要思想的研究，追根溯源要先回到马克思和恩格斯时期。纵观马克思和恩格斯的论著，虽然未用单独篇章详细地对社会共同需要进行阐述，但是其基本思想体现在他们从唯物史观出发所揭示出的人类社会基本结构及其演变发展规律中，他们不仅从物质资料生产活动出发，考察了不同社会生产条件下的社会共同需要，还论述了特定生产力条件下受社会生产关系影响的社会共同需要，这突出地表现在对资本主义条件下社会共同需要的研究中。马克思和恩格斯认为，社会共同需要是一个历史范畴，必须从人及人类社会的发展演进中去考察社会共同需要的基本内涵，在"个人需要"（个人利益）与"社会需要"（共同利益）的辩证统一关系中去深刻认识其基本内涵。通过系统梳理和归纳马克思和恩格斯的社会共同需要思想，可以发现他们主要围绕社会共同需要的内涵、特性、分类，以及满足与供给四个方面的内容进行了论述。

马克思和恩格斯着重论述和揭示了他们所处时代资

通往共享之路
——马克思社会共同需要思想的当代阐释及运用

本主义社会中社会共同需要的虚幻实质及其体现。但是进入20世纪，资本主义社会特别是伴随全球化、城市化的快速发展发生了日新月异的变化。如何在新的历史条件下深刻认识资本主义社会中的社会共同需要，可以通过重点梳理、研究西方马克思主义城市理论中的代表性观点加以揭示。西方马克思主义城市理论有关社会共同需要的思想主要体现在，他们从马克思主义的基本观点和方法出发，对资本主义城市化进程具有"集体消费"特征的社会共同需要内涵、满足的供给目的与属性，以及资本主义政府职能进行了深入的剖析。这些思想集中的体现在曼纽尔·卡斯泰尔斯的集体消费理论、亨利·列斐伏尔的空间生产思想，以及大卫·哈维的三级资本循环理论当中。

马克思主义社会共同需要思想的系统梳理和深度挖掘，不仅是本书后续研究展开的理论基础，也为我们深入认识资本主义社会与社会主义社会中社会共同需要的异同提供了必要的方法与方向上的指引，从而使我们明辨马克思主义社会共同需要思想才能成为社会主义民生建设的指导思想。

第1章　马克思恩格斯的社会共同需要思想

马克思恩格斯创立的唯物史观学说，通过对生产力与生产关系、经济基础与上层建筑相互作用的剖析，揭示了人类社会的基本结构及其演变发展规律，而他们有关"社会共同需要"的基本思想就见诸其中。马克思的"社会共同需要"思想在他的相关论著中，有时也被称为"社会一般（的）需要"，"社会公共（的）需要"，或称为"社会（的）需要"（以下简称"社会需要"）。①

纵观马克思和恩格斯的论著，虽未用单独篇章详细地对"社会需要"进行阐述，但是其内容是丰富多样的。他们不仅从物质资料生产活动出发，考察了不同社会生产条件下的"社会需要"，还论述了特定生产力条件下受社会生产关系影响的社会需要，这突出地表现在对资本主义条件下社会需要的研究中。对马克思恩格斯"社会需要"思想进行梳理和归纳，可以发现主要涵盖四个方面的内容，即社会需要的内涵、社会需要的特性、社会需要的分类、社会需要的满足及供给。

1.1　社会共同需要的内涵

马克思和恩格斯认为，"社会需要"是一个历史范畴，必须从人及人类社

---

① 对马克思恩格斯的社会共同需要思想的研究，为了保持和原著所用术语和论述的一致性，对马克思恩格斯在不同论著中所使用的"社会一般（的）需要""社会公共（的）需要""社会（的）需要"不做严格区分和替换。但是为了从论述和使用的简便性出发，本章将"社会共同需要"简称为"社会需要"。正如本书在绪论的研究综述中所指出的，要注意在马克思恩格斯的论著中，"社会需要"范畴所涵盖的内容要远远大于"社会共同需要"范畴，他还提出"社会需要即从社会生产和交换中产生的需要"（参见《马克思恩格斯全集》第3卷，人民出版社1995年版，第524页）。可见"社会需要"与"社会共同需要"两者所指内容并不完全一致，不能完全将两者等同起来，而可以将"社会共同需要作为社会需要的有机组成部分"（参见何振一：《理论财政学》，中国财政经济出版社2005年版，第11页）。

会的发展演进中去考察"社会需要"的基本内涵,在"个人需要"(个人利益)与"社会需要"(共同利益)的辩证统一关系中去认识"社会需要"的基本内涵。

1.1.1 原始社会:"社会需要"与"个人需要"区分中的利益冲突

在马克思恩格斯看来,"社会需要"是历史形成的,并伴随生产力的发展与生产关系的变动而变化发展。在生产力水平极为低下的原始社会,人类只能采取氏族或部落这些以血缘关系为纽带的集体生存方式,一些简单的生产工具等生产资料归氏族或部落集体所有,部落内部分工程度很低,部落成员共同劳动、共同生活。由于没有或只有很少的剩余产品,人类还没有私有财产。作为与个人生活、生产密切相关的"个人需要"和与人共同的社会生活、社会生产密切相关的"社会需要"基本上是合二为一的。原始社会实际上是人类由动物群体向人类社会的过渡状态。恩格斯指出,"人们最初怎样脱离动物界(就狭义而言),他们就怎样进入历史:他们还是半动物、是野蛮的,在自然力量面前还无能为力,还不认识他们自己的力量;所以他们像动物一样贫困,而且生产能力也未必比动物强。那时普遍存在着生活状况的某种平等,对于家长,也存在着社会地位的某种平等,至少没有社会阶级,这种状况在后来的文明民族的自然形成的农业公社中还继续存在着"。[①] 在此发展阶段上,"个人需要"与"社会需要"都处于低发展水平上,"其实在最初,需求也是极少的"[②],两者的界限与差异并不分明,需要的内容更多的受自然力量的限制,"需求本身也只是随着生产力一起发展起来的"[③]。但是,此时已产生"解决争端;制止个别人越权;监督用水"[④] 等与人共同的社会生活、社会生产密切相关的"社会需要"。由于这些"社会需要"的满足就是社会共同利益的实现,因此与共同利益密切相关,"在每个这样的公社中,一开始就存在着一定的共同利益",而"维护这种利益的工作,虽然是在全体的监督之下,却不能不由个别成员来担当",比如氏族公社的首领,即使担当、从事维护共同利益的工作是由个别成员完成,但

---

① 《马克思恩格斯文集》第 9 卷,人民出版社 2009 年版,第 186 页。
②③ 《马克思恩格斯文集》第 8 卷,人民出版社 2009 年版,第 175 页。
④ 《马克思恩格斯文集》第 9 卷,人民出版社 2009 年版,第 186 页。

是这些个别成员也是作为一个公社共同利益的代表而进行的整体性维护工作,而"这些职位被赋予了某种全权,这是国家权力的萌芽"。①

伴随生产力的不断发展和人口的不断增多,部落内部分工逐步深化,"个人需要"与"社会需要"的内容、层次开始丰富发展起来,特别是随着剩余产品的增加,私人财产的形成,"个人需要"逐步从"社会需要"中分离出来,并且两者的区别开始泾渭分明起来。从"社会需要"来看,原始社会的逐渐瓦解和私有制的逐步确立,促使维护社会秩序(比如防止剩余产品被窃)与对外防御的"社会需要"发展起来,也越来越需要更多的公共集会场所、公共生产设施、公共防御安全设施等来维系共同的社会生活和社会生产。但是与此同时,私有制的出现和分工的发展,促使"个人需要"与"社会需要"两者之间的矛盾冲突开始普遍起来并日益表现为个人利益与共同利益的冲突。马克思恩格斯指出:"随着分工的发展也产生了单个人的利益或单个家庭的利益与所有互相交往的个人的共同利益之间的矛盾;而且这种共同利益不是仅仅作为一种'普遍的东西'存在于观念之中,而首先是作为彼此有了分工的个人之间的相互依存关系存在于现实之中。"② 如何解决伴随生产力不断发展产生的个人利益与共同利益之间的冲突呢,这时开始越发依赖于作为整个共同利益代表的机构或集团,而这些产生于社会却日益独立于社会的机构,其所具有的独立性开始不断增强。对此,恩格斯指出:"生产力逐渐提高;较稠密的人口使各个公社之间在一些场合产生共同利益,在另一些场合又产生相互抵触的利益,而这些公社集合为更大的整体又引起新的分工,建立保护共同利益和防止相互抵触的利益的机构。这些机构,作为整个集体的共同利益的代表,在对每一个公社的关系上已经处于特别的、在一定情况下甚至是对立的地位,它们很快就变得更加独立了,这种情况的出现,部分地是由于职位的世袭(这种世袭在一切事情都是自发地进行的世界里差不多是自然而然地形成的),部分地是由于同别的集团的冲突的增多,使得这种机构越来越必不可少了"。③ 显然,这些机构就是国家的雏形。

---
① 《马克思恩格斯文集》第9卷,人民出版社2009年版,第186页。
② 《马克思恩格斯文集》第1卷,人民出版社2009年版,第536页。
③ 《马克思恩格斯文集》第9卷,人民出版社2009年版,第186~187页。

1.1.2 私有制社会:"社会需要"与"个人需要"分裂中的利益对立

原始社会之后,人类社会开始步入奴隶社会、封建社会与资本主义社会。从这些社会的发展演进来看,生产力是不断发展的,但是与此同时,由于私有制确立与发展和分工规律作用的进一步发挥促使人类社会进一步分裂为剥削阶级社会,"分工的规律就是阶级划分的基础"[1]。在这些剥削阶级社会中,"社会需要"的内容、层次虽然愈益丰富起来,但是由于"个人利益"与"共同利益"的更加对立,促使"社会需要"与"个人需要"关系的进一步分裂。一方面,从"社会需要"的内容来看,它随着生产力的发展和社会的进步越来越丰富多样,尤其是到了资本主义社会,由于"生产资本的迅速增长,会引起财富、奢侈、社会需要和社会享受同样迅速的增长"[2],而此时,"社会需要"的内容不仅包括公共设施、公共工程等内容,还更多的是以社会的共同事务的形式出现,主要体现为"劳动管理、国家事务、司法、科学、艺术等等"[3],比如马克思曾指出,"法律应该是社会共同的、由一定物质生产方式所产生的利益和需要的表现"[4]。另一方面,在没有阶级出现之前的原始社会,"个人需要"与"社会需要"的相一致,反映"个人需要"的"个人利益"因没有私有观念的人们为了共同利益而分工合作从而与反映"社会需要"的"共同利益"保持了一致。即使后来"个人需要"与"社会需要"日渐区分,"个人利益"和"共同利益"开始有了矛盾冲突,但是还没有上升到阶级对立所带来的两者截然对立的程度。到了阶级社会,尤其是到了资本主义社会,则出现了"个人利益"与"共同利益"的普遍对立,"社会需要"与"个人需要"关系的进一步分裂。其原因如下。

一是伴随商品经济的发展,"社会需要"的满足更加取决于特定生产方式(私有制)所决定的生产、交换、分配和消费关系,尤其是到了资本主义社会,对商品交换价值(利润)的追求取代了对原有在满足全体人民社会共同需要中

---

[1] 《马克思恩格斯文集》第9卷,人民出版社2009年版,第298页。
[2] 《马克思恩格斯文集》第1卷,人民出版社2009年版,第729页。
[3] 《马克思恩格斯文集》第9卷,人民出版社2009年版,第298页。
[4] 《马克思恩格斯全集》第6卷,人民出版社1961年版,第292页。

发挥重要作用的物的"使用价值"的追求，从而偏离了全体人民及社会的真正共同需要，引发满足"社会需要"的商品或服务的不足或相对过剩。在资本主义社会中，"一切需要，其中也包括表现为社会需要的个人需要，即个人不是作为社会中的单个人，而是同其他的人共同消费和共同要求的需要（这些需要的消费方式，按事物的本性来说，是一种社会的方式），在多大程度上通过交换的形式得到了满足，——还有，这些需要通过交换，通过个人交换，在多大程度上不仅被消费，而且还被生产出来"，① 从而使得"社会需要"的满足程度"本质上是由不同阶级的互相关系和它们各自的经济地位决定的"②。

二是在资本主义商品经济条件下，在私有制及资本逐利本性的驱动下，"个人利益"更多的是以资产阶级"私人利益"形式表现出来，从而与劳动阶级乃至社会的"共同利益（普遍利益）"发生了普遍的对立。"在历史上表现出来的两个方面，即个别人的私人利益和所谓普遍利益，总是互相伴随着的"③，"单个人的利益是要占有一切，而群体的利益是要使每个人所占有的都相等。因此，普遍利益和个人利益是直接对立的"④。在阶级社会中，"个人利益（私人利益）"与"共同利益（普遍利益）"的对立不得不借助"国家"这个"虚幻的共同体"来解决，"正是由于特殊利益和共同利益之间的这种矛盾，共同利益才采取国家这种与实际的单个利益和全体利益相脱离的独立形式，同时采取虚幻的共同体的形式"⑤，来调节"个人需要"与"社会需要"的矛盾，防止冲突的升级与失控。

社会之所以产生国家，既是阶级矛盾和阶级斗争的必然结果，同时也是维持社会自身的存在和发展的客观需要。对于国家的产生，恩格斯曾针对雅典国家指出："随着工业和交换的进一步发展，各种生产部门——农业、手工业（在手工业内又有无数行业）、商业、航海业等——之间的分工日益充分地发展起来；居民现在依其职业分成了相当稳定的集团；其中每个集团都有好多新的

---

① 《马克思恩格斯全集》第46卷（下），人民出版社1980年版，第25页。
② 《马克思恩格斯文集》第7卷，人民出版社2009年版，第203页。
③ 《马克思恩格斯全集》第3卷，人民出版社1956年版，第272~273页。
④ 《马克思恩格斯文集》第1卷，人民出版社2009年版，第73页。
⑤ 《马克思恩格斯文集》第1卷，人民出版社2009年版，第536页。

通往共享之路
——马克思社会共同需要思想的当代阐释及运用

共同的利益,这种利益在氏族或胞族内是没有存在的余地的,因而就需要创设新的公职来处理这种利益"。① 关于国家的作用,恩格斯认为:"国家是承认:这个社会陷入了不可解决的自我矛盾,分裂为不可调和的对立面而又无力摆脱这些对立面。而为了使这些对立面,这些经济利益互相冲突的阶级,不致在无谓的斗争中把自己和社会消灭,就需要有一种表面上凌驾于社会之上的力量,这种力量应当缓和冲突,把冲突保持在'秩序'的范围以内;这种从社会中产生但又自居于社会之上并且日益同社会相异化的力量,就是国家"。②

历史地看,国家的产生及其所承担满足"社会需要"的职能,正是由最初在原始社会中承担解决"个人利益"与"共同利益"矛盾冲突,以满足"个人需要"和"社会需要"的个别成员或者机构、集团等社会组织及其所从事的工作、承担的职能演变而来,但是阶级社会中的国家与原始社会中的这些个别人和机构存在着本质不同,国家作为阶级统治的工具所具有的阶级性质促使其所承担的满足"社会需要"的社会职能依附于政治统治职能,在国家政权中占据统治地位的阶级的"共同需要"与"共同利益"取代了全体人民及社会的"共同需要"与"共同利益",在国家承担的"社会职能"中得以集中体现,从而促使国家在解决阶级利益对立中不仅以"虚幻的共同体"的形式出现,还成为"虚幻共同利益"的代表。但是,对此,马克思曾指出,在剥削阶级社会中,"个人利益总是违反个人的意志而发展为阶级利益,发展为共同利益,后者脱离单独的个人而获得独立性,并在独立化过程中取得普遍利益的形式,作为普遍利益又与真正的个人发生矛盾"。③ 这段话表明,产生于社会又独立于社会的国家,虽然在独立化过程中取得"普遍利益"的形式,但是这种"普遍利益"从根本上来说是与"真正的个人"或者说全体人民及社会的真正共同需要相矛盾的,国家终究不过是以"虚幻共同体的形式"代表了"虚幻的共同利益"。

为何阶级社会中的国家会成为"虚幻共同利益"的代表,首先,因为每一个力图取得统治的阶级为了夺取政权,通过把自己标榜成共同利益的代表,来

---

① 《马克思恩格斯文集》第4卷,人民出版社2009年版,第130~131页。
② 《马克思恩格斯文集》第4卷,人民出版社2009年版,第189页。
③ 《马克思恩格斯全集》第3卷,人民出版社1965年版;第273页。

赢得所有被统治阶级的支持。事实上,这种共同利益只是名义上的。正如马克思恩格斯所指出的:"每一个企图取代旧统治阶级的新阶级,为了达到自己的目的不得不把自己的利益说成是社会全体成员的共同利益"①,"把自己的利益又说成是普遍的利益,而这是它在初期不得不如此做的"。②

其次,每个统治阶级在取得政权后,还要进一步维护政权、维护统治,就必须要利用国家这个统治工具来行使政治统治职能,但是任何政治统治职能也必须要以社会职能为基础,才能使阶级社会得以存在和发展。对此,恩格斯曾指出,国家所承担的"社会职能对社会的这种独立化怎样逐渐上升为对社会的统治;起先的公仆在情况有利时怎样逐步变为主人;这种主人怎样分别成为东方的暴君或总督,希腊的部落首领,凯尔特人的族长等等;在这种转变中,这种主人在什么样的程度上终究也使用了暴力;最后,各个统治人物怎样结合成一个统治阶级。在这里,问题仅仅在于确定这样的事实:政治统治到处都是以执行某种社会职能为基础,而且政治统治只有在它执行了它的这种社会职能时才能持续下去。不管在波斯和印度兴起或衰落的专制政府有多少,每一个专制政府都十分清楚地知道它们首先是河谷灌溉的总管,在那里,没有灌溉就不可能有农业。只有文明的英国人才在印度忽视了这一点;他们听任灌溉渠道和水闸毁坏,现在,由于周期性地发生饥荒,他们才终于发现,他们忽视了唯一能使他们在印度的统治至少同他们前人的统治一样具有某种合理性的那种行动"。③ 同时,为了使该社会阶级统治的关系维系下去,作为阶级统治工具的国家又不得不以"虚幻共同利益"代表的身份对有可能侵害剥削阶级"共同利益"的私人利益加以干涉和限制,这就使得"虚幻共同利益"更具有"虚幻性",从而戴上了维护全体人民及社会共同需要的虚假面纱。"这些始终真正地同共同利益和虚幻的共同利益相对抗的特殊利益所进行的实际斗争,使得通过国家这种虚幻的'普遍'利益来进行实际的干涉和约束成为必要。"④ 资产阶级"为了保持他们的公共利益、他们本阶级的利益、他们的政治权力而进行的

---

① 《马克思恩格斯文集》第 1 卷,人民出版社 2009 年版,第 552 页。
② 《马克思恩格斯文集》第 1 卷,人民出版社 2009 年版,第 537 页。
③ 《马克思恩格斯文集》第 9 卷,人民出版社 2009 年版,第 187 页。
④ 《马克思恩格斯文集》第 1 卷,人民出版社 2009 年版,第 537 页。

通往共享之路
——马克思社会共同需要思想的当代阐释及运用

斗争,是有碍于他们私人的事情的,因而只是使他们感到痛苦和烦恼"。①

但是,阶级社会的国家所承担的社会职能终究要从属于政治统治职能,其所代表的"虚幻的共同利益"要服从于统治阶级的"共同利益","国家是统治阶级的各个人借以实现其共同利益的形式,是该时代的整个市民社会获得集中表现的形式,所以可以得出结论:一切共同的规章都是以国家为中介的,都获得了政治形式"。②

国家自产生以后,伴随生产力和分工的发展,其所承担的满足"社会需要"的"社会职能"的范围也在不断地扩大,尤其是到了资本主义社会,资产阶级成为社会的主人,成为社会"共同利益"的集中代表,"社会需要"则更是与统治阶级的需要、资本的需要贴合起来而与劳动阶级的共同需要和利益对立起来。例如马克思在分析法国资产阶级七月王朝的社会职能时指出,"七月王朝并没有增添什么东西,不过是扩大了分工,这种分工随着资产阶级社会内部的分工愈益造成新的利益集团,即造成用于国家管理的新材料,而愈益扩大起来。每一种共同的利益,都立即脱离社会而作为一种最高的普遍的利益来与社会相对立,都不再是社会成员的自主行动而成为政府活动的对象——从某一村镇的桥梁、校舍和公共财产,直到法国的铁路、国有财产和国立大学"。③

在阶级社会中,产生并独立于社会的国家,作为"虚幻共同体"在代表"虚幻共同利益"的同时,逐步从起先的"社会公仆"变为"社会主人",特别是到了资本主义社会,国家的这种特征趋势尤为明显。对此,恩格斯指出"以往国家的特征是什么呢?社会为了维护共同的利益,最初通过简单的分工建立了一些特殊的机关。但是,随着时间的推移,这些机关——为首的是国家政权——为了追求自己的特殊利益,从社会的公仆变成了社会的主人"。尤其是在当时的美国,"我们可以最清楚地看到,本来只应为社会充当工具的国家政权怎样脱离社会而独立化",资产阶级政治家"这些人把政治变成一种生意""表面上是替国民服务,实际上却是对国民进行统治和掠夺"。④ 由此我们可以

---

① 《马克思恩格斯文集》第2卷,人民出版社2009年版,第548页。
② 《马克思恩格斯文集》第1卷,人民出版社2009年版,第584页。
③ 《马克思恩格斯文集》第2卷,人民出版社2009年版,第564~565页。
④ 《马克思恩格斯文集》第3卷,人民出版社2009年版,第110页。

看到，国家本只应当作为满足全社会的共同需要、为维护全社会共同利益服务的工具，在资本主义社会，却变成了资产阶级政治家们用以谋取私人利益的工具，满足的是私人需要。这表明，在阶级社会，国家的阶级统治职能淹没了社会职能，国家从本来的"社会公仆"变成了"社会主人"，这是国家本质的异化。

1.1.3 未来社会："社会需要"与"个人需要"统一中的利益和谐共享

马克思不仅在设想的未来共产主义社会中提出了"社会需要"与"个人需要"统一中的利益和谐共享思想，还通过对巴黎公社所进行的无产阶级革命实践经验的总结，提出无产阶级取得政权建立真正的人民政府、责任政府，实现国家"从社会主人到社会公仆"的转变，从"虚幻的共同利益"向"真正的社会共同利益"的复归、向满足真正的全体人民及社会"共同需要"复归的思想。

1871年3月爆发的巴黎公社运动，在人类历史上第一次建立了无产阶级政权。在这次伟大的无产阶级夺取国家政权的革命实践中，马克思指出"这次革命是人民为着自己的利益而重新掌握自己的社会生活的行动"。[1]"无产者对全社会负有消灭一切阶级和阶级统治的新的社会使命，只有在这一使命激励下的无产者才能够把国家这个阶级统治的工具，也就是把集权化的、组织起来的、窃据社会主人地位而不是为社会做公仆的政府权力打碎。"[2] 巴黎公社的成立"标志着巴黎的工人政府的建立！工人们已经清楚地、有意识地宣告他们的目的是解放劳动和改造社会！"[3] 公社"实质上是工人阶级的政府，是生产者阶级同占有者阶级斗争的产物，是终于发现的可以使劳动在经济上获得解放的政治形式。"[4]

巴黎公社作为无产阶级政权、工人阶级的政府，废除了资产阶级政府压迫的阶级性质，在解放劳动、解放社会的同时使国家重新变回为全体人民及社会

---

[1] 《马克思恩格斯文集》第3卷，人民出版社2009年版，第193页。
[2] 《马克思恩格斯文集》第3卷，人民出版社2009年版，第194页。
[3] 《马克思恩格斯文集》第3卷，人民出版社2009年版，第207页。
[4] 《马克思恩格斯文集》第3卷，人民出版社2009年版，第158页。

通往共享之路
——马克思社会共同需要思想的当代阐释及运用

共同需要服务的社会力量，再次成为为全社会共同利益服务的工具，实现"从社会主人到社会公仆"的转变。虽然资产阶级国家、政府的压迫性质被铲除，但是国家、政府所承担的满足"社会需要"的社会职能并未消除。马克思指出，"旧政权的纯属压迫性质的机关予以铲除，而旧政权的合理职能则从僭越和凌驾于社会之上的当局那里夺取过来，归还给社会的承担责任的勤务员"① "一切社会公职，甚至原应属于中央政府的为数不多的几项职能，都要由公社的勤务员执行，从而也就处在公社的监督之下。硬说中央的职能——不是指政府统治人民的权威，而是指由于国家的一般的共同的需要而必须执行的职能——将不可能存在，是极其荒谬的""政府的压迫力量和统治社会的权威就随着它的纯粹压迫性机构的废除而被摧毁，而政府应执行的合理职能，则不是由凌驾于社会之上的机构，而是由社会本身的承担责任的勤务员来执行"。②

在巴黎公社存续的72天里，公社公职勤勤恳恳工作，努力当好社会公仆，颁布法令400多项，发布公告400多条，大多数法令都得到了贯彻或初步实施。③公社代表们经常深入人民群众，倾听人民的呼声，颁布的法令也都是为了满足人民的需要，代表人民的利益。马克思高度评价公社"彻底清除了国家等级制，以随时可以罢免的勤务员来代替骑在人民头上作威作福的老爷们，以真正的责任制来代替虚伪的责任制"④"从来没有过这样充分地代表着选举他们的群众的代表"。⑤虽然巴黎公社以失败而告终，但是全体人民及社会的共同需要和共同利益理应成为无产阶级国家为之服务的对象、无产阶级的国家和政府应作为社会公仆为全体人民承担"社会职能"的思想却至今有着深刻的启迪意义。

国家从"从社会主人到社会公仆"的转变有助于它从统治阶级的阶级利益和阶级需要向全体人民及社会的共同利益与共同需要的复归，从而促进并实现利益在社会范围内的尽可能共享。马克思和恩格斯进一步认为，在未来的共产

---

① 《马克思恩格斯文集》第3卷，人民出版社2009年版，第156页。
② 《马克思恩格斯文集》第3卷，人民出版社2009年版，第222~223页。
③ 罗新璋编译：《巴黎公社公告集》第3卷，上海人民出版社1978年版，第3页。
④ 《马克思恩格斯文集》第3卷，人民出版社2009年版，第196页。
⑤ 《马克思恩格斯文集》第3卷，人民出版社2009年版，第190页。

主义社会,"社会需要"与"个人需要"将在更高的层次上重新合为一体,社会将充分实现利益和谐共享。

马克思认为伴随生产力的不断发展与生产关系的不断变革,人类社会终将会发展到共产主义社会。共产主义社会是消灭了私有制、消灭了阶级压迫,社会生产力获得高度发展、物质极大丰富的社会。在这个未来社会中,社会"共同利益"与"个人利益"之间的对立将消除,还能呈现出更高级别的公正和谐关系,对此,恩格斯提出,伴随生产力的发展,财富的不断增长,以及人类强健的理智对财富的支配,总有一天"社会的利益绝对地高于个人的利益,必须使这两者处于一种公正而和谐的关系之中。只要进步仍将是未来的规律,像它对于过去那样,那么单纯追求财富就不是人类的最终的命运了。……社会的瓦解,即将成为以财富为唯一的最终目的的那个历程的终结,因为这一历程包含着自我消灭的因素。管理上的民主,社会中的博爱,权利的平等,教育的普及,将揭开社会的下一个更高的阶段,经验、理智和科学正在不断向这个阶段努力。这将是古代氏族的自由、平等和博爱的复活,但却是在更高级形式上的复活"。①

在这样一个未来社会中,为满足"社会需要"承担"社会职能"的国家,它所具有的阶级性质已经退场,所承担的政治统治职能已经落幕,政治国家重新回归社会,成为真正为全体人民及社会共同需要服务的工具,再次化身为社会的管理机构。恩格斯在其早年就对此进行了充分的设想,他指出,在阶级社会中"为了使自己不受犯罪行为即公开的暴力行为的侵害,社会就需要有庞大而复杂的、耗费无数人力的行政机关和司法机关",但是"在共产主义社会里,这些机关也将无限地加以简化,而这正是因为(不管看起来是多么奇怪)在这种社会里,管理机构必须管理的不仅是社会生活的个别方面,而且是整个社会生活的一切表现、一切方面。……如果说,文明甚至在现在就已经教人们懂得,只有维护公共秩序、公共安全、公共利益,才能有自己的利益,从而尽可能地使警察机构、行政机关和司法机关变成多余的东西,那么,在利益的共同已经成为基本原则、公共利益和个人利益已经没有什么差别的社会里,情况还

---

① 《马克思恩格斯文集》第 4 卷,人民出版社 2009 年版,第 198 页。

不知要好多少倍呵！"①

伴随"共同利益"和"个人利益"差别和对立的消除，人人共享、普遍受益已成为共产主义社会发展的终极目标，而极大丰富涌流的物质财富，又使得"各尽所能，按需分配"成为可能并能成为现实，在人实现全面而自由发展的同时，"个人需要"和"社会需要"的区别和对立消失了，实现"社会需要"与"个人需要"更高层面的统一，全社会的利益也达到了前所未有的共享程度。对此，马克思是这样来具体描述的："在共产主义社会高级阶段，在迫使个人奴隶般地服从分工的情形已经消失，从而脑力劳动和体力劳动的对立也随之消失之后；在劳动已经不仅仅是谋生的手段，而且本身成了生活的第一需要之后；在随着个人的全面发展，他们的生产力也增长起来，而集体财富的一切源泉都充分涌流之后，——只有在那个时候，才能完全超出资产阶级权利的狭隘眼界，社会才能在自己的旗帜上写上：各尽所能，按需分配！"②从唯物史观出发，在"个人需要"（个人利益）与"社会需要"（共同利益）的辩证统一关系中去认识"社会需要"，可以看出利益是需要在社会化后满足的表现形式，文明史实际上是社会利益日渐分化、冲突以及对立的历史，社会变迁总与人们的需要和利益相连，因此只有不断满足全体人民及社会的共同需要，人类社会才能不断地向更高级的社会发展阶段迈进。

1.1.4 社会需要的基本内涵：维系社会存在与发展的共同利益需要

从历史唯物主义出发，对马克思有关人类社会演进中的"社会需要"思想进行的梳理，可以看出马克思考察了不同社会生产条件下的"社会需要"。以此为指导，可以总结出不同社会发展形态中"社会需要"与"个人需要"的关系，及其所折射出的"共同利益"与"个人利益"的关系，在这些需要和利益的背后，反映的是不同社会形态的生产目的（见表1-1）。

---

① 《马克思恩格斯全集》第2卷，人民出版社1957年版，第608~609页。
② 《马克思恩格斯文集》第3卷，人民出版社2009年版，第435~436页。

表1-1　不同社会形态中的"社会需要"

社会形态	经济形态	"个人需要"与"社会需要"的关系	"个人利益"和"共同利益"的关系	"社会需要"的主要表现	满足"社会需要"的主体	满足"社会需要"的根本目的
原始社会	公有制，自然经济，生产的目的是为了获取使用价值	两者合二为一，"个人需要"与"社会需要"得以共同维护	两者的矛盾冲突	以低层次的共同生活、生产条件的需要为主	个别人或者社会机构、集团	满足全体成员的共同需要，实现低水平的平均共享
私有制社会（奴隶社会、封建社会、资本主义社会）	私有制，封建社会以自然经济为主，使用价值占支配地位；资本主义社会是市场经济，交换价值和剩余价值占支配地位	两者的分裂对立，以优先满足"个人需要"为主	两者的截然对立	以共同生产、生活条件以及共同事务管理的需要为主	政治国家	以满足剥削统治阶级的共同需要，维护统治阶级剥削制度和实现阶级社会的稳定，实现的是"虚幻的共同利益"，"有限制的共享"
共产主义社会	公有制，社会生产服从于全体社会成员的需要	从对立逐步走向更高层级的合二为一，以实现更高层面的"社会需要"为主	两者差别的消失，具有一致性	以与人的全面自由发展相关的需要为主	社会管理机构	以实现人的全面自由发展为根本目的，实现的是全面的、真正的、高水平的按需共享

| **通往共享之路**
——马克思社会共同需要思想的当代阐释及运用

从表1-1中我们可以看出，在没有出现阶级之前的原始社会阶段，社会的存在和发展是与个人利益相一致的，社会共同需要反映的是社会总体利益与个人利益相一致的关系，在这个意义上社会共同需要也就是全体成员的需要。当人类社会分裂为阶级之后，剥削阶级在经济和政治上占据支配地位，成为社会的主人，剥削阶级与被剥削阶级之间的利益发生了分裂和冲突，从而社会共同需要的性质也就发生了根本变化。社会共同需要发展成为主要是维持剥削阶级统治地位和统治秩序的需要，集中体现的是统治阶级的共同利益，当然由于劳动阶级同剥削阶级共处于一个社会有机体中，社会共同需要在一定条件下也会使劳动人民从中得到某些需要的满足，可是，这些需要只能是在符合统治阶级根本利益和维护剥削阶级社会存在和发展的必要的前提下才能得到满足。[①]到了未来的共产主义社会，消灭了私有制和阶级，人人平等并全面而自由的发展，社会共同需要再次反映了社会总体利益与个人利益相一致的关系，成为全体人民真正、更高层面需要的集中体现。由此我们也能看出，在人类社会的不同发展阶段上，社会共同需要的满足所体现的利益共享也经历了从低水平的平均共享到虚幻、有限制的共享再到全面的、真正高水平的按需共享的发展演进和转变。

通过对马克思"社会需要"思想的梳理，可以看出，在他看来，无论是哪种社会形态，都存在着维持一个社会存在与发展的社会共同需要，这类社会共同需要是人类社会存在和发展必不可少的，这种社会共同需要得到满足时往往会带来利益上的共享。因此，尽管不同社会中的"社会需要"具有不同的内容、性质、形式及目的，但是我们可以对它进行一个一般理论抽象，概括出"社会需要"的基本内涵，即在某一特定历史条件下，一定社会范围内关系到一个社会有机体存在和发展的共同利益需要。一方面，在阶级社会，"社会需要"具有阶级性，这种需要主要服务于一个社会特有的生产目的，服务于统治阶级的阶级利益，因而与这个社会的基本制度密切相关；另一方面，"社会需要"又具有普惠性，它得到满足时往往会让全体成员受益，这种利益上的共享不断维护了一个社会有机体的存在与发展，以及这种社会基本制度的

[①] 何振一：《理论财政学》，中国社会科学出版社2015年版，第5~6页。

发展与完善。

1.2 社会共同需要的基本特性

"社会需要"作为维系社会存在和发展的共同利益需要,在得到满足的同时往往代表社会共同利益共享的实现。对"社会需要"性质的审视,不仅要从历史发展的客观角度,还要看到其作为社会的共同需要所反映出的与一个社会存在与发展、与一个社会的生产目的和生产关系密切相关的特性,即社会性、共同性和共享性。

1.2.1 社会性

"社会需要"的基本特性是"社会性"。"社会需要"所具有的"社会性",可以从两个层面来理解。一方面,社会性表现为这种需要是一定社会群体而不是个人的需要,从"社会,即联合起来的单个人"[1]的角度来看,"社会需要"有别于"个人需要",是指人作为社会中的人,在构成社会整体中形成的维持社会存在和发展的共同需要。"社会需要"有别于"个人需要"但绝不是和"个人需要"毫无关系,两者是辩证统一在一起的。关于需要的属性,马克思恩格斯认为,需要既有个体性,又有社会性,而第一个最为明显的属性是个体性。他们在谈论人的需要时首先是从人的个体需要出发的,但同时又强调,人为了满足个体需要,必须组成人的群体,即社会利用自然、征服自然,从自然那里获取满足需要的资料。于是,这种个体需要又"表现为社会需要的个人需要",最终表现为全社会的共同需要。[2] 所以要辩证地看待"个人需要"和"社会需要"的关系,但是对于"社会需要"来说,"社会性"是其最基本的特性。另一方面,"社会需要"的内容和结构不仅受到生产力制约还受到特定生产关系的制约。"社会需要"首先是一个客观历史范畴,其内容和结构必然首先受到生产力发展水平和程度的制约。马克思指出,需要的性质和内容都是

---

[1] 《马克思恩格斯全集》第46卷(下),人民出版社1980年版,第20页。
[2] 赵科天:《论需要范畴在哲学中的确立》,载于《甘肃社会科学》1995年第6期。

由生产决定的，有什么样的生产，就有什么样的需要。因此，评价特定"社会需要"的内容和结构是否合理，必须联系具体的生产力状况来判断。当然，在一个社会物质产品总量一定的情况下，必然会出现是满足"个人需要"还是"社会需要"的此消彼长的关系，除非物质产品极大丰富后能够按需分配才能消除两者的差别和对立。

但是"社会需要"也是一个社会范畴，它不仅是生产发展的结果，还是一定社会生产方式的产物，受一个社会的生产目的和生产关系的制约。"社会需要"能否得到满足、如何满足以及满足的程度等，也会对该社会生产关系的维系和调整发挥着反作用，从而关系到一个社会的存在及发展。对此，马克思曾指出，"我们的需要和享受是由社会产生的；因此，我们在衡量需要和享受是以社会为尺度，而不是以满足它们的物品为尺度的；因为我们的需要和享受具有社会性质，所以它们具有相对的性质"。[①] "社会需要"的满足程度"本质上是由不同阶级的互相关系和它们各自的经济地位决定的"[②]。因此，对"社会需要"的理解尤其是对"社会需要"满足的认识，必须从一个社会所特有的生产方式、生产目的出发，从"社会需要"所体现的社会性出发才能透过现象看到本质，才能认识不同的社会生产条件下，"社会需要"所体现出的异同以及为何、如何及怎样得到满足。

由此可见，在马克思的"社会需要"思想中，相对于"个人需要"的满足重在实现个人的生存与发展，"社会需要"的满足重在维持一个社会有机体的存在与发展，维护一种社会制度和秩序的正常有序运转。

1.2.2 共同性

"社会需要"既然是一种社会"共同"需要，共同性就是内生于"社会需要"的一种特性。这种共同性表明，从需要的角度来看，"社会需要"首先是一定范围内的人所具有的共同需要，这种需要具有一致性和整体性，是一定范围内人共同欲求的集中体现；从利益的角度来看，"社会需要"是关乎一定范

[①] 《马克思恩格斯文集》第1卷，人民出版社2009年版，第729页。
[②] 《马克思恩格斯文集》第7卷，人民出版社2009年版，第202页。

围内全体成员或者多数成员利益的共同需要,是这个群体内从共同目的出发、反映共同意志的共同利益的集中反映。在阶级社会中,"社会需要"则更为集中地体现为统治阶级的共同需要及利益,这种共同需要和共同利益实际上将被统治阶级排除在外,从而使得国家所代表的全体成员的"共同利益"呈现出"虚幻性"。对此,马克思指出,"任何利己主义都是在社会中靠社会来进行活动的。可见,它是以社会为前提,即以共同的目标、共同的需要、共同的生产资料等等为前提的"。①

正是"社会需要"所具有的共同性,才使满足"社会需要"的手段或主体呈现出集中化、整体性的特征。"社会需要"作为共同的需要,无法简单地按照满足"个人需要"的方式进行满足,尤其是当发生"个人利益"与"共同利益"冲突和对立的时候,它所呈现的整体性特征,就内在地要求了满足这种需要的手段或方式是以集中化的形式出现,也正是因为这些特征,才使得满足"社会需要"的主体更加依赖能够集中代表社会整体利益的社会组织来实现,特别是在国家出现以后,则由国家作为社会集中代表通过行使社会职能来整体性满足"社会需要",而使国家的社会职能成为政治职能的基础,成为维系一个社会生产关系稳定发展的关键所在。

1.2.3 共享性

通过对马克思有关人类社会发展演进中的"社会需要"思想的梳理,我们可以看出,在任何一个社会,"社会需要"与"共同利益"是紧密联系在一起的,"社会需要"的满足往往会带来利益上的共享。但是,在不同的社会形态中,"社会需要"的满足所带的利益共享程度、范围是有着本质区别的。不难看出,从原始社会到剥削阶级社会再到未来的共产主义社会,利益共享的程度、范围经历了低水平、较为均等的共享到发展的、有限制的虚幻共享再到高水平、全覆盖的真正共享的发展演变,在这一"社会需要"得到满足带来的利益共享的发展演进历程中,人的本质也在不断地发展变化着,"他们的需要即

---

① 《马克思恩格斯文集》第 1 卷,人民出版社 2009 年版,第 634 页。

通往共享之路
——马克思社会共同需要思想的当代阐释及运用

他们的本性"①，需要的发展是"人的本质力量得到新的证明，人的本质得到新的充实"②，最终向着人的"全面而自由"发展迈进，尤其是当人人受益、普遍共享时代的来临，人才能真正获得劳动解放而实现全面自由的发展。

对此，马克思曾指出，"劳动预先具有的共同性决定着对产品的参与。生产的共同性一开始就使产品成为共同的、一般的产品。最初在生产中发生的交换——这不是交换价值的交换，而是由共同需要，共同目的所决定的活动的交换——一开始就意味着单个人参与共同的产品界"。③ 然而由劳动的共同性以及生产的共同性所决定的成果的共享性，却伴随私有制的建立以及剥削阶级社会的出现而发生了本质变化，尤其是到了资本主义后，劳动对于工人阶级来说，却成为一种强制，理应的劳动产品共享在商品经济条件下却仅仅变成了以满足靠劳动谋生的工人阶级的基本需要为尺度的共享。马克思指出，在资本主义制度下，"工人的使命决定于社会需要，但是社会需要是同他格格不入的，是一种强制，他由于利己的需要、由于穷困而不得不服从这种强制，而且对他来说，社会需要的意义只在于它是满足他的直接需要的来源，正如同对社会来说，他的意义只在于他是社会需要的奴隶一样"。④ 由此可见，资本主义制度的剥削性决定了工人阶级不可能有真正的共享。不仅如此，资本家追求剩余价值的无限性使他在不断拓展社会需要的同时，将工人阶级的需要限制在生存需要的范围内，由此造成了社会的分化。正如马克思所说的那样，"由于人类自然发展的规律，一旦满足了某一范围的需要，又会游离出、创造出新的需要。因此，资本在促使劳动时间超出为满足工人身体上的需要所决定的限度时，也使社会劳动即社会的总劳动划分得越来越多，生产越来越多样化，社会需要的范围和满足这些需要的资料的范围日益扩大，从而使人的生产能力得到发展，因而使人的才能在新的方面发挥作用。但是，如果说剩余劳动时间是自由时间的条件，那么，需要的范围和满足这些需要的资料的范围的扩大是以工人限于必

---

① 《马克思恩格斯全集》第3卷，人民出版社1956年版，第514页。
② 《马克思恩格斯文集》第1卷，人民出版社2009年版，第223页。
③ 《马克思恩格斯文集》第8卷，人民出版社2009年版，第66页。
④ 《马克思恩格斯全集》第42卷，人民出版社1979年版，第29页。

要的生活需要为条件的"。①

在资本主义社会中，国家更是成为资产阶级的共同需要和利益的集中代表和体现，甚至于成为资产阶级借以谋取私人利益的手段和工具。对此，马克思在评价法国"二月革命"的时候就深刻指出，"由于政府拥有令人倾心的官职、金钱和权势，掌握政府权力就变成了统治阶级中各个争权夺利的党派争夺的对象。……二月革命升起了'社会共和国'的旗帜，这样它从一开始就证明了：国家政权的真正意义已被揭露；它冒充为维护公共利益的武装力量、假装体现着社会的共同利益——站在相互敌对的私人利益之上并把它们保持在各自的活动范围之内——的面具已被戳破"。②

而依靠国家社会职能实现的劳动阶级的共享，更要依附于、从属于资产阶级的共同利益和需要甚至于个别资本家阶层的利益，从而使劳动阶级实现的共享更具虚幻性。马克思在批判法国大资产阶级金融贵族专制时指出，"一切公共利益服从于他们的利益，他们把国家看作只是用来增加他们财产的工具。……政府、陆海军、铁路及其他公共工程的开支怎样为金融家们提供了成百上千的机会，他们贪婪地抓住这些机会用骗人的合同欺蒙公众，如此等等"。③不仅如此，资产阶级为了获取更多的私人利益和牟取暴利，不仅会牺牲整个资产阶级共同利益，还会打着满足整个社会共同需要的幌子，甚至制造出过度的"社会需要"从而引发经济的崩溃。马克思针对德国暴发户的政府以及过度投机的大金融家指出，"德国资产者为了使得他们每个人都能拯救自己私人的利益，拯救自己的资本，而牺牲了他们的共同利益，即政治利益"。④马克思还讲到 19 世纪在西欧资本主义国家曾几度发生的铁路投机，"为了能够进行投机，就必须制造生产资料和交通工具、建造工厂和铁路等等，以它们的股票作为投机的对象。到了崩溃的时候才发现，作为进行这些活动的借口的社会需要，已经大大超过了限度。在 4 年中修建的铁路、工厂、矿场等等，比在工业正常发

---

① 《马克思恩格斯全集》第 47 卷，人民出版社 1979 年版，第 260 页。
② 《马克思恩格斯全集》第 17 卷，人民出版社 1963 年版，第 659~660 页。
③ 《马克思恩格斯全集》第 10 卷，人民出版社 1998 年版，第 363 页。
④ 《马克思恩格斯全集》第 19 卷，人民出版社 1963 年版，第 73 页。

展时期 25 年中修建的还要多"。①

因此,在以私有制为基础的剥削阶级社会里是不会实现真正意义上的人人共享的。马克思认为,只有到了未来的共产主义社会,在消灭了私有制之后,劳动的共同性以及生产的共同性所决定的人人应该共享才能再次变成现实,而人才能实现更高层次的真正全面而自由发展,恩格斯在《共产主义原理》一文中对实现人的全面发展的路径进行了初步的描述,他写道:"由社会全体成员组成的共同联合体来共同地和有计划地利用生产力;把生产发展到能够满足所有人的需要的规模;结束牺牲一些人的利益来满足另一些人的需要的状况;彻底消灭阶级和阶级对立;通过消除旧的分工,通过产业教育、变换工种、所有人共同享受大家创造出来的福利,通过城乡的融合,使社会全体成员的才能得到全面发展,——这就是废除私有制的主要结果"。②

1.3　社会共同需要的分类

"社会需要"所涉及的内容是丰富的。马克思主要根据"社会需要"在维持社会存在与发展所起作用的不同,将"社会需要"划分为三类:第一类主要是作为共同生产条件的社会需要;第二类主要是作为共同消费条件的社会需要;第三类是作为服务于共同生产条件、共同消费条件的社会需要,并分别指出了这三类"社会需要"的主要内容和所发挥的作用。

1.3.1　作为共同生产条件的"社会需要"

作为共同生产条件的"社会需要",马克思指出这类需要主要由公共工程的提供来满足,主要涉及"铁路、建筑物、农业改良、排水设备等"③ 基础设施的供给。满足这类需要的目的在于推动社会再生产的有序进行,可以说这类"社会需要"的满足与社会再生产之间存在着密切关系,"社会需要"的满足是社会再生产得以进行的必要条件。

---

① 《马克思恩格斯全集》第 25 卷,人民出版社 2001 年版,第 417 页。
② 《马克思恩格斯文集》第 1 卷,人民出版社 2009 年版,第 689 页。
③ 《马克思恩格斯全集》第 31 卷,人民出版社 1998 年版,第 120 页。

第1章 马克思恩格斯的社会共同需要思想

马克思认为，作为公共工程的基础设施为整个生产过程提供了"共同生产条件"，而基础设施通常是以固定资本的形式存在，这类固定资本的特点是："作为生产资料来看，固定资本在这里与机器一类的东西不同，因为它同时被不同的资本当作它们共同的生产条件和流通条件来使用（我们在这里还没有涉及消费本身）。固定资本不是表现为被包含在特殊生产过程中的东西，而是表现为各特殊资本的大量这类生产过程的联络动脉，它就是由这些特殊资本一部分一部分的消耗掉的。因此，在这种场合，对于所有这类特殊资本及其特殊生产过程来说，固定资本是一种特殊的同它们相分离的生产部门的产品，但是，在这里不能像机器的场合那样，由一个生产者把它当作流动资本售出，由另一个生产者把它们当作固定资本买进来，相反，它只有以固定资本自身的形式才能出售"①。

马克思对作为"共同生产条件"的基础设施的论述隐含了下述意义：作为共同生产条件的固定资产，它不能被某单个生产者独家使用，它不是独占性地处在某个特殊的生产过程中，不能被卖者当作商品一次性的将整体出售给使用者。换句话说，它具有公用性、非独占性和不可分性等特性。②

从社会生产可持续的角度来看，无论是简单再生产还是扩大再生产，如果要顺利进行，都离不开作为共同生产条件的"社会需要"的满足和供给。马克思将铁路、农业灌溉与排水等基础设施视为共同生产条件的公共工程，他以美国为例论述了铁路在资本主义国家作为共同生产条件提供的必要性，"甚至可以在生产方面感到铁路的必要性；……国家还拥有特权和权力来迫使全体拿出他们的一部分收入而不是一部分资本来兴办这类公益工程，这些工程同时又是一般生产条件，因而不是某些资本家的特殊条件"。③ 即使对于落后的前资本主义国家来说，公共工程也是政府的一项必要职能，"亚洲的一切政府都不能不执行一种经济职能，即举办公共工程的职能。这种用人工方法提高土壤肥沃程度的设施靠中央政府办理，中央政府如果忽略灌溉或排水，这种设施立刻就会

---

① 《马克思恩格斯全集》第31卷，人民出版社1998年版，第123页。
② 陈共：《财政学》（第四版），中国人民大学出版社2004年版，第132页。
③ 《马克思恩格斯全集》第46卷（下），人民出版社1980年版，第24页。

荒废"。① 可见，无论在哪种社会形态中属于共同生产条件的公共工程如果能够有效地供给都将对生产发展起着积极作用。

1.3.2 作为共同消费条件的"社会需要"

作为共同消费条件的"社会需要"，主要和劳动力再生产的顺利进行密切相关，更多地体现为能够保证劳动力再生产得以顺利进行以及提升和保障劳动者的劳动能力、消费能力的共同需要，这类需要主要包括医疗卫生保健、教育、社会保障等多个层面。

在《哥达纲领批判》中，马克思在批判拉萨尔的"不折不扣的劳动所得"时分析道，社会总产品在进行个人分配之前，必须扣除"用来应付不幸事故、自然灾害等的后备基金或保险基金""用来满足共同需要的部分，如学校、保健设施等""为丧失劳动能力的人等等设立的基金"等②。其中，有关医疗卫生保健是维持劳动者自身生存和延续劳动者后代中最基本的共同需要，如果这种需要得不到满足，就谈不上劳动力价值的实现，当然也就更不能实现劳动力的再生产了。

马克思主义劳动力再生产理论不仅把劳动力看作生产力中最活跃、最重要的要素，更把劳动者作为生产和社会的主体，把劳动者的全面发展放在非常重要的地位。而教育这种"社会需要"的满足更对劳动者的个人发展以及获得更多的发展能力具有积极的意义，恩格斯在《共产主义原理》中指出教育对个人自由发展的重要意义，他说："教育将使年轻人能够很快熟悉整个生产系统，将使他们能够根据社会需要或者他们自己的爱好，轮流从一个生产部门转到另一个生产部门。因此，教育将使他们摆脱现代这种分工给每个人造成的片面性。"③ 尤其是到了未来共产主义社会，教育更是为消灭阶级差别提供了条件，因而成为实现共产主义的必要条件，因为"根据共产主义原则组织起来的社会，将使自己的成员能够全面发挥他们的得到全面发展的才能。于是各个不同的阶级也必然消灭。因此，根据共产主义原则组织起来的社会一方面不容许阶

---

① 《马克思恩格斯选集》第1卷，人民出版社1995年版，第762页。
② 《马克思恩格斯文集》第3卷，人民出版社2009年版，第432~433页。
③ 《马克思恩格斯文集》第1卷，人民出版社2009年版，第689页。

级继续存在,另一方面这个社会的建立本身为消灭阶级差别提供了手段"。①

1.3.3　作为服务于共同生产条件、共同消费条件的"社会需要"

作为服务于共同生产条件、共同消费条件的"社会需要",在马克思看来,主要涉及国家承担的社会共同事务,集中体现在政府执行的社会公共职能中。这类"社会需要"在为作为共同生产条件、共同消费条件的"社会需要"服务的同时,能够更好地实现一个社会生产关系的再生产,进而从根本上维系这个社会的存在与发展,这与满足共同生产条件的"社会需要"重在维系社会再生产、满足共同消费条件的"社会需要"重在维系劳动力再生产所起的作用有很大不同,虽然后两种"社会需要"的满足也事关一个社会的存在和发展,有助于维系一个社会生产关系的再生产,但是前一种"社会需要"在为后两种"社会需要"服务的同时能够从根本上维系一个社会特有的生产关系的再生产。

国家所承担的社会共同事务,主要体现为"劳动管理、国家事务、司法、科学、艺术等等",②由此代表国家的政府所执行的是以满足这些社会共同事务需要为目的的社会公共职能,社会公共职能的落实能够更好地服务于作为共同生产条件和共同消费条件的"社会需要"。但是需要注意的是,马克思恩格斯多次指出,进入剥削阶级社会后,"随着社会成员由于原始公社的瓦解而变为私人生产者""一切政治权利起先都是以某种经济的、社会的职能为基础的"集中于国家之后,就与真正作为"社会公共职能的执行者更加疏远"了③,并成为"一个脱离直接生产劳动的阶级,它掌管社会的共同事务",与此同时,国家"它的政治性质也随着社会的经济变化而同时改变。现代工业的进步促使资本和劳动之间的阶级对立更为发展、扩大和深化。与此同步,国家政权在性质上也越来越变成了资本借以压迫劳动的全国政权"④。"统治阶级一旦掌握政权就牺牲劳动阶级来巩固自己的统治,并把对社会的领导变成对群众的剥

---

① 《马克思恩格斯文集》第1卷,人民出版社2009年版,第689页。
② 《马克思恩格斯文集》第9卷,人民出版社2009年版,第298页。
③ 《马克思恩格斯文集》第9卷,人民出版社2009年版,第190页。
④ 《马克思恩格斯文集》第3卷,人民出版社2009年版,第152页。

通往共享之路
——马克思社会共同需要思想的当代阐释及运用

削"。① 而一切军队、警察、监狱、法庭的存在不仅仅是作为政府的公共部门为了执行、落实社会公共职能，更是为了维护或发展这种剥削阶级社会中的社会生产关系，维护统治阶级的共同利益，"为了使自己不受犯罪行为即公开的暴力行为的侵害，社会就需要有庞大而复杂的、耗费无数人力的行政机关和司法机关"。②

但是到了共产主义社会，国家才能再次真正成为"社会公共职能的执行者"，作为社会的管理机构来满足全体人民及社会的共同需要，从而维系人人生产、人人共享、人人受益的生产关系。"在共产主义社会里，……管理机构必须管理的不仅是社会生活的个别方面，而且是整个社会生活的一切表现、一切方面。……如果说，文明甚至在现在就已经教人们懂得，只有维护公共秩序、公共安全、公共利益，才能有自己的利益，从而尽可能地使警察机构、行政机关和司法机关变成多余的东西，那么，在利益的共同已经成为基本原则、公共利益和个人利益已经没有什么差别的社会里，情况还不知要好多少倍呵！"③

通过上面的分析我们可以看出，作为服务于共同生产条件、共同消费条件的"社会需要"更能体现一个社会特有的生产关系，一个社会如不能够维持它的社会关系的再生产，它就不能生存，这是历史的基本规律。无论对于什么社会，社会关系能否维系和再生产都是人类能否生存和发展的基本前提和最有力的保证。显然，在马克思看来，社会关系再生产是一种比物质结果更重要的结果，比物质产品更重要的产品，因为它与有生命的人的存在密切相关。④ 由此可见，作为服务于共同生产条件、共同消费条件的"社会需要"在对一个社会生产关系的再生产中发挥着重要的作用，更能从根本上维系着一个社会的存在与发展。

---

① 《马克思恩格斯文集》第9卷，人民出版社2009年版，第298页。
② 《马克思恩格斯全集》第2卷，人民出版社1957年版，第608页。
③ 《马克思恩格斯全集》第2卷，人民出版社1957年版，第608～609页。
④ 孙承叔：《一种被忽视的生产——马克思社会关系再生产理论的当代意义》，载于《学习与探索》2007年第4期。

1.4 社会共同需要的满足及供给

1.4.1 "社会需要"的满足

1. "社会需要"在社会产品的分配中得到满足

在马克思看来,无论何种社会形态的"社会需要"的满足都需要消费一定的社会产品,也就是必须通过一定的社会产品的分配才能实现。马克思在对社会产品进行分配的论述中,将作为集体劳动所得的社会总产品分为满足"个人需要"和"社会需要"两部分,他指出"在任何一种社会生产(例如,自然发生的印度公社的社会生产,或秘鲁人的多半是人为发展起来的共产主义的社会生产)中,总是能够区分出劳动的两个部分,一个部分的产品直接由生产者及其家属用于个人的消费,另一个部分即始终是剩余劳动的那个部分的产品,总是用来满足一般的社会需要,而不问这种剩余产品怎样分配,也不问谁执行这种社会需要的代表的职能"。[①]

马克思指出,满足"社会需要"的社会产品应率先从"集体的劳动所得就是社会总产品"中扣除,也就是在进行个人分配之前就应该根据不同的社会需要对社会产品进行分配:第一部分是"同生产没有直接关系的一般管理费用",管理费用"同现代社会比起来,这一部分一开始就会极为显著地缩减,并随着新社会的发展而日益减少"。第二部分是"用来满足共同需要的部分,如学校、保健设施等""同现代社会比起来,这一部分一开始就会显著地增加,并随着新社会的发展而日益增长"。第三部分是"为丧失劳动能力的人等等设立的基金",等等,总之,"就是现在属于所谓官办济贫事业的部分"。此外,还有"用来应付不幸事故、自然灾害等的后备基金或保险基金"等。[②]

由此可见,社会总产品在分配给个人之前,应该扣除用来满足"社会需要"的各项公共开支,这些用于满足"社会需要"的扣除,在满足社会成员的共同需要的同时,不仅保障了社会生产再生产的正常运行,还维系了一个社会

[①] 《马克思恩格斯文集》第7卷,人民出版社2009年版,第993~994页。
[②] 《马克思恩格斯文集》第3卷,人民出版社2009年版,第432页。

通往共享之路
——马克思社会共同需要思想的当代阐释及运用

的存在与发展。对此,马克思在《资本论》中论述道:"如果我们再把剩余劳动和剩余产品缩小到社会现有生产条件下一方面为了形成保险基金和准备金,另一方面为了按照社会需要所决定的程度来不断扩大再生产所要求的限度;最后,如果我们把有劳动能力的人必须总是为社会中还不能劳动或已经不能劳动的成员而进行的劳动的量,包括到1.必要劳动和2.剩余劳动中去,也就是说,如果我们把工资和剩余价值,必要劳动和剩余劳动的独特的资本主义性质去掉,——那么,剩下的就不再是这几种形式,而只是它们的为一切社会生产方式所共有的基础"。[1]

在马克思看来,无论是"个人需要"还是"社会需要"都需要通过消费社会产品得以满足。这种满足"社会需要"的社会产品,首先是具有使用价值的产品,在商品经济条件下,"说商品有使用价值,无非就是说它能满足某种社会需要"[2]。但是不能仅仅看到这些产品所具有的"使用价值"或者仅从"使用价值"的特性出发来看待或者解释这些满足"社会需要"产品的特性以及本质属性。因此,"使用价值虽然是社会需要的对象,因而处在社会联系之中,但是并不反映任何社会生产关系"。[3] 具有使用价值的私人劳动产品只有在通过与其他产品交换或充当价值形式时才具有了社会形式和社会性质,反映一定的社会生产关系,"如果劳动产品不是彼此单独进行的独立的私人劳动的产品,它们就不会成为商品。这种私人劳动的社会联系,是在物质上存在的,因为各个私人劳动是自然形成的社会分工的各个环节,因而它们的产品可以满足各种不同的需要,而这些需要的总体又构成了同样是自然形成的社会需要体系。但是,彼此单独进行的私人劳动所形成的这种物质的社会联系,只有通过他们的产品的交换才间接地得到实现,因而只有通过这种交换才能实现。所以,私人劳动的产品只有在它具有价值形式,因而具有可以与其他劳动产品相交换的形式时,它才具有社会形式。这种产品,只有当它自身的物体形式或自然形式同时是它可以与其他商品相交换的形式,或对其他商品充当价值形式的

---

[1] 《马克思恩格斯文集》第7卷,人民出版社2009年版,第992页。
[2] 《马克思恩格斯文集》第7卷,人民出版社2009年版,第206页。
[3] 《马克思恩格斯全集》第13卷,人民出版社1962年版,第16页。

时候，它才具有直接的社会形式"。① 不难看出，使用价值（商品）所反映的社会关系，也就是使用价值的"社会形式规定"本身"对于经济关系的发展，经济范畴的发展，成为本质的事情"②，而其所具有的使用价值仅仅是直接"表现一定的经济关系即交换价值的物质基础"。③

因此，马克思提出阶级社会中"社会需要"的满足程度"本质上是由不同阶级的互相关系和它们各自的经济地位决定的"④。尤其是在资本主义社会，虽然社会分工获得了更大的发展，用于满足"社会需要"的社会产品类型和总量也不断增多，但是对商品交换价值（利润）的追求取代了对原有在满足全体人民及社会共同需要中发挥重要作用的物的"使用价值"的追求，从而偏离了劳动阶级的真正共同需要，引发满足"社会需要"的社会产品供给的相对不足或过剩，劳动更加依附于资本的地位并未发生改变。对此，马克思认为，"社会需要的体系越是成为多方面的，个人的生产越是成为单方面的，也就是说，社会分工越是发展，那么作为交换价值的产品的生产或作为交换价值的产品的性质就越有决定意义"。⑤ 虽然"生产资本的迅速增长，会引起财富、奢侈、社会需要和社会享受同样迅速的增长。所以，即使工人得到的享受增加了，但是，与资本家的那些为工人所得不到的大为增加的享受相比，与一般社会发展水平相比，工人所得到的社会满足的程度反而降低了"。⑥ 由此，我们可以看出，从"社会需要"满足程度的本质出发，要求我们清醒地认识到"社会需要"满足背后所折射出来的不同社会形态中的生产关系及其特殊的生产目的，进而明确认识满足"社会需要"的社会产品的本质属性必须要从其社会属性入手。

上述分析表明，马克思语境中的社会共同需要，是需要提供一定的社会产品才能够得到满足的。满足这类社会共同需要的社会产品是一定社会经济条件下，反映社会共同需要、代表社会一般利益共享的一类产品。这类产品与用于满足个人需要的产品存在巨大差异，它总是与维持社会存在与发展密切相关，

---

① 《马克思恩格斯全集》第49卷，人民出版社1982年版，第158~159页。
② 《马克思恩格斯全集》第49卷，人民出版社1982年版，第38页。
③ 《马克思恩格斯全集》第31卷，人民出版社1998年版，第420页。
④ 《马克思恩格斯文集》第7卷，人民出版社2009年版，第202页。
⑤ 《马克思恩格斯全集》第46卷（下），人民出版社1980年版，第468页。
⑥ 《马克思恩格斯文集》第1卷，人民出版社2009年版，第729页。

反映着一个社会的生产目的和维系着这个社会的生产关系。

2. 社会需要的满足体现了一种社会集中化分配关系

马克思指出,通过社会产品的分配,才能实现"社会需要"的满足。这表明,"社会需要"的满足体现了一定社会形态中的分配关系,但是这与满足"个人需要"进行的个人分配不同的是,"社会需要"作为一种共同需要,体现的是一种社会化集中分配关系。

社会共同需要的发生及满足,必然会引起分配关系的变化。"所谓的分配关系,是同生产过程的历史地规定的特殊社会形式,以及人们在他们的人类生活的再生产过程中相互所处的关系相适应的,并且是由这些形式和关系产生的。"[①] 在马克思看来,一定社会的生产方式体现一定社会的特殊性质,决定一定社会的分配结构。就"生产、交换和消费"与"分配"之间的关系而言,"分配"既要体现一切社会生产力发展的必然要求,按比例合理分配社会资源于"生产、交换和消费"之中,又要体现一定社会的特殊性质,维护一定社会的生产关系,即一般性体现在特殊性之中。[②] 而用于满足"社会需要"的社会产品的分配,作为一种社会集中化分配,则更体现出一定社会的特殊性质,对一定社会的生产关系起着维护作用。

在阶级社会出现以后,用于满足"社会需要"的社会产品的分配,从最初体现全体成员的共同利益需要开始发展演变成为集中体现统治阶级共同利益的需要。对此,恩格斯在分析原始社会向阶级社会过渡时说:"在实行土地公有制的氏族公社或农村公社中(一切文明民族都是同这种公社一起或带着它的非常明显的残余进入历史的),相当平等地分配产品,完全是不言而喻的;如果成员之间在分配方面发生了比较大的不平等,那么,这就已经是公社开始解体的标志了"[③] "随着分配上的差别的出现,也出现了阶级差别。社会分为享有特权的和受歧视的阶级,剥削的和被剥削的阶级,统治的和被统治的阶级,而同一氏族的各个公社自然形成的集团最初只是为了维护共同利益(例如在东方是

[①] 《马克思恩格斯文集》第7卷,人民出版社2009年版,第999~1000页。
[②] 张国昀、巩军全:《马克思主义经济学框架下的国家理论研究》,中国社会科学出版社2013年版,第93页。
[③] 《马克思恩格斯文集》第9卷,人民出版社2009年版,第154~155页。

灌溉)、为了抵御外敌而发展成的国家,从此也就同样具有了这样的职能:用暴力对付被统治阶级,维持统治阶级的生活条件和统治条件。"① 可见,满足"社会需要"的社会产品的分配,根源于各个阶级的不同经济利益,由于各阶级是共处于统一的社会再生产总体中,它们之间经济利益存在着此消彼长的关系,各阶级都要尽可能地维护自己的经济利益,并且,在阶级社会中,任何一种分配关系,都是有利于统治阶级,而不利于被统治阶级的。②

但是,"不管生产过程的社会的形式怎样,生产过程必须是连续不断的,或者说,必须周而复始地经过同样一些阶段。一个社会不能停止消费,同样,它也不能停止生产。因此,每一个社会生产过程,从经常的联系和它不断更新来看,同时也就是再生产过程"。③ 在这一再生产过程中,分配以及用于满足"社会需要"的分配始终体现并渗透于其中。由此,"无论在不同社会阶段上分配方式如何不同,总是可以像在生产中那样提出一些共同的规定来,可以把一切历史差别混合或融化在一般人类规律之中"。④ 如果把各个历史阶段上的,把由不同生产方式的特殊性给满足"社会需要"的社会产品分配带来的特殊本质舍弃掉,也不问这种具体分配形式如何,不问由谁来代表社会执行这项分配职能,就会发现不同历史阶段这种分配有两点是共同的:一是都是社会再生产过程中客观形成的,用于满足社会共同需要的分配;二是都是以社会的代表占据支配地位而进行的,社会集中化的分配,反映的是社会与个人和社会集团之间的分配关系。这两个共同点用一句话概括,就是社会再生产过程中为满足社会共同需要而形成的社会集中化的分配关系。⑤

但是无论如何,满足"社会需要"的社会产品在社会分配中发挥调节、维系社会生产关系的作用。这表明,要想发挥"社会需要"对社会生产关系调节的积极作用,就需要一系列恰当的制度安排与设计来统筹这类社会产品的分配,否则,这类社会产品的缺失、不足或者相对过剩都将会对社会生产关系的

---

① 《马克思恩格斯文集》第 9 卷,人民出版社 2009 年版,第 154~155 页。
② 何振一:《理论财政学》,中国社会科学出版社 2015 年版,第 10 页。
③ 《马克思恩格斯文集》第 5 卷,人民出版社 2009 年版,第 653 页。
④ 《马克思恩格斯文集》第 8 卷,人民出版社 2009 年版,第 11 页。
⑤ 何振一:《理论财政学》,中国社会科学出版社 2015 年版,第 2~3 页。

调节发挥消极作用。

1.4.2 "社会需要"的供给

"社会需要"既然是一种社会共同需要，共同性就是内生于社会需要的一种特性。这种共同性表明，满足社会需要的社会产品是一类为社会所共同需要的产品，不仅如此，社会需要还涉及利益的共享，这就内在的决定了满足"社会需要"的社会产品在供给主体、方式和模式上与满足"个人需要"的产品存在差异。如果看不到这种差异，会导致供给方式和模式的错误选择，从而影响社会共同需要的满足，对社会存在的维持与发展将造成不利影响。

1. "社会需要"供给的国家主导性

从马克思的"社会需要"思想来看，自人类社会产生以来，"社会需要"的满足和供给集中于社会，并日渐独立于社会而未来将会再次复归社会的集体代表，即由社会组织来实现。在阶级社会，国家产生之后，"国家是整个社会的正式代表，是社会在一个有形的组织中的集中表现"①，因而，国家与"社会需要"的满足有着天然的内在联系，国家主导着满足"社会需要"的社会产品的供给，并且把社会产品的供给变成自己一项主要的社会职能。从分配的角度来看，满足"社会需要"的社会产品的分配，由最初的、非国家的纯社会机关执行的社会集中化分配，逐渐转化为国家执行的社会集中化的分配，是要靠国家行使的社会分配职能来实现的。

尽管国家作为阶级统治的工具不断行使政治职能，并使社会职能依附于政治职能，但是任何国家的存在都必须以实施满足"社会需要"的社会职能为基础，不执行这种社会职能，一个社会就无法维持其正常运转，更谈不上行使政治职能。由此可见，国家供给用于满足"社会需要"的社会产品是任何一个国家的基本职能。对此，恩格斯曾指出，"在这里我们没有必要来深入研究：社会职能对社会的这种独立化怎样逐渐上升为对社会的统治；……在这里，问题仅仅在于确定这样的事实：政治统治到处都是以执行某种社会职能为基础，而

---

① 《马克思恩格斯文集》第9卷，人民出版社2009年版，第297页。

且政治统治只有在它执行了它的这种社会职能时才能持续下去"。①

要想使国家承担各种公共事务,主导"社会需要"的供给,必须要通过从社会分配中占有一部分国民收入来完成。恩格斯指出:"为了维持这种公共权力,就需要公民缴纳费用——捐税"②,即国家通过赋税、国债等方式筹集资金。从理论上讲,税收既然是来自全体社会成员,就应该满足社会的共同需要,也就是人们经常说的"取之于民,用之于民",但是在阶级社会,统治阶级往往通过强制征税,既用税收来满足全体成员的公共需要,也会把部分税收用于满足统治阶级本身的公共需要。这表明,在阶级社会中,国家职能具有二重性,一方面,它执行着"由一切社会的性质产生的各种公共事务"的职能;另一方面又执行着"由政府同人民大众相对立而产生的各种特有的职能"。③

国家作为全体社会成员的代表,理应主导满足"社会需要"的供给,但是在阶级社会,这种供给会受到统治阶级的现实利益和成本的制约。在资本主义社会中,一方面,资产者不允许国家在执行"由一切社会的性质产生的各种公共事务"的职能的时候侵犯他们的私人利益,"资产者赋予国家的权力的多少只限于为保证他们自身的安全和维持竞争所必需的范围之内;因为资产者一般以国家公民的姿态出现只限于他们的私人利益要他们这样做的范围之内"。④ 由此可以看出,"对私人利益的考虑支配着人们的思想和行动,也支配着国家官员和立法机关代表的决策行为。……正是维护私人利益、私有财产的自私逻辑",使国家权威变成资产所有者的奴仆,使整个国家制度沦为资产所有者的工具。⑤ 由于"私人利益把自己看作是世界的最终目的"⑥,马克思认为,"私人利益的空虚的灵魂从来没有被国家观念所照亮和熏染,它的这种非分要求对于国家来说是一个严重而切实的考验。如果国家哪怕在一个方面降低到这种水平,即按私有财产的方式而不是按自己本身的方式来行动,那么由此直接可以得出结论说,国家应该适应私有财产的狭隘范围来选择自己的手段。私人利益

---

① 《马克思恩格斯文集》第9卷,人民出版社2009年版,第187页。
② 《马克思恩格斯文集》第4卷,人民出版社2009年版,第190页。
③ 《马克思恩格斯文集》第7卷,人民出版社2009年版,第431~432页。
④ 《马克思恩格斯全集》第3卷,人民出版社1965年版,第412页。
⑤ 《马克思恩格斯全集》第1卷,人民出版社1995年版,第7页。
⑥ 《马克思恩格斯全集》第1卷,人民出版社1995年版,第272~273页。

| 通往共享之路
——马克思社会共同需要思想的当代阐释及运用

非常狡猾，它会得出进一步的结论，把自己最狭隘和最空虚的形态宣布为国家活动的范围和准则"。① 由此，"资产者的假仁假义的虚伪的意识形态用歪曲的形式把自己的特殊利益冒充为普遍的利益"②，从而使得国家在执行所谓的"一切社会的性质产生的各种公共事务"的职能中对"社会需要"的满足呈现出更大的"虚幻性"，进而蒙蔽广受剥削的劳动阶级的眼睛，自以为在"社会需要"的满足中获得了所谓的真正利益共享。

另一方面，在资本主义社会，满足"社会需要"的供给最终要取决于资本家对利润追逐的界限。马克思指出："生产的扩大或缩小，不是取决于生产和社会需要即社会地发展了的人的需要之间的关系，而是取决于无酬劳动的占有以及这个无酬劳动和对象化劳动之比，或者按照资本主义的说法，取决于利润以及这个利润和所使用的资本之比，即一定水平的利润率。因此，当生产扩大到在另一个前提下还显得远为不足的程度时，对资本主义生产的限制已经出现了。资本主义生产不是在需要的满足要求停顿时停顿，而是在利润的生产和实现要求停顿时停顿。"③ 马克思以修建道路这样的公共工程为例，揭示出资产阶级国家的公共需要往往成为资本家获取利润的手段，他说："为了使资本从事道路的修筑，必须有这样的条件：不仅工人完成的必要劳动时间，而且工人完成的剩余劳动时间，也能得到支付，——从而，资本的利润得到支付（资本家往往通过保护关税、垄断、国家强制手段勒索到这种支付）"。④

不仅如此，国家在行使社会职能、处理社会公共事务时也必须是尽可能合理而经济的，不能超于资本的成本限制，对此，马克思指出："在资产阶级共和国里，生活的各个领域都处在自由竞争的无限的统治之下，总共只留下一个必需的最低限度的行政管理，以便在对内对外政策上保障资产阶级的共同阶级利益并管理资产阶级的共同事务；而且就连这个最低限度的行政管理也必须组织得尽可能合理而经济"。⑤

---

① 《马克思恩格斯全集》第1卷，人民出版社1995年版，第261页。
② 《马克思恩格斯全集》第3卷，人民出版社1960年版，第195页。
③ 《马克思恩格斯文集》第7卷，人民出版社2009年版，第287~288页。
④ 《马克思恩格斯全集》第46卷（下），人民出版社1980年版，第26页。
⑤ 《马克思恩格斯全集》第11卷，人民出版社1995年版，第423~424页。

第1章 马克思恩格斯的社会共同需要思想

马克思认为,如果不深入揭示出在剥削阶级社会中,国家主导的"社会需要"供给、执行的社会公共事务职能会受到统治阶级现实利益和成本的制约这一客观现实,不让广大劳动阶级认识到国家仅是作为"虚幻的共同体"代表着"虚幻的共同利益需要",就会致使人们产生"对国家以及一切同国家有关的事物的盲目崇拜。尤其是人们从小就习惯于认为,全社会的公共事务和公共利益只能像迄今为止那样,由国家和国家的地位优越的官吏来处理和维护,所以这种崇拜就更容易产生"。[①] 在盲目地崇拜之下,剥削阶级社会的国家主导"社会需要"供给的根本目的和实质是要维护统治阶级的私人利益或者整个统治阶级的共同利益的真相被掩盖起来,对此马克思指出,"如果特殊利益在政治上的这种独立化是国家必然性,那么这只是国家内部疾病的表现,正如不健康的机体,按照自然规律,必然会长出肿瘤一样。必须决定在下述两种观点中选择一种:或者承认特殊利益由于妄自尊大并同国家的政治精神相异化,力图限制国家;或者承认国家只是集中体现为政府,并且作为一种补偿,只是给受限制的人民精神提供一个疏导其特殊利益的领域。最后,有可能把两种观点统一起来。因此,要使对智力的代表权的要求具有意义,我们就必须把它解释为对人民智力的自觉代表权的要求,这种人民智力不会拿个别需要去同国家相对抗,而它的最高需要就是使国家本身得到实现,而且把国家看做是自己的事业、自己的国家"。[②]

如何使国家不再是"虚幻的共同体",使"虚幻的共同利益需要"重新回归全体社会成员的共同利益需要,马克思提出要实行人民代表制,建立真正代表人民利益的国家机构。他在《莱茵报》担任编辑期间,就严厉批判了普鲁士政治制度中的等级制原则,他认为,人民代表机构不应该代表等级的特殊利益,而应该代表人民的普遍利益。马克思进一步认为,只有废除私有制,才能从根本上实现"虚幻的共同利益需要"向真正的全民共同利益需要的回归,"国家真正作为整个社会的代表所采取的第一个行动,即以社会的名义占有生产资料,同时也是它作为国家所采取的最后一个独立行动。那时,国家政权对

[①] 《马克思恩格斯文集》第3卷,人民出版社2009年版,第111页。
[②] 《马克思恩格斯全集》第1卷,人民出版社1995年版,第344页。

通往共享之路
——马克思社会共同需要思想的当代阐释及运用

社会关系的干预在各个领域中将先后成为多余的事情而自行停止下来。那时，对人的统治将由对物的管理和对生产过程的领导所代替。国家不是'被废除'的，它是自行消亡的"。① 在私有制、剥削阶级消失之后，"政府的压迫力量和统治社会的权威就随着它的纯粹压迫性机构的废除而被摧毁，而政府应执行的合理职能，则不是由凌驾于社会之上的机构，而是由社会本身的承担责任的勤务员来执行"。② 这也就是说，"当国家终于真正成为整个社会的代表时，它就使自己成为多余的了"③，实现了从阶级统治工具到社会管理机构的复归。在彻底废除私有制的共产主义社会，社会也将获得原本掌握在统治阶级手中的产品交换和分配权，整个社会产品的分配都将服从全体社会成员的个人需要和共同需要。恩格斯这样描绘共产主义的分配："社会将按照根据实有资源和整个社会需要而制定的计划来管理这一切，……扩大的生产在现今的社会制度下引起生产过剩，并且是产生贫困的极重要的原因，到那个时候，这种生产就会显得十分不够，还必须大大扩大。超出社会当前需要的生产过剩不但不会引起贫困，而且将保证满足所有人的需要，将引起新的需要，同时将创造出满足这种新需要的手段。"④

但是我们也应看到，阶级社会的国家自产生之后，代替一般的社会组织机构成为"社会需要"供给的主导力量，标志"社会需要"的满足及供给进入了一个新的历史阶段和增添了新的内容，是社会生产力发展的必然要求和必然结果。从这个意义上说，阶级国家也是具有一定的积极意义。尽管这种社会公共职能的发挥是需要依附于国家的政治职能的，但对国家政治职能的否定绝不是对国家所承担的社会公共职能的否定。

2. 社会需要供给的发展动态性

诚然，在马克思的"社会需要"思想中，国家作为社会的集中代表，要在满足"社会需要"的社会产品供给中发挥着主导作用，成为"社会需要"必不可少的供给主体。但是，在马克思看来，"社会需要"供给主体绝不限于国

---

① 《马克思恩格斯文集》第9卷，人民出版社2009年版，第297页。
② 《马克思恩格斯文集》第3卷，人民出版社2009年版，第223页。
③ 《马克思恩格斯文集》第9卷，人民出版社2009年版，第297页。
④ 《马克思恩格斯文集》第1卷，人民出版社2009年版，第687～688页。

家或政府这一主体，而是要从一定的社会生产力发展水平的内在要求出发，看到"社会需要"供给主体的发展动态性。

马克思的这种思想体现在他对比不同经济发展阶段中西方和东方用水供给的论述中。他指出"节约用水和共同用水是基本的要求，这种要求，在西方，例如在弗兰德和意大利，曾促使私人企业结成自愿的联合；但是在东方，由于文明程度太低，幅员太大，不能产生自愿的联合，因而需要中央集权的政府进行干预。所以亚洲的一切政府都不能不执行一种经济职能，即举办公共工程的职能。这种用人工方法提高土壤肥沃程度的设施靠中央政府办理，中央政府如果忽略灌溉或排水，这种设施立刻就会荒废……"①。

在这里，马克思通过对比不同经济发展阶段和水平中满足"社会需要"的主体，指出有政府和"私人企业家结成自愿的联合"两个主体，那么由谁来具体承担"社会需要"供给的责任，也就是供给主体的选择是以一定社会生产力发展水平下的社会共同利益需要为标准的。当生产力处于较低水平时，私人不具备经济实力不能或不愿供给用水，而此时用水作为最基本的社会共同需要，涉及社会共同利益以及社会的稳定，并且由于该社会共同需要是整体性需要，就内在的要求一个能够集中代表整体利益的主体供给用水，因此这个供给责任主要由国家来承担，这就是涵盖在马克思所指出的国家职能"包含一切社会的性质所产生的各种公共事务"。国家管理公共事务，满足"社会需要"，主要是为社会生产与再生产创造一般条件，同时维系一个社会生产关系的再生产。对此，马克思早在《不列颠在印度的统治》一文中就明确指出："在亚洲，从远古的时候起一般说来就只有三个政府部门：财政部门，或者说，对内进行掠夺的部门；战争部门，或者说，对外进行掠夺的部门；最后是公共工程部门。"②马克思还指出，在资本主义社会，某些无法给资本家带来剩余价值，但又是社会生产必不可少的活动，必须由政府来组织实施，其费用（包括劳动者的工资）由政府承担。他说："一切一般的，共同的生产条件——只要它们还不能由资本本身在资本的条件下创造出来——必须由国家收入的一部分来支付，由

---

①② 《马克思恩格斯选集》第 1 卷，人民出版社 1995 年版，第 762 页。

通往共享之路
——马克思社会共同需要思想的当代阐释及运用

国库来支付"①。

 但是随着生产力水平不断提高以及社会共同需要的不断升级，私人供给满足"社会需要"的社会产品成为一种可能和现实。这表明，满足社会需要的社会产品供给模式会随着社会经济的发展而日趋多元化，在选择供给主体和供给模式上应该持经济发展的动态选择观，而不仅仅局限于政府和私人或市场的关系中，要注意社会共同需要的不断变化和升级。比如在一定的历史阶段中，某些属于社会共同需要范围的事务是必须由社会集中化去处理的，但在伴随生产力的不断发展、经济水平的提高，原来的这些必须由社会集中化处理的社会共同需要事务，就可能成为历史的陈迹而不再需要社会集中化处理。例如，在原始社会中，开一条小型水渠，甚至修一条饮用水的引水道，也要由社会出面集中人力、物力才能办到。在这种情况下，只能作为社会公共工程，由社会集中分配和使用人力、物力，进行建造。但到现代社会，由于生产力已达到相当高的程度，一条小型水渠已不必再由社会出面动员全社会力量，要由某一单位，甚至某几个人就可以完成了②。由此可见，满足"社会需要"的供给主体是受到经济发展水平和发展阶段约束的，其供给主体和供给模式并不是一成不变的，而是随着经济发展的水平和阶段的不同呈现出动态变动，只不过是在不同的经济发展水平和阶段上，哪个供给主体和哪种供给模式更占主导地位。

---

① 《马克思恩格斯全集》第46卷（下），人民出版社1980年版，第26页。
② 何振一：《理论财政学》，中国社会科学出版社2015年版，第3页。

第 2 章　西方马克思主义学者的社会共同需要思想

西方马克思主义关于社会共同需要的思想主要蕴含在其城市理论体系之中。西方马克思主义城市理论的主要贡献,是在马克思主义基本思想的框架内,运用辩证唯物主义和历史唯物主义的方法论,揭示出资本主义城市化的本质及其发展规律。其中,关于社会共同需要的思想主要体现在曼纽尔·卡斯泰尔斯(Manuel Castells)的集体消费理论、亨利·列斐伏尔(Henri Lefebvre)的空间生产思想及大卫·哈维(David Harvey)的三级资本循环理论当中。

2.1　社会共同需要的基本内涵

西方马克思主义城市理论关于社会共同需要的思想,集中体现在卡斯泰尔斯的集体消费理论中。美国学者曼纽尔·卡斯泰尔斯(Manuel Castells)1942年出生于西班牙,后来移居美国,曾经担任加州大学伯克利分校的教授,后转任南加州大学教授,还担任多名大学的客座教授,已著有19部著作,发表了一百多篇文章,是著名的社会科学家和城市批判理论家。

1972年,卡斯泰尔斯出版了《城市问题:马克思主义的视角》(*the urban question: a marxist approach*)一书,奠定了马克思主义城市社会学理论体系的基础。尽管后期卡斯泰尔斯的学术立场开始偏离了马克思主义,发生了向经验实证方向的转变,但是这部著作对于马克思主义城市社会学理论做出的贡献得到了广泛认可。在这部著作中,卡斯泰尔斯提出了著名的集体消费理论和城市社会运动理论,在新的历史条件下对资本主义城市问题进行了深入研究,丰富拓展了马克思主义的研究领域,引发了西方马克思主义学者对资本主义城市问题的广泛关注和探讨。

2.1.1 集体消费理论的背景和内涵

集体消费（collective consumption）是卡斯泰尔斯最早提出的一个城市研究概念。"二战"后，随着西方资本主义国家社会经济条件的演变和城市化的发展，消费主义开始形成。在城市生活中，消费成为城市居民主要的生活方式和社会价值，而且日常消费中社会保障和社会福利的消费占据的比重逐渐提高。到了20世纪60年代，随着欧美城市中心产业的外迁，城市居民失业率增加、生活水平下降、服务业萎缩等各种城市问题频现。伴随福特主义生产方式的兴起与发展，国家干预成为刺激消费、扩大需求，以确保经济正常运行的有力手段。集体消费理论主要从政府干预的角度对资本主义城市消费问题的本质及其主要特征等内容进行深入的分析。

卡斯泰尔斯认为消费是城市的主要功能，是研究城市问题的核心。集体消费理论从政府干预的角度研究资本主义城市消费问题，资本主义国家依赖政府提供的公共消费品来维持劳动力的再生产，研究城市问题需要关注政府提供的公共服务也就是集体消费问题。因此，在内容上，卡斯泰尔斯界定的集体消费主要是指政府在社会公共消费方面投入的非盈利支出，一般指教育、交通、文化、住房、社会保障、社会福利等方面。集体消费也可以称为消费的集体方式或集体消费的方式，"消费过程就其性质和规模而言，其组织和管理只能是集体供给，例如住房、社会公共设施、休息服务，等等"。[①] 在发达资本主义城市中，生产和交换可以通过不同地区间的交通和物流组织起来而不再集中，但城市人口越来越集中，消费过程也集中化，而劳动力再生产依赖于城市中的消费供给，所以城市是集体消费和生产力再生产的中心，消费问题是发达资本主义城市的核心问题。

集体消费品对于个人来讲不可或缺，例如良好的医疗设施能够保证个人的健康，良好的教育条件能够保障个人的知识技能适应生产力的发展。集体商品

[①] M. Castells, Theory and ideology in urban sociology in Chris Pickvance (ed.), Urban Sociology: Critical Essays, 1976: 75.

和服务也可以认为是工人非直接工资的一部分,而且在某种程度上比直接工资更为重要,集体消费可以看做政府给劳动者支付的工资。① 这是因为,消费者的消费目的在于商品的使用价值,但是资本主义商品生产的目的却在于商品的交换价值,即为了追求利润的实现。此外,集体消费品的生产需要长期和大量的资本投入,投资周期过长,且回报较低,私人资本不愿意在这种消费品的领域进行投资。这种生产目的与消费目的的分离对立,也就是利润与需要的分离对立,意味着集体消费品存在着供给缺失的危机,这种危机将直接影响资本主义社会的劳动力再生产甚至社会的稳定发展。因此,政府有必要在医疗、交通、教育等公共设施领域进行生产和管理方面的干预,承担起维护资本主义系统稳定运行的责任。政府主导下的集体消费品供应是社会财富的再分配,是政府对市场失灵补位的手段之一,集体消费的供给由于是由政府主导的,所以不存在资本的逐利性,能够克服生产目的和消费目的也就是利润和需要的分离对立。

针对马克思曾经区分的生产消费、个体消费和奢侈消费,卡斯泰尔斯认为界定个体消费和集体消费的区别更能有效解释当代的资本主义城市中的消费差异。生产消费是指劳动者消耗生产资料和劳动力生产新物品的过程,是就业的过程,不是人们为了生存和发展的消费过程。奢侈消费是一种非必需的消费,超越了人们的一般需求,无法解释消费的普遍情况。个体消费主要指个人通过交换或者自给自足的商品或者服务,而集体消费主要指由国家提供的具有垄断性质的商品或服务。② 个人消费和集体消费二者之间存在转化的可能,比如住房可以通过个人购买获得,也可以由国家来提供,具体情况取决于当时的社会背景和个体情况。购房人如果有能力购买满足个人需要的住房,不仅可以满足自己多样化的需求,还能为社会实现利润。政府也可以为那些经济困难的群体出面解决居住问题,以维护劳动力的再生产和社会关系的再生产。虽然集体消费在追求利润上逊于个体消费,但集体消费的方式在城市体系中对个体消费有重要影响,甚至逐渐支配和重构了个体消费。例如在汽车业,个人对汽车的购买量一部分依赖于政府对当地公路的修建情况,如果公路系统不完善就会大大

---

① M. Castells, The Urban Question: A Marxist Approach, London: Edward Arnold Ltd., 1977: 451.
② M. Castells, The Urban Question: A Marxist Approach, London: Edward Arnold Ltd., 1977: 459-460.

影响人们对私用汽车的购买欲。城市中完备的公共设施和服务能够使城市居民的生活和工作更加方便自由，也促进了个人消费。

卡斯泰尔斯还进一步从马克思主义有关消费方式本质上取决于生产方式的观点出发，论证了集体消费与生产方式的关系，"集体消费品对于劳动力再生产和社会关系再生产是必要的"[①]。卡斯泰尔斯认为，消费首先是作为劳动力再生产的方式。劳动力再生产包括劳动者体力的恢复和脑力的补充，以及劳动力后备军的增加。劳动者需要把劳动力再生产出来以保证社会再生产的顺利进行，因此需要消费必要的生活资料。如果劳动者的生活资料得不到保证，不仅使劳动者的生产不能够持续，还挫伤了生产积极性，产生对生产的负面影响。其次，消费也是阶级关系在产品分配上的反映。资产阶级的消费既含有追求剩余价值的目的，也有对腐朽生活的享乐追求。但是工人阶级的消费作为个人的再生产，主要是保证自己能够出现在劳动力市场上并且为资本创造财富。最后，消费同样是作为生产方式内社会关系的再生产[②]。在资本主义社会生产中，产品的消费表面上是物的交换，但反映的却是人与人之间的交换关系，表现为人类的社会关系。因此，必须看到产品的消费保证了个人自身的再生产，这种再生产同时还包括特定的社会关系的再生产。

2.1.2 集体消费的影响因素与基本特征

在卡斯泰尔斯看来，消费作为经济过程的一个环节或要素，本身不是独立于整体社会结构之外的，而是由社会结构性要素中的经济、政治和意识形态系统等一系列因素所决定。因此，发达资本主义社会中消费的扩大和转型，集体消费方式的大规模兴起，直接取决于"它所依赖的长期结构趋势"[③]。这种"长期结构趋势"，概括来说可以归结为以下几方面：技术进步；经济要素集中；阶级斗争；国家职能膨胀等。首先，技术进步使资本有机构成增加，不变资本规模增加，因此需要更高素质的劳动力，提高劳动力再生产供给的空间；其次，城市是各种要素集中管理的综合体，城市体系的平稳运行有赖于合理

[①] M. Castells, The Urban Question: A Marxist Approach, London, Edward Arnold Ltd., 1977: 461.
[②] M. Castells, The Urban Question: A Marxist Approach, London, Edward Arnold Ltd., 1977: 455.
[③] 牛俊伟：《城市中的问题与问题中的城市》，南京大学博士学位论文2013年，第165页。

的集体消费的供应和管理；最后，工人阶级的地位日益提高，对抗资产阶级的能力增强，意味着需要国家干预来保证劳动力再生产的需求。随着"二战"后资本主义国家干预能力的增强，对工人的间接工资补贴成为一种必须。卡斯泰尔斯意识到，城市消费领域中政府的干预作用不容忽视。在资本主义社会中，私人资本投入的目的是对剩余价值的追求，必然无法满足消费者的需要以及劳动力再生产的需求。这种生产与消费矛盾的发展，会危害社会的稳定运行，由此政府在消费领域的日益介入使得社会公共物品的消费集体化特征日趋明显。

法国学者琼·洛基肯曾指出集体消费具有四个最基本的特点：(1) 集体消费方式的"集体性"。(2) 集体消费方式的非生产性。(3) 集体消费方式的非利润性。(4) 集体消费方式的耐用性、固定性和不可分割性。[①] 概括而言，集体消费具有集体性、公共性、非盈利性。其中，集体性表现在，消费是满足集体需要的，而不是为了个人或者私人占有的，比如医疗、教育、公共交通。集体消费的方式一般针对的是建设周期较长的公共设施，如医院、学校等，私人资本家难以完成，因此有必要由国家来主导这种非营利性的长期建设的资金周转。公共性表现在集体消费是致力于公共服务供给的，而非私人占有或者盈利，这些服务或产品通常具有耐用、固定、不可分割以及排他性，满足的是公共需要，是劳动力再生产所必需的。集体消费提供的社会保障和福利为个体消费提供了可能，有助于资本积累和社会的平稳运行，具有持续的正面效应。比如当地城市的交通网络建设落后，这种非便利性会影响个人购买汽车的需求，从而影响当地汽车工业的进步，反之，完备的公路交通设施能够大大促进当地汽车的购买量的提升。此外，集体消费的另一个特点在于它不是通过市场获得的，而是由国家直接投资或者政府间接补贴实现的。

2.1.3 资本主义城市中的集体消费

在资本主义社会，随着工业化和城市化的发展，城市逐渐成为经济统治的中心和资本积累的主要空间区域。卡斯泰尔斯认为，到了发达资本主义时期，

[①] 高鉴国：《新马克思主义城市理论》，商务印书馆2007年版，第143页。

通往共享之路
——马克思社会共同需要思想的当代阐释及运用

劳动力集中于城市,城市中的集体消费成为了经济中的主导要素,"消费的集体方式,构成了城市单元的物质基础"①。城市发展的主要问题实质上也就是集体消费的生产和组织、管理问题,如果处理不当会由此引发城市危机问题。"集体消费的供给需要垄断资本牺牲部分利益,但同时也满足了垄断资本对劳动力再生产的需要。因此,集体消费本质上是服从资本逻辑的,是为垄断资本服务的。虽然集体消费不是对抗利润率下降和剥削的重要武器,但是国家对集体消费的干预是垄断资本主义的重要特征之一"②。"对卡斯泰尔斯来说,发达资本主义社会的消费品生产归根到底是服从于垄断资本的利益,换句话说,就是成本社会化,资本私人化。"③

当代资本主义国家为居民提供社会保障和福利,城市作为集体消费的有效和便利区域,构成了聚集居民集体财产的空间。这说明集体消费在资本主义经济中所发挥的重要作用,一方面,集体消费的满足有助于提升劳动者在社会生活中的经济地位,优化劳动力再生产的条件,从而适应技术进步的需要;另一方面,集体消费的政府供给也为私人资本减少了成本,对于抵消利润率下降的趋势发挥了重要作用④,有助于资本积累。卡斯泰尔斯认为在集体消费领域,以追求剩余价值为终极目标的私人投资是无法有效满足的,资本主义自由市场中生产与消费的脱节必然导致集体消费产品的供求失衡。但这些集体消费品对实现劳动者利益,保证充分就业和社会和谐稳定起着重要的作用。可以说,集体消费形式对资本主义城市发展至关重要,保证城市中劳动力再生产的消费品提供,也保证了城市体系的正常运转,否则有可能出现都市贫困化、环境恶化等社会问题,以及由此诱发的城市政治运动。集体消费的政府供给保障了工人阶级的利益,一定程度上缓和了阶级矛盾和供给过剩的经济危机,而且有利于城市体系的经济发展和政治关系的稳定。⑤

总之,政府集体消费品的供给对资本主义系统的维护至少有以下几点的影

---

① M. Castells, The Urban Question: A Marxist Approach, London: Edward Amold Ltd, 1977: 462.
②④ M. Castells, The Urban Question: A Marxist Approach, London: Edward Arnold Ltd., 1977: 461.
③ 陆春萍:《资本主义都市中集体消费的问题与启示》,载于《经济研究导刊》2006年第6期。
⑤ P. Saunders, Social Theory and Urban Question, London: Hutchinson, 1986: 97.

响：保证资本主义生产的劳动力的再生产；刺激了消费需求，缓解了生产过剩消费不足的危机；帮助资本积累，保障了私人资本的获利；缓和了阶级矛盾，维护了政治统治的稳定。不难看出，政府通过集中提供消费品实现了社会生活中劳动者的多方面利益，相应的调和了阶级矛盾，维护了社会系统稳定运行。集体消费将阶级斗争、城市运动与政府权力联系起来，城市的发展趋势越发政治化，这些都归因于国家在干预中承担了安排者的角色，肩负了提供集体消费品的责任。总之，复杂的城市系统是集体消费的空间单位，不断受到集体消费的影响，"城市问题与社会阶级关系和消费过程直接相关"[①]。

但是，卡斯泰尔斯也指出，集体消费品的政府供给也会存在很多难题。例如城市的发展规划与资本的无序发展之间的矛盾。城市规划是在不同类型的社会形态中对劳动力再生产过程进行特殊的政治干预，这是国家干预的一种手段，目的是为了扩大再生产，控制非敌对性的冲突，从而确保统治阶级的利益以及占支配地位的生产模式的结构性再生产。[②] 能够吸引资本投入的城市一般是发展较好、设施完备的地方，这种公共服务设施完备的城市吸引了大量的劳动力和产业的聚集，可能会造成城市的超负荷承重和随之而来的资源环境的负面影响，也会造成设施不完善的城市的人口和产业越来越少，落后城市的发展难以为继，以致空间结构的发展开始分化。针对这些问题，国家可以通过经济手段、政策扶持等手段来破解要素分布不均和资源空间分化的局面。

此外，尽管国家干预在集体消费的供给和流通中起到了积极作用，但是国家干预不仅不能彻底解决城市危机和资本主义矛盾，还会导致消费领域内的冲突和政治化倾向。[③] 集体消费的供给需要来自政府的财政支持，政府的收入主要来源于对私人企业征收的税费，这将导致私人获得的利润减少。国家的经济发展与资本收入息息相关，税收的增加将会削弱生产者的生产积极性和消费能

---

① M. Castells, The Urban Question: A Marxist Approach, London, Edward Arnold Ltd., 1977: 462.

② M. Castells, The Urban Question: A Marxist Approach, London, Edward Arnold Ltd., 1977: 261.

③ 任荣：《论曼纽尔·卡斯泰尔斯的新马克思主义城市观》，上海师范大学硕士学位论文2011年，第25页。

力。于是国家干预在集体消费供给中的矛盾也就使政府陷入缺乏资金的困境，导致财政危机。然而如果政府削减在集体消费中的投入，又将会影响城市居民的生活水平而引发政治危机，政治危机的发展最终导致城市社会运动。资本主义社会的城市运动的源头往往是由于集体消费不足导致的劳资斗争。[①] 对此，资本主义国家进行的干预具有鲜明的阶级利益代表性和对资本主义体系的维护性，这是资本主义国家无法避免的局限，所以政治化的城市社会运动是必然的。虽然政治冲突来自于国家干预，但是归根到底是来自于资本主义的逐利本质。

2.1.4 集体消费与社会共同需要

从上述卡斯泰尔斯有关集体消费理论的分析逻辑与理论要点来看，其中所蕴含的关于"社会共同需要"的思想已略具雏形。

首先，集体消费概念本身就已经蕴含了"社会共同需要"的基本属性。所谓集体消费一方面有别于以个人消费为特征的常规消费，另一方面也突出了满足集体消费供给方式上的整体性特征。卡斯泰尔斯认为集体消费是政府承担的在集体层面上的生产和消费的商品与服务。这些基础公共设施依赖于国家和政府部门的长期投入，而个体资本在这些方面的投入上存在周转缓慢和获利困难等问题。

其次，在内容上，卡斯泰尔斯明确界定了以集体消费为形式特征的"社会共同需要"产品就是食品、住房、交通、教育、医疗保健等社会保障和公共福利产品。这类产品是满足集体需要的，具有集体性，而且一般是建设周期长、资本投入大的产品。而资本主义生产能够持续进行的保证就是劳动力再生产的充分供应，实际上也就是工人阶级的消费过程，工人们需要不断地被供给能够保证其基本生活的必需品以及教育、医疗、娱乐、社会保障等相关产品和服务，以满足资本对劳动的需求。

最后，在满足"社会共同需要"的供给方式上，卡斯泰尔斯特别强调了资本主义国家职能的作用及其局限。一方面，集体消费产品是资本实现劳动力再

[①] 赫曦滢：《新马克思主义城市学派理论研究》，吉林大学博士学位论文2012年，第4页。

生产和利润最大化的手段,但同时也是社会大众的基本生活需要;另一方面,集体消费的产品在资本主义生产关系下,相对无利可图,从而形成了国家对集体消费的生产、分配和管理职能。这种职能的基本特征是国家干预,这种干预的背后体现着两种社会力量,即资本和社会大众。[①] 国家对集体消费的干预是具有两面性的,资本主义国家一方面代表着统治阶级的利益,即资产阶级的利益,另一方面国家需要缓解阶级冲突,满足劳动力再生产的需要,保证社会的稳定发展。如果国家为了维护统治阶级的利益干预过度会给经济发展带来负面影响,激化社会矛盾。

2.1.5 卡斯泰尔斯城市理论的评价

在新的历史条件下,以卡斯泰尔斯的城市批判理论为代表的西方左派学者对资本主义城市问题的回应与批判,丰富发展了马克思主义。在解决当时城市发展中面临的一系列困境方面,卡斯泰尔斯的学术思想和观点对西方城市社会学的发展产生了重大影响,提供了新的马克思主义理论研究视角。集体消费理论引发了学术界对公共消费问题的重视;强化了国家干预的重要性;加深了对阶级斗争的认识。集体消费物品(如住房、交通等公共设施)的消费开始受到关注。国家干预的目的是既要保证承担供给集体消费物品的能力,又要使得资本家有利可图,代表资本家利益的资本主义国家试图利用集体消费方式缓解社会冲突,因此这就需要国家必须具备超越资本利益的独立性,以确保资本主义的劳动力再生产更加有质有量。

但是,卡斯泰尔斯的理论也被认为存在缺陷。集体消费理论在学术界被认为对城市问题的研究存在以偏概全的思维模式,忽视了城市进程的其他方面,对解释复杂的城市系统出现的问题存在解释力不足等问题。由此,对城市理论的批判和挑战来自于被认为夸大了消费的功能,批判者认为卡斯泰尔斯过分抬高了消费在城市体系中的社会决定作用,割裂了消费与生产的关系,忽视了城市问题的本质原因,甚至弱化了资本主义基本矛盾的意义,不符合马克思主义的基本观点。同时,资本主义城市社会情况的不断发展,也在不断弱化这个理

---

① 高鉴国:《新马克思主义城市理论》,商务印书馆 2007 年版,第 148 页。

论对现实的解释能力,个人消费和集体消费在不同国家占据了不同地位是由于不同国家的国民收入再分配的比例不同,消费品的资本供给来源不同。特别是到了20世纪70年代末80年代初,资本主义国家的经济遭受重创,政府财政收入入不敷出,国家放弃了福特主义生产方式和凯恩斯主义,不再对经济进行直接干预,开始转向新自由主义和灵活弹性的生产方式,而消费趋势也开始由集体转向私人。对此,为适应资本主义新自由主义化的发展趋势,各国政府开始削减对集体消费物品的投资。而资本主义国家并没有因为减少社会福利的投资而产生大量的城市运动,资本主义国家呈现出具有强大的应对城市运动以及资本主义经济危机的潜能,这些往往被认为是城市系统的多元化和复杂性以及资本主义生产方式的伸缩机制使然。[①]

无论如何,卡斯泰尔斯对集体消费的分析提供了认识资本主义基本矛盾的新视角,为资本主义城市发展理论研究提供了新的思路,在某种程度上发展了资本主义危机的理论,也为我国当今的城市化发展提供了宝贵的理论资源。

2.2 满足社会共同需要的供给属性

西方马克思主义城市理论总体上立足于马克思主义,针对资本主义新发展揭示了资本主义国家的本质特征在城市化发展过程中的具体体现。其中所蕴含的有关资本主义国家满足社会共同需要的供给属性分析,是其理论的核心内容之一。这些理论思想代表性的体现在亨利·列斐伏尔的城市空间生产理论和大卫·哈维的资本循环理论之中。

2.2.1 列斐伏尔的空间生产思想

法国哲学家列斐伏尔生于20世纪初,是"现代法国辩证法之父",法国马克思主义批判哲学家。列斐伏尔生前完成了六十多部著作,三百多篇论文,其中《辩证唯物主义》《日常生活批判》《资本主义的幸存》都是其代表作。不仅如此,列斐伏尔还开创了城市空间的理论研究,关注社会、空间与生产之间

[①] 牛俊伟:《城市中的问题与问题中的城市》,南京大学博士学位论文2013年,第237页。

的联系,把研究视角由消费社会的批判转向空间的批判,并在1974年发表了《空间的生产》这一可谓顶峰之作的重要作品。

1. 空间生产

列斐伏尔作为城市空间理论的学术奠基人,从马克思的理论中找到理论根基,对空间生产及其相关内容进行了深入研究。他认为每个生产模式和生产关系都会生产出自身独特的空间,资本主义物质生产是不断超越空间限制的生产过程,资本主义通过空间生产得到发展。

列斐伏尔认为,空间生产突出了物质产品的空间属性以及带有社会属性的空间意义。空间生产不排除物质的生产,因为生产首先需要物质资料来实现,但是又不同于一般意义上的物质生产,空间不仅仅指作为物质生产的场所,也是产品的空间形式和空间关系。"'空间生产',不再是在空间中进行的某种物品的生产、某种东西的生产。"[1] 列斐伏尔利用空间实践、空间的表征和表征的空间这三个概念来解释空间的生产。[2] 这三个维度的空间生产的理念是一体的,他们分别对应着感知的空间、构想的空间和生活的空间,这是列斐伏尔空间三元辩证法的核心范畴。列斐伏尔认为,空间是空间实践、空间的表征和表征的空间这三重空间合一的概念,分别体现了空间的社会性、历史性和空间性。

与此同时,空间是流动的动态过程而不是静止的,"'空间生产'是生产力自身发展以及有关空间知识在物质生产中直接接入的产物,它是以能量之流、原料之流、劳动力之流和咨询之流等为特征的流动经济"。[3] 资本主义生产关系的再生产通过空间的生产实现,这里的空间不是具体的静止的存在,生活在空间中的人们使空间被赋予人的意义,空间成为流动的动态过程,这种流动经济表现为物质生产部门在空间上的整体性。

2. 空间生产与资本循环

空间生产在城市中体现为城市规模扩张、社会都市化。资本主义生产方式是依赖城市空间形成资本主义统治关系的再生产。城市不仅是劳动力再生产的地理环境,也是资本主义关系的再生产载体。在都市化的过程中,空间中的生

---

[1] 列斐伏尔:《空间与政治》,上海人民出版社2015年版,第93页。
[2] H. Lefebvre, The Production of Space, Translated by Donald Nicholson-Smith, Blackwell Ltd, 1991: 33.
[3] 唐旭昌:《大卫·哈维城市空间思想研究》,人民出版社2014年版,第41页。

| **通往共享之路**
| ——马克思社会共同需要思想的当代阐释及运用

产转为了空间本身的生产，全球趋势的城市化是世界性的事实。城市革命是全球性的现象。① 这表明，城市空间蕴含着资本主义逻辑。城市化是资本主义再生产的实现形式，是资本在城市空间获得利润的过程。城市集中大量人口，能够减少流通费用加快资本周转的效率，保证劳动力再生产，而城市作为人造的第二自然，它的繁荣和衰落都是资本积累和循环的结果。

由此，列斐伏尔从城市中资本循环入手来分析资本主义城市问题和生产方式的。列斐伏尔区分了资本第一循环和第二循环。在列斐伏尔看来，第一循环是指资本在生产领域（如制造业）的流通，第一循环主要涉及商品生产的投资（马克思对资本循环的研究主要集中在"第一循环"上）；第二循环是指资本对土地、道路和建筑物的投入，第二循环主要涉及剩余价值从各种财产所有权投入中的产出，即从固定资本投资中的回报。② 第二循环为第一循环中产生的过度积累问题提供了一种暂时缓解的出路。列斐伏尔从城市化的角度对资本主义空间生产进行批判时指出，都市空间是由资本主义有意识构建出来的空间，它被融入资本主义商品生产和资本积累中并且为资本主义的发展服务。资产阶级为了最大程度上获取剩余价值，将资本投向了已建成的城市中，造成城市中大量新建成建筑闲置以及旧的建筑被破坏重建，为资本循环寻求出口。资本正是在城市开发和重建过程中得到积累。此外，城市的郊区化范围不断扩大，而且新的部门不断被开发，例如休闲娱乐业和建筑业开始取代制造业，并且伸展到农业和工业，新支柱产业扩展了城市的空间，并使其商业化，从而资本获得了更广阔的市场来获取利益、实现积累。

列斐伏尔强调城市空间中的资本积累和资本循环对资本主义发展的作用，将城市化过程中空间与社会变迁联系起来，启发人们从不同角度认识城市社会。列斐伏尔认为资本主义之所以没有灭亡，是因为世界范围内空间的创造和重组给资本主义的发展创造了新的空间，消灭了空间的限制。空间生产是资本主义生存和发展的重要条件，是 20 世纪资本主义发展的战略中心。③ 他认为任何一种生产方式都会生产出自身的空间，城市作为一种空间形式，不仅是资本

---

① E. Stuart, Understanding Henri Lefebrve, London and New York: Continuum, 2004: 131.
② 吴宁：《列斐伏尔的城市空间社会学理论及其中国意义》，载于《社会》2008 年第 2 期。
③ 高鉴国：《新马克思主义城市理论》，商务印书馆 2007 年版，第 99~102 页。

主义生产方式的产物，而且能够对资本主义生产关系进行再生产。[①]"工业生产和资本主义占据了历史城市。资本主义根据其要求（经济的、政治的、文化的，等等）改造了它们，并仍在改造它们。在一定程度上分裂出郊区、周边地区之后，城市同时变成了决策的中心和利益的源地。"[②]

空间的生产是社会发展的必然产物，随着社会的演进过程而发生相应的改变。列斐伏尔是从空间生产的角度重新审视了资本主义的发展规律，空间是生产关系的领域，也是发生政治斗争冲突的领域，资本主义的空间生产由于自身无法解决的矛盾必然使资本主义灭亡，而社会主义空间生产是满足社会需要的生产，所以社会主义的空间将不同于资本主义的异化空间，社会主义空间生产必将取代资本主义空间生产。

2.2.2 哈维的空间生产思想与资本三级循环

大卫·哈维，1935年出生于英国，是西方马克思主义的著名代表人物。哈维已出版了二十多本专著，获得许多学术奖项，他的学术视野融合了哲学、社会学、人类学等人文社科的多个方面，他不仅是地理学家，更是社会理论大家。[③] 哈维的学术著作被大量引用，学术影响力巨大。哈维始终坚持用辩证的方法分析城市问题，丰富了马克思主义辩证法的思想宝库，并将马克思主义与时代发展相结合进行符合时代特征的资本逻辑批判。

1. 哈维的空间生产思想来源

哈维从马克思的政治经济学出发，对资本主义城市中的资本积累进行了分析，认为城市的空间发展和更新是源于资本的不断扩张和积累，是资本在利润驱使下的结果。哈维在构建资本主义城市化理论时，注重把空间生产和空间性结构结合起来，认为城市空间中的资本积累和阶级斗争是城市进程中的两个重要方面。相较于卡斯泰尔斯的集体消费理论，哈维认为资本主义城市化的根本

[①] 杨有庆：《城市化与空间的生产——列斐伏尔哲学思想"空间转向"探析》，载于《兰州交通大学学报》2011年第2期。

[②] 列斐伏尔：《空间与政治》，上海人民出版社2015年版，第120页。

[③] 吴红涛：《大卫·哈维空间理论研究的逻辑架构及方法取经》，载于《河南师范大学学报（哲学社会科学版）》2012年第6期。

动力在于资本积累,城市化中的资本积累不仅是财富增长的过程,也为城市中的经济发展、阶级斗争提供了物质基础。哈维在研究城市问题时承袭了列斐伏尔的空间生产思想,但是他认为"列斐伏尔在舍弃将资本主义当做他城市研究的框架时是草率的"①,他突破了列斐伏尔这一局限,将空间生产与马克思对资本主义生产方式的批判结合起来,在1982年出版的《资本的界限》一书中重点论述了空间生产与资本积累的关系。

2. 资本三级循环

在1985年出版的《资本的城市化》一书中,哈维根据马克思的资本循环和周期理论,结合列斐伏尔的资本循环理论,提出了资本三级循环理论,从工业生产、城市建设、科技和社会投入三个方面来分析城市空间与资本运动之间的关系。哈维认为,"资本的三级循环包括:初级循环(primary circuit),即资本用于普通商品生产;次级循环(secondary circuit),即资本用于固定资产和消费基金项目;第三级循环(third circuit),科学技术投入(旨在扩大科学技术在生产领域中的应用,促进社会生产力的革命性发展)和用于劳动力再生产过程的各项社会开支,其中包含根据资本的需要而直接用于改善劳动力素质的投入(通过教育和卫生投入,增强劳动者的工作能力)和通过意识形态、军队等手段,同化、整合和镇压劳工力量的投入"。②

初级循环也就是马克思分析的工业资本生产过程,即资本在一般生产资料和消费资料生产过程中的投入。按照马克思的资本主义生产方式下的积累理论,大量资本投入之后出现过度生产、利润率下降等过度积累危机,使得初级循环无法持续。利润率下降趋势和过度积累是资本主义难以摆脱的,第一循环中资本过度积累的危机是一种内在矛盾。资本主义国家的福特式生产形成了资本的线性积累,造成了生产过剩、失业人数增加、企业破产、社会动荡等资本主义危机。在资本的第二级循环中,资本主义找到了解决过剩危机的出路,大规模的固定资本投资、公共设施建设等措施开辟了新的资本循环。为了缓解资

---

① 卡茨纳尔逊:《马克思主义与城市》,江苏教育出版社2013年版,第94页。
② D. Harvey, The Urbanization of Capital: Studies in the History and Theory of Capitalist Urbanization, Oxford UK: Basil Blackwell Ltd, 1985: 3 - 8. 转引自高鉴国:《新马克思主义城市理论》,商务印书馆2007年版,第135页。

第2章　西方马克思主义学者的社会共同需要思想

本的过度积累,过剩的资本和劳动力也开始流向新的投资项目,例如公路、港口、住房等固定资本项目。城市环境的改善和扩展使生产资料和劳动力在城市中的空间布局不断完善,这样不仅提高了劳动生产率,还加速了交换和消费的过程。资本主义生产、流通、交换和消费在城市空间中获得了物质基础设施和丰富的劳动力。

资本第一级循环的过度积累是第二级循环的前提,第二级循环也为第一循环找到出路。然而,由于第二级循环的投资对于个别资本投资者难度较大、周期长,因此需要国家和金融机构来提供支持和保障、调节第一级循环和第二级循环。但是,哈维认为资本的二级循环并不能从根本上解决资本主义的危机问题,只是暂时的缓和了经济形势。这是因为资本积累的第二级循环虽然暂时缓解了资本过度积累的问题,但是并没有解决资本主义生产过剩的根本矛盾。随着第二级循环中资本投资回报率的下降,资本会转向利润高的地区,因此,资本会再次寻找新的出路以解决资本过度积累和固定资本贬值的危机。由此哈维在第二级循环的基础上,提出了资本积累的第三级循环理论,作为资本新的投资领域。

哈维认为,第三级循环是资本主义城市中必不可少的流通,即科学技术领域内的投资,以及医疗、教育、社保、军事等劳动力再生产相关的投资。对科技的投资是为了促进生产力的提高;对劳动力再生产的投资既包括提高劳动力生活水平和素质能力方面,如医疗卫生、教育、公共娱乐设施等;也包括在意识形态方面和军事方面压制劳动力的方面。[1] 在第三级循环中,对科学技术方面的投资符合社会发展的要求。劳动力再生产是社会再生产的一部分,既是物质资料的再生产也是生产关系的再生产。劳动力再生产只有通过劳动力个体的维持和发展才能持续,劳动力在体力、智力上的提高对劳动力的全面发展有着重要作用。此外,科学技术的发展对劳动技能有了更高的要求,同时对劳动力再生产的数量和质量上也有了更高的要求。不仅如此,哈维还意识到"从剩余价值理论可知,剥削是资本家获得利润的源泉,因此资本主义积累方式依赖于

---

[1]　D. Harvey, The Urbanization of Capital: Studies in the History and Theory of Capitalist Urbanization. Oxford UK: Basil Blackwell Ltd, 1985: 7 – 8.

通往共享之路
——马克思社会共同需要思想的当代阐释及运用

资本主义阶段对抗劳动者的暴力"①,也就是说,资本主义国家需要压制工人力量和维护社会意识形态来保证资本积累和剩余价值的顺利实现。在意识形态与军事方面的压制也体现了资本主义国家中阶级利益的斗争冲突,所以哈维认为对资本主义第三级循环的投资必不可少。

虽然第三级循环的投资不会直接产生资本积累,但是为资本主义的发展提供了必要保障,符合资产阶级的长远利益。但是向第三级循环投资对于私人资本家来说存在缺乏投资的动力,所以一般是通过国家的渠道投入到科学技术研发领域和公共产品领域。哈维意识到私人资本投资第三级循环存在的内在冲突,"私人资本家,在涉及自身利益的每个行为,能够产生与阶级利益完全对立的结果,举一个极端例来说,竞争会使每个资本家都延长和加强劳动过程来获取剩余价值,这样就使劳动力严重受损。私人企业活动的集体效益就会严重危害未来积累的社会基础"。②由此可见,第三级资本的循环是国家干预的结果,而非个人利益的驱使。但在第三级循环的投资会受到阶级斗争的强烈影响,因为这种有关镇压工人阶级和控制工人阶级思想的投资与工人阶级反抗资本的压迫直接相关。所以,当工人力量开始强大的时候资产阶级需要明智的投资来镇压工人阶级的合作力量。③

第三级循环体现了资本主义国家在维护资本主义发展中所扮演的重要角色,体现了资产阶级的长远利益。不过哈维认为,资本过度积累的趋势会继续存在于第三级循环中,资本主义的危机一开始表现为包括城市建筑环境在内的物质资产的贬值,进而影响到生产和消费,并最终波及医疗保健、教育、军事等社会支出领域,在这个过程中,资本主义的危机形态也从局部型危机、转换型危机演变为全球型危机。④ 哈维透过空间与社会发展中各个要素之间的动态关系,解释了全球空间经济的发展与资本主义扩张的关系。在这个意义上,资本三级循环也就是资本主义国家以延迟资本进入流通的时间来缓解过度积累危

---

①② D. Harvey, The Urbanization of Capital: Studies in the History and Theory of Capitalist Urbanization, Oxford UK: Basil Blackwell Ltd, 1985: 2.

③ D. Harvey, The Urbanization of Capital: Studies in the History and Theory of Capitalist Urbanization, Oxford UK: Basil Blackwell Ltd, 1985: 8 – 11.

④ 章仁彪、李春敏:《大卫·哈维的新马克思主义空间理论探析》,载于《福建论坛》(人文社会科学版) 2010 年第 1 期。

机的方法,是资本主义调整和巩固自身生产关系来延续生存的途径。同时,哈维指出,第三级循环同样是解决资本主义危机的无效办法,某种程度上甚至会加剧资本的过度积累。"危机是资本主义生产方式的无理的辩护者,是不平衡的指标,驱使着生产、交换、分配、消费过程的合理化。""随着资本积累过剩的压力增大,资本循环的过程要么停止要么进入第二级循环和第三级循环""但是过度积累的趋势并不能消除,而且会转变成第二级循环和第三级循环的过量投资,过量投资只与资本的需要有关,与人们的需要无关,这样造成危机出现。"① 由此可见,资本三级循环都存在过度积累的趋势,而且是不可根除的。资本主义城市空间中的过度积累与城市居民的需求无关,住房、教育、医疗等方面都会出现过剩投资,也就难以得到投资的回报。

在资本主义城市化发展阶段,空间是资本主义的产物,空间生产过程中的主要矛盾表现为资本剥削空间获取利润的本性与人们通过空间为满足自身需要之间的内在冲突。资本主义社会的空间已经被打上了阶级的烙印,必然反映出资本主义制度下社会的分化和不平等。

3. 资本的城市化

"二战"后,资本主义国家的经济快速发展,世界范围内的城市化进程速度提高,并且已经形成规模,城市人口的比重也大大提高,如今无论是资本主义国家还是社会主义国家,城市化已成为一个国家中经济发展的重要引擎。哈维在《资本的城市化》一书中始终坚持用马克思主义的核心理论来解释城市化。资本逻辑促使生产要素在城市中不断聚集,促进了城市的空间建设和发展,控制经济发展过程和居民的生活方式、思维方式。由于城市的发展蕴含了资本积累的必然逻辑,资本主义城市空间的生产过程也不可避免地蕴含着资本主义生产中逐步累积起来的矛盾,资本会对城市空间造成破坏,这是由资本的逐利性本质所决定的。

哈维指出,"在资本主义的框架内,我用积累和阶级斗争这两个主题来理

---

① D. Harvey, The Urbanization of Capital: Studies in the History and Theory of Capitalist Urbanization, Oxford UK: Basil Blackwell Ltd, 1985: 12.

解城市化过程"。① 由此,可以认为城市化就是资本积累和阶级斗争相互关联交织的过程,需要在资本主义框架内通过研究城市与资本主义生产方式的具体联系来理解城市化的规律。哈维认为,"城市中的建筑环境就是复杂的商品体系,包含了不计其数的不同元素:道路、运河、码头和港口、工厂、仓库、下水道、办公楼、学校和医院、房屋、商店等等——每个元素都在不同的条件和规则下生产出来""每个部分都与生产、交换、消费过程有关"。② 这些人为建造的物质环境就是资本发展的结果,是资本主义条件下构建的人文景观。城市中的资本不断地为这些人文景观进行生产和改造,从中实现剩余价值。城市为资本主义系统中出现的资本过度积累提供了投资渠道,城市化进程意味着资本主义生产流通过程的物质基础的产生,城市空间中的建构和重建为资本的运转创造了机会。③ 可见,资本积累的规律控制着城市的发展,资本第一级循环中的过剩资本可以进入第二级循环和第三级循环中的长期投资中,但是第二级和第三级循环中也存在着过度积累的问题。因此资本主义制度下的过度积累问题是无法被根除的,反而使这种生产过剩危机的波及范围扩大,从城市空间扩张到世界范围内,导致全球资本主义空间的不平衡发展。资本主义城市化中的生产过程必然也蕴含着资本主义生产中的矛盾,资本主义城市化中资源的过度消耗和浪费造成生产环境的破坏以及各种各样层出不穷的生态问题,使人类承受了不可持续的发展的压力。更重要的是资本逻辑下的城市化过程使城市的发展模式单一,空间发展不均衡,单纯注重经济的发展而忽略了人们的利益和社会的整体发展。

此外,城市化过程中资本的集中也伴随着劳动人口的集中。资本和人口的聚集可以通过空间的扩张来分散,这就需要在更大的空间内进行资本主义生产关系的再生产。这种地域的无限扩张以及城市中基础设施的破坏和修建行为都是为了资本主义自身发展而发生的空间自我毁灭的破坏性过程。这是哈维从空

---

① D. Harvey, The Urbanization of Capital: Studies in the History and Theory of Capitalist Urbanization, Oxford UK: Basil Blackwell Ltd, 1985: 1.

② D. Harvey, The Urbanization of Capital: Studies in the History and Theory of Capitalist Urbanization, Oxford UK: Basil Blackwell Ltd, 1985: 16.

③ 高鉴国:《新马克思主义城市理论》,商务印书馆2007年版,第131页。

间分析的视角对马克思有关资本主义理论的拓展。"哈维城市化研究的最显著特点在于他把城市化这一物质过程与资本积累勾连起来,考察城市化过程中资本如何重新塑造城市空间……与资本主义生产相关的内容。"[1]

总的来说,哈维继承了马克思的方法论,将资本与城市化的思考统一起来,强调了资本的城市化,开辟了空间理论的新的话语体系。哈维将地理要素整合到马克思政治经济学中,具体分析了资本积累与空间生产的关系以及资本主义城市空间是如何进行社会生产的。城市化的过程就是为了资本运转更有效,使利润获取更容易。哈维认为,资本塑造了城市空间,都市的发展与资本积累密切相关。城市化过程承载了资本的所有内涵及外延,资本的显性和隐性因素都体现在城市化的过程中,资本主义的城市化过程从本质上说就是资本的城市化而不是人的城市化。[2]

2.2.3 资本主义国家社会共同需要供给的本质属性

马克思早已论述过有关社会共同需要及其供给在人类社会不同发展阶段中的普遍性和特殊性。在对资本主义基本矛盾的分析中,马克思更加注重或强调资本主义生产相对过剩的历史必然性,以及矛盾在资本主义的既定框架内是无法通过资本主义的自我完善予以消除的。其中,马克思对资本主义力图自我完善途径的分析就其实际内容来说,很大一个部分体现在对资本主义社会共同需要的供给及其属性的分析上。这表明,满足社会共同需要的供给主要体现为资本主义社会公共福利条件的改善,但是这种社会公共福利的改善本身从其性质上来说还是从属于资本主义生产目的和资本主义统治需要的。

西方马克思主义城市理论,在本质上继承了马克思主义有关资本逻辑的分析框架与思想。伴随资本主义城市化进程,深入探讨在资本逻辑的驱动下资本主义城市化过程的本质属性。只不过,作为现代马克思主义的应用拓展,西方马克思主义对资本主义城市化过程的分析在内容上是新颖而丰富的。不仅深刻揭示了城市化的本质特征及目的,还对城市空间对社会形态及其运行机制所产

---

[1] 杨有庆:《地理学、空间正义与历史地理唯物主义——论戴维·哈维对马克思主义的地理学改造》,载于《华北电力大学学报(社会科学版)》2015年第5期。
[2] 赫曦滢:《新马克思主义城市学派理论研究》,吉林大学博士学位论文2012年,第73页。

通往共享之路
——马克思社会共同需要思想的当代阐释及运用

生的影响进行了非常深入的分析,特别是蕴含了对在城市社会形态下满足社会共同需要供给本质的分析,这些都可以在卡斯泰尔斯的集体消费理论中,在列斐伏尔的空间生产以及哈维的资本循环理论中找到相应的论述。

总体而言,西方马克思主义学者对资本主义国家社会共同需要的供给分析表明,尽管经过长期发展,西方发达资本主义国家已经形成了相对完备的社会福利体系,但在本质上,这种满足社会共同需要的供给依然是服务于资本逻辑的。一方面,伴随社会经济的发展,尤其城市化水平的提高,客观上需要满足社会共同需要的产品供给数量及质量的提高,以满足劳动力再生产的基本需要。另一方面,从长期来看,通过满足社会共同需要的产品供给改善劳工福利,是缓和社会矛盾,维持和巩固资本主义统治的基础手段和必要手段。但是,无论如何,资本主义国家社会共同需要的供给本质属性是决定于资本积累的内在逻辑的,也就是取决于资本逐利本性的。换句话说,资本主义的社会公共福利水平无论如何发达,本质上都只是维护与巩固资本统治的一种手段或工具,而不是以人的发展为最终目的的。

2.2.4 列斐伏尔与哈维的空间生产、资本循环思想的评价

列斐伏尔是最先在空间理论的基础上提出资本主义城市权力和城市革命命题的学者,他揭示了资本主义城市空间作为一种特殊商品及资本主义城市化进程与空间的联系,可以说从空间维度极大地拓展了马克思主义城市社会学理论。列斐伏尔最重要的贡献之一就是对马克思主义进行了空间化阐释,并进一步系统论述了空间的概念,分析了城市空间的三重属性,尤其是它的社会属性。列斐伏尔认为城市空间并非是社会关系演变的静止的容器或平台,而是社会关系的产物,城市空间产生于有目的的社会实践,空间和空间的政治组织表现了各种社会关系,但又反过来作用于这些关系。列斐伏尔建构了社会空间的类型学,得出了资本主义社会经由不同空间类型的转换而实现社会演变的结论。列斐伏尔的这些研究,对于丰富马克思主义的空间理论具有重要的理论价值。[1]

---

[1] 高春花:《列斐伏尔城市空间理论的哲学建构及其意义》,载于《理论视野》2011年第8期。

第2章　西方马克思主义学者的社会共同需要思想

对于列斐伏尔，哈维曾在评价《空间的生产》这本书时指出，"列斐伏尔在这本书中融入了他对哲学的深切的感知，他对黑格尔、马克思、尼采和弗洛伊德的反思，他对诗歌、艺术、音乐和狂欢的体验，他与超现实主义和情境主义的联系，他与作为一种思潮同时也是一种政治运动的马克思主义之间的渊源，他对都市和农村的生活条件的社会学调查，他的特定的整体性概念和辩证"。①

列斐伏尔继承和发展了马克思恩格斯的理论，然而他的空间理论某种程度上夸大了空间的作用，强调了空间与经济、政治的关系，而忽视了空间的文化价值。城市的空间矛盾不仅与地理上的空间概念有关，也与城市中的政治、社会文化等方面息息相关②。城市空间思想需要与时间及实践联系起来，杜绝孤立地看待城市空间问题。列斐伏尔的这种新的政治构想被认为是存在空想性和局限性的。但其空间生产的理论创新是对资本主义社会中异化现状的一种空间解释，对今后的社会发展具有重要借鉴意义和启示意义。

哈维早期是地理学界中逻辑实证主义的重要代表人物，其最初的学术重心是地理学，后来哈维发现社会中存在的种种不公平现象开始转向激进地理学。《社会主义与城市》是哈维首次将地理学与马克思理论相结合的一本著作，体现了哈维学术立场的转变。从这本书中可以看出哈维不再保持地理学上的"客观立场"，而是从实证主义转向历史唯物主义，从"解释世界"转向"改造世界"。《资本的限度》是哈维集中研究资本的一本著作，其中，哈维对于空间与资本关系的研究，是从资本主义危机出发的，挖掘空间理论背后资本积累的逻辑，从空间角度重新解读资本主义经济，为以后的研究奠定了方向和基础。20世纪60年代末，福特主义和凯恩斯主义开始失效，资本主义矛盾通过空间进行转移，哈维称这种转移策略为"空间修复"。研究哈维理论的众多学者认为，哈维的空间理论蕴含了丰富的理论语境，包含了多个研究视角和方向。尤其是哈维指出了马克思主义解放政治学的基本观点在资本全球化的今天仍然具有价值，批判了新自由主义和新帝国主义给人们带来了压迫和灾难，全球矛盾的解

---

① 大卫·哈维、黄晓武：《列菲弗尔与〈空间的生产〉》，载于《国外理论动态》2006年第1期。
② 吴宁：《列斐伏尔对空间的政治学反思》，载于《理论导刊》2008年第5期。

77

决需要新的方案。哈维的研究思路是沿着地理学、社会理论、政治理论形成的。①

不仅如此，哈维作为马克思主义的追随者，构建了历史地理唯物主义。哈维的历史地理唯物主义是对马克思主义辩证法的继承和发展。他在列斐伏尔的空间三分法的基础上运用辩证的方法思考城市问题，并且结合了时间的维度，将社会中的经济、政治、文化等各个维度加以空间化的思考。可以说，哈维与列斐伏尔在空间生产的基本观点是一致的，空间由社会生产而来，与社会变革息息相关。但是哈维不认同列斐伏尔在研究社会生产关系时把空间置于很高位置，虽然空间可以作为研究工具，但是空间生产不能脱离资本积累的过程，因此需要关注影响资本积累的因素，如科技、劳动力、区域环境等。哈维注意到列斐伏尔并没有从资本主义生产方式的角度来论述城市的空间，而马克思理论中已体现出丰富的城市空间思想，哈维着重从空间修复的角度补充和突出了马克思的这方面思想②。

哈维空间思想的可贵之处还在于，他认为空间生产与空间政治作为资本主义权力、意志控制集结地的同时，也是工人阶级联合解放的现实土壤与依托的空间。③他致力于历史地理唯物主义研究，确立了社会过程决定空间形式的方法论原则，批判了当代的资本主义空间生产、新自由主义和后现代主义文化，试图通过勾勒和探索寻找出资本主义变迁和社会主义运动的可能，积极探索人类理想的社会空间模式。此外，哈维一直热衷于讨论空间概念，他认为地理空间的扩展有延缓经济危机发生的可能，但是在论述上却回避了空间在资本主义经济危机中的基本角色定位。哈维强调在经济危机中三级资本循环方式的顺序进行，而事实上我们需要时间和空间的同时修复。④

哈维的理论构建也存在着一些缺陷，在具体观点上值得学者们继续探讨。

---

① 张佳：《大卫·哈维的历史－地理唯物主义理论研究》，人民出版社2014年版，第4页。
② 赵海月、赫曦滢：《大卫·哈维"时空修复"理论的建构与考量》，载于《北京行政学院学报》2012年第5期。
③ 魏海燕：《哈维新帝国主义论域中的空间》，载于《苏州大学学报》（哲学社会科学版）2012年第1期。
④ 赫曦滢、赵海月：《大卫·哈维：全球空间生产的资本逻辑再认识》，载于《兰州学刊》2011年第12期。

有学者认为哈维的理论缺乏历史内涵,在马克思的历史唯物主义观点中,历史不仅仅具有时间的意义,也与进步、发展、生产方式的发展等概念相联系,体现了一种整体性的历史内涵,而哈维只是把空间问题、城市问题等作为当时的问题,并没有把他的理论放入人类社会发展的总体历史视野中来考察,这也就限制了哈维对于问题研究的深度,也没有探寻到解决空间问题、城市问题的具体出路,以及关系到未来发展的历史出路。[①] 因此,哈维的思想被认为带有空想主义的色彩,并不能为我们在实践中提供出一个具体可行的马克思主义方案,对此哈维说,"这里仅仅是一些对话性观点而不是答案"。[②] 但是,总体来说,哈维的理论是坚持了马克思的历史唯物主义,同时又补充了空间维度,形成了哈维的历史地理唯物主义理论。

2.3 满足社会共同需要的政府职能

19世纪时,经济市场自由主义盛行,国家干预的观点并未受到重视,直到20世纪30年代,伴随凯恩斯主义政府干预理论的发展,以及福利国家的兴起,西方马克思主义学者开始对国家职能与资本主义发展的关系作出解释。总的来说,西方马克思主义学者认为资本主义国家的政府在城市规划的决策、经济政策调节,以及满足社会共同需要上的职能都广泛地发挥了作用,虽然国家在统治阶级中体现了相对自治和独立自主性,但是资本主义国家为资本服务的目的和方向并未发生根本性改变。

2.3.1 政府独立自主性

西方马克思主义学者尼克斯·普兰查斯有关国家职能的重要概念就是相对自主。普兰查斯是结构主义的马克思主义(以下简称"结构主义")的代表人物之一。《政治权利与社会阶级》(1973)是他的主要代表作。普兰查斯在书中指出,国家具有"它针对这个权力集团的相对自主和对霸主阶级或派别的相对

---

① 张佳:《大卫·哈维的历史-地理唯物主义理论研究》,人民出版社2014年版,第207页。
② 大卫·哈维著,胡大平译:《希望的空间》,南京大学出版社2006年版,第228页。

| **通往共享之路**
| ——马克思社会共同需要思想的当代阐释及运用

自主"。① 这种自主性表现在国家在阶级斗争中与统治阶级相对的自主关系,而不是国家在经济基础上的关系。他的观点不同于马克思的经济决定论中的观点,而是借助多元决定论来分析国家与统治阶级相对自主的关系,也就是说国家的职能是受社会形态各方面因素影响的。国家既是资产阶级的统治工具,但同时又相对独立于资产阶级,这样国家能够在必要的情况下牺牲一些资产阶级的利益来维护其政治权利和统治地位。国家从资产阶级的长远利益出发,在制定政策时会考虑到工人阶级的权益,保证劳动力的再生产,满足资本主义生产发展的需要,但是归根到底还是为了更好的实现资产阶级榨取剩余价值的目的。所以政府这种与资产阶级的独立是相对的。普兰查斯否定了工具主义的观点,认为国家并不是作为工具的实体,而是反映了一种社会关系。

工具主义代表人物英国的拉尔夫·密里本德没有否认这种相对自主性,并认为这是资产阶级国家的特征之一,资产主义制度下的政府也会采取一些违背资产阶级利益的行为。② 而且,他认为这种自主性并没有减弱国家的阶级性,而是用更灵活的政策来服务于统治阶级,国家始终受控于统治阶级,国家就是统治阶级的工具,是为资本家利益服务的。这个观点与经典的马克思主义思想相似。这种工具论说明了资本主义国家的政府是国家发挥维护阶级统治作用的工具,即使是独立自主的,仍具有受到统治阶级的控制为其服务的特点。

结构主义与工具主义的观点类似,都认为城市政治机构是资本主义国家中资产阶级发挥作用的工具,但结构主义则更好的解释了国家在决策时出现的多元性和独立自主性。结构主义认为,国家促进了劳动力再生产,投资了多种福利设施如住房、教育、交通等,同时也投资了基础设施建设的项目,满足了社会需求,为社会的发展提供保障,对资本主义生产起到了促进作用。但是这种相对自主性存在一定缺陷,它忽视了国家在经济利益中的作用,把政治与经济割裂开,这种维护了政治权利的统治却无法为经济利益服务的观点不能自圆其说。

英国学者辛西娅·科伯恩在其著作《地方国家:城市管理与人民》(1977)

---

① 尼科斯·波朗查斯:《政治权力与社会阶级》,中国社会科学出版社1982年版,第343页。
② 拉尔夫·密里本德:《资本主义社会的国家》,商务印书馆1997年版,第83页。

第2章 西方马克思主义学者的社会共同需要思想

中论述了地方政府职能。地方政府在资本主义国家中也是服务于资产阶级利益的，保持相对自治的功能，对解决国家的经济危机有一定作用。地方政府不是完全自治的，而是满足资本整体利益分担国家工作的机构。地方政府注重满足民众的休闲保健等项目设施以满足地方劳动力再生产的需要，同时也注重社区的发展和更广泛的机构联系。除了分析满足民众的公共需求之外，科伯恩着重强调了政府在政治职能上的作用，即维护资本主义制度的合法化。地方国家"从资本主义生存的整体需要出发，照看资产阶级的总体利益，建立和维持对工人阶级的文化和政治统治"。[①] 但是科伯恩的观点也受到学者的批评，被认为缺乏对阶级斗争的考虑，地方政府服从中央政府的观点也无法解释现实情况的复杂性。

法国马克思主义学者琼·洛基肯认为，资本主义垄断资本的利益是政府现阶段的服务对象，资本主义社会进入了国家垄断资本主义阶段，国家机构被垄断部门完全控制。洛基肯指出在各种规划机构和政策干预中的作用有三方面：作为统治阶级霸权的组织、作为阶级斗争的积极反应、作为社会形态聚合的维护。[②] 他否认了国家代表资产阶级整体利益的观点，也否认了国家相对自治的观点，认为国家保护的是垄断资产阶级的利益，不会独立自主于经济基础。由此可见，科伯恩和洛基肯的观点也不同于纯粹的工具主义。

到了垄断资本主义时期，国家对经济的干预程度增强，经济危机出现时国家的干预就会面临承受责任的风险，社会秩序的正确性受到挑战，人们开始怀疑政府能否保障公众的普遍利益，产生合法性危机。法兰克福学派的克劳斯·奥菲和尤尔根·哈贝马斯认为在晚期资本主义时期的国家既支持资产阶级利益又保持相对自主是冲突的，不可能实现的。哈贝马斯在《合法化危机》中提到国家这种合法性危机会削弱公民对政府的依赖和政府的权威性，公民在参与政治意志过程中会意识到政府干预与资本利益之间的政治冲突。[③] 国家需要保护

[①] C. Cynthia, The local state: management of cities and people, London: pluto press, 1977: 47. 转引自高鉴国：《新马克思主义城市理论》，商务印书馆 2007 年版，第 233 页。

[②] M. Kieran, Marxist Political Economy and Marxist Urban Sociology, London: Macmillan Press, 1987: 170–171. 转引自高鉴国：《新马克思主义城市理论》，商务印书馆 2007 年版，第 237 页。

[③] 尤尔根·哈贝马斯，刘北成、曹卫东译：《合法化危机》，上海人民出版社 2000 年版，第 50 页。

公民利益消除经济系统中出现的不良结果来破解合法性危机，这就需要国家实施福利政策投资于社会保障系统来获取民众的认可。但是这样就陷入一种困境，一方面国家要以经济利润为目标来实施政策；另一方面，又要在不考虑利润的情况下实施有利于公众的福利政策，资产阶级民主与私人资本对剩余价值的占有产生冲突，必然要求国家保持独立自主性，但是资本主义国家在维护资产阶级利益和获得公民拥护之间很难保持稳定的自主性，往往陷入两难的困境。由此可见晚期资本主义时期的国家的干预能力加强，试图通过公共领域的干预促成阶级矛盾的化解，但在追求经济目标的同时获得民众的接受并非易事，这并不能有效化解经济危机，而且危机还有可能从经济领域延伸到政治系统。但是哈贝马斯认为合法性危机并没有触及经济制度和阶级斗争，只要国家采取合理措施，保障人们的合法权益就能化解危机。

同样是法兰克福学派的学者克劳斯·奥菲认为，国家对资本主义生产的干预是对资本主义经济危机的反应，资本的力量在资本主义社会中开始衰弱，需要国家的保护和支持。福利制度体现了国家对资本的支持，表现在政府对劳动力再生产的支持。国家通过福利制度消解了工人对资产阶级的斗争动力，对资产阶级和工人阶级都做出了让步，但是对资本家的利益造成了一定的损害。[①]总之，法兰克福学派认为国家在经济干预的过程中不可避免地为资产阶级利益服务。国家的阶级属性意味着政府在履行社会公共职能的同时，也要发挥它的统治作用。这种独立自主性表现在资本主义国家中，政府为了维持统治的物质和社会基础，需要对公共的普遍利益做出让步，平衡不同阶级的利益和关系，以尽量避免经济危机和社会危机。

2.3.2 政府的公共职能与资本主义体系的维护

卡斯泰尔斯强调了国家在集体消费供给中的作用，发现了资本主义社会越来越需要政府的干预来保证劳动力的再生产，引发了对地方政府在公共领域中职能的进一步研究，强调了地方政府的作用。卡斯泰尔斯认为，集体消费是通过政府支出实现的，不存在盈利的目的，但是为了资本主义国家的整体利益服

[①] 克劳斯·奥菲：《福利国家的矛盾》，吉林人民出版社2006年版，第12页。

务的。城市问题（urban problems）成为政府制定政策的关键，这一问题的提出引起了媒体的广泛关注，随之，城市问题也成为人们日常生活的重要组成部分。[①]"的确，公共住房建设，以各种形式为政府提供了有效干预经济活动的可能性和控制社会行为的空间。实际上，正是在直接或间接进行的社会住房的建设领域中，政府干预有决定性的作用。"[②] 卡斯泰尔斯认为政府承担了劳动力再生产的成本，而私人资本家通过市场获得劳动力创造的利润，结果就是政府的财政收支不平衡，造成财政危机和集体消费的供给危机。"卡斯泰尔斯认为，城市只是由政府政策加以补充的市场机制的物理扩展。因此，政府一方面需要代表统治阶级的利益，同时也不得不采取一定的措施，以缓和阶级矛盾，防止社会动荡。随着资本的循环和流动，政府在何时、何地以及以何种方式和在多大程度上组织和介入集体消费，这些因素将极大地影响城市空间形态的变动。"[③]

哈维认为资本主义国家的政府在城市规划时会兼顾社会和资产阶级的整体利益。通过在社会保障上满足工人阶级的需求，政府有意识地缓和资产阶级和工人阶级的矛盾。"哈维认为，实现平等就业和建立有条不紊的金融体系、货币体系，促成和监督公共设施建设等行动构成了保证现代国家合法性的必要手段和策略。"[④]政府还在空间上进行城市规划，改善工人们的居住条件，对城市进行更新和改造满足资本主义发展的空间需要。这样，政府通过城市改造或者投资公共设施，为资本提供了更多积累的机会，通过管理的手段而不是镇压的手段来平衡国家内部的利益冲突。

哈维认为自由市场的资本积累会造成不平衡的地理发展，对空间造成破坏。地区上也会有贫富差距的扩大，富裕的地区更加富裕，贫困的地区更加贫穷，财富和权力在地区上的发展差距也越来越大。统治阶级会利用政府的城市规划和其自身占有的资料来对贫困的阶层进行剥削，造成空间上的阶层分化。

[①] 曼纽尔·卡斯泰尔斯、戈岳、高向平：《城市化》，载于《国外城市规划》2006年第5期。

[②] M. Castells, The Urban Question: A Marxist Approach, London, Edward Arnold Ltd., 1977：159.

[③] 高峰：《城市空间生产的运作逻辑——基于新马克思主义空间理论的分析》，载于《学习与探索》2010年第1期。

[④] 洪燕妮：《瓦解"资本逻辑"视域中的国家概念——哈维对马克思国家理论的阐释》，载于《华东理工大学学报》（社会科学版）2015年第2期。

通往共享之路
——马克思社会共同需要思想的当代阐释及运用

市场的外部负效应也给城市的发展带来了破坏性的影响，例如资源浪费、环境污染等。哈维的空间修复理论认为通过空间改造可以扩大市场，一定程度上克服了市场中的生产过剩、过度积累，但是时空修复只是暂时性的修复，无法解决资本主义的内部矛盾。政府可以利用政策、法律、经济等方面的干预手段对城市进行规划和空间改造，有利于市场上的资源分配，吸引新一轮的投资，缓解空间发展的不平衡。政府作为城市发展的领导者，其角色和作用对城市社会的公平发展和城市居民的利益有重要意义。

哈维认为，资本主义中央和地方政府的权力策略相互渗透，帝国主义的性质加强。[1]"新马克思主义认为，城市空间是各种利益角逐的产物，城市空间的主要影响因素有：资本，政府干预和城市社会运动；城市空间一直处于各种力量的角逐之中，城市空间是各种力量较量后的均衡产物。这就是城市空间生产的运作逻辑，也就是'空间的辩证法'"。[2] "统治阶级必须依照自身阶级利益来行使国家权力，但同时也是为了全体利益"[3]。资本主义的整体利益和个人的特定利益之间存在一定的冲突，这是资本主义国家难以避免的。哈维在《资本的城市化》（1985）中指出，资本主义国家的功能包括：（1）行使"危机调节者"的角色，有助于实现稳定化的经济和社会制度；（2）竭力创造条件，使积累"平衡增长"和顺利实现；（3）通过镇压（治安力量）、合作（政治或者经济交易）或整合（努力调和对立阶级或派别的要求）稳定内部冲突和派别斗争。[4] 整个资本主义国家的经济目标在于维护整个资产阶级的公共利益，而不是个人利益。所以资本主义国家的职能也存在着内在矛盾，它既试图尽可能实现资本积累，又试图促进社会中的福利、机会平等方面。哈维认为时空修复的办法是资本主义系统在国家的政策下的维护办法，也就是冲破空间的局限使资本在流通领域更好地发挥作用。

---

[1] 大卫·哈维：《新自由主义简史》，上海译文出版社2010年版，第31-32页。
[2] 高峰：《城市空间生产的运作逻辑——基于新马克思主义空间理论的分析》，载于《学习与探索》2010年第1期。
[3] H. David, Spaces of Capital towards a Critical Geograpahy, Edinburgh: Edinburgh University Press, 2001: 270.
[4] Harvey. David, The Urbanization of Capital, Oxford UK: basil blackwell, 1985: 174-175. 转引自高鉴国：《新马克思主义城市理论》，商务印书馆2007年版，第225页。

第2章　西方马克思主义学者的社会共同需要思想

美国激进政治经济学的代表人物之一的詹姆斯·奥康纳在《国家的财政危机》（1973）一书中，强调了政府支出的作用。战后国家垄断资本主义条件下，国家开始对经济进行干预，然而经济危机并未消除。他对"二战"后资本主义国家的财政危机进行了深入的研究，通过研究战后美国资本主义的发展，在书中分析了美国的财政危机问题，提出"国家财政危机理论"。他认为，资本主义国家的财政支出有两个特征："社会资本"和"社会支出"。社会资本包括社会投资和社会消费两种形式。社会投资指政府为私人部门提供的道路、供水等基础设施建设和服务设施建设；社会消费促进了资本主义再生产的商品和服务（主要是住房和教育）以及社会保险。社会支出指用于警察和军队等强制性军事项目支出和福利支出。[①] 政府支出对资本积累和资本主义再生产起到了重要作用。政府支出可以认为是社会资本，有利于私人资本家获取剩余价值。政府投资可以提高劳动生产率，也能使劳动力再生产费用减少，也就能提高服务设施投资的利润率。政府在发展福利制度上的支出，是为了维持社会的稳定和谐。奥康纳发现，在资本主义社会中，工人希望得到更多的社会福利支出，资本家也希望政府能够在社会支出上有更多的供给，而无业人口则更需要政府给予社会保障。"社会对国家预算的需求似乎是无限的，但人们支付这些需求的意愿及能力却是有限的。而且，财政支出的增长速度明显比整个社会生产快……我们将这种财政支出超过财政收入的趋势称为'国家的财政危机'。"[②] 资本主义的剩余价值大部分被资本家获得，而社会支出却由政府承担，政府面临大量的财政缺口，容易造成财政危机。归根结底，财政危机产生的原因就是资本主义私有制的矛盾。

奥康纳的财政危机理论是对经典马克思主义理论的继承和发展，他认同马克思的国家具有阶级性的观点，国家通过经济上的统治地位占有了政治上的地位，获得了剥削压迫无产阶级的手段，奥康纳在此之上发展了这一理论，认为资本主义国家在维护统治阶级利益和维护社会公共利益之间的冲突是难以调和的，国家超越了上层建筑的范畴将政治功能嵌入到生产过程中，具有经济积累

[①] K. Cox and R. Johnston. Conflict, Politics and the Urban Scene, London: Longman Group Limited, 1982: 243-244. 转引自高鉴国：《新马克思主义城市理论》，商务印书馆2007年版，第218页。

[②] J. Connor, The Fiscal Crisis of the State, New York: St. Martin's Press, 1973: 1-2.

的职能。

2.3.3 资本主义社会共同需要与政府职能

马克思关于国家作为阶级统治工具的论断是马克思主义的核心观点之一。西方马克思主义学者对资本主义城市化本质及其中蕴含的社会共同需要供给的本质属性分析，进一步论证了这一论断的深刻性。也就是说，在资本主义发展的当前阶段，虽然经过系统的修补和完善，随着社会公共福利水平也即满足社会共同需要的供给规模的极大提高，使得发达资本主义社会的阶级矛盾在某种程度上得到了极大的缓和。但是资本主义国家机器作为阶级统治工具的本质并没有改变。

因此，资本主义政府的职能在这个意义上始终是为了从根本上维护和巩固资产阶级的统治，即便是具有很大迷惑性的社会福利政策也即在满足社会共同需要的供给上也是如此。

具体的，在西方发达资本主义福利社会建设的早期，以社会保障为核心的满足社会共同需要的供给，一方面为劳动力的再生产所必须，另一方面在当时的经济环境条件下，该类产品和服务的市场化供给即由私人资本进行投资运营，相对无利可图。同时，劳工阶级的境遇相对恶化在不断催生着阶级斗争的潜在因素，出于缓和阶级矛盾、维护资本主义统治的需要，资本主义的政府成为了满足社会共同需要的产品及服务供给的主体。在某种意义上，资本主义政府在满足社会共同需要上所承担的供给责任，正是其维护资本统治的国家职能在新的特定环境条件下的一种体现。

而且，随着社会经济条件的发展，当且仅当满足社会共同需要的供给逐渐变得相对有利可图的时候，资本主义的政府通常会毫不犹豫地选择退出这种供给，而让位于资本。这进一步说明了资本主义国家或政府所承担的满足社会共需品的供给责任，从本质上同样是服务于资本的逐利需要的。

2.3.4 资本主义国家政府职能思想的评价

综上所述，西方马克思主义学者对资本主义国家职能与市场的关系研究有着一些不同的观点，如工具主义、结构主义、相对自治论等。工具主义认为国

第2章 西方马克思主义学者的社会共同需要思想

家就是统治阶级的工具,这与经典马克思主义的观点类似。但是工具主义无法解释国家决策中出现的一些背离统治阶级利益的行为。而普兰查斯、卡斯泰尔斯、洛基肯等人的观点都被归为结构主义的观点。结构主义认为国家相对独立于资产阶级的利益,通过对无产阶级的暂时妥协和福利政策能够化解一些社会矛盾,但是总体还是服务于资产阶级。① 政府干预具有一定自主性但是又体现出冲突性,由于政府本身带有阶级性质导致这种内在困境不可避免。法兰克福学派从合法性危机的角度出发,认为人们对政府干预的作用产生怀疑。哈贝马斯的批判是具有重大理论意义的,但是他寄希望于改良主义,而不是从资本主义制度的角度提供解决方案,这有违于马克思主义有关资本主义危机的观点。

哈维吸收和总结了众多马克思主义者的观点,认为资本主义国家的职能就是维护资本主义生产方式的,国家在公共物品和基础设施上的投资披着社会利益的外衣,但也是从资本主义利益出发的。② 政府决策的复杂性涉及很多方面,包括决策者和利益集团等因素,所以不能单纯考虑阶级利益、国家权力这样的因素。尽管不同的西方马克思主义学者有关资本主义国家政府职能理论的侧重点不同,但都具有一定的合理性。

而马克思主义社会共同需要思想强调整体利益,从社会整体利益出发来分析社会共同需要和国家职能,并认为满足社会共同需要的是社会总产品中的一部分。在社会总产品分配中,马克思认为关乎社会存在和发展的共同利益需要必须得到优先满足,再进行社会总产品的个人分配。马克思认为满足社会共同需要的供给应以政府为主导,是国家所应承担的社会职能,要通过宏观调控和公共政策等手段,从整体上进行合理配置,这表明政府的职能包括建设公共职能部门和维护公共设施。政府存在的目的,在进行阶级统治的同时,也要为了满足所有社会大众的共同需要而服务。因此可以理解为,为满足社会共同需要的产品和服务的供给是政府职能的一部分,涉及社会共同需要的教育、社会保障、公共医疗卫生、就业公共服务、环境保护等方面都是政府应承担的社会公共职能。

---

① 张国昀:《马克思主义经济学视域中的资本主义国家本质研究》,载于《经济经纬》2010年第6期。
② 高鉴国:《新马克思主义城市理论》,商务印书馆2007年版,第223~225页。

当然，政府职能反映了政府行为的基本方向和主要作用，在不同的历史时期和不同的国家表现为不同的内容和性质，是一个历史范畴。但是，世界上各个国家的政府支出的领域基本上都涉及教育、医疗、住房、社会保障等民生领域，这些领域都应是政府承担重要责任的领域。当市场的竞争给经济社会带来了效率的同时，分配不公却成为市场自发运行中出现的难以解决的问题。而满足社会共同需要的政府供给，不能以追求经济性为目的，必须要以保证公平正义为己任。由此，政府满足社会共同需要的目的之一就是为了保证公平正义和利益共享。必须要看到，在现实生活中，政府为了维持稳定的秩序、缓和社会冲突、保证经济社会的发展，需要保障每个人的社会需要都能得到满足以及共享发展带来的好处，民生建设领域政府的不可或缺性必须加以重视，即使资本主义国家的职能不同于社会主义国家的职能。

第二篇　揭开迷局：
西方公共产品理论的反思[*]

西方公共产品理论作为西方公共经济学的重要理论基石，经过近三个世纪的不断丰富拓展，已形成较为完善的理论体系，表面上看其理论在认识的深度和广度上都取得了很大进展，但是究其核心内容始终是围绕市场自由和国家干预而展开的，可以说西方公共产品理论正是伴随对政府与市场关系的认识不断加深而系统深化的，由此围绕概念、特性、分类以及供给四个主要层面形成了较为系统的研究体系和框架。

但是如果我们从唯物史观出发，以马克思主义社会共同需要思想为指导，可以看出，公共产品是为了满足

---

[*] 西方公共产品理论中的公共产品（public goods）一词在国内还有其他多种不同的译法，例如"公共物品""公共商品""共用品"，等等。这几种译法表面上看来，差异不大，实质则不然，不同的译法所代表的具体含义还是不同的。如在使用"公共物品"一词时，"物品"通常情况下更多的是指有形产品，而对无形产品强调不足，实际上，社会共同需要，不仅包括对有形产品的需要例如基础设施，还包括对无形产品的需要，例如"安全""秩序""制度"等。因此，本书采用"公共产品"译法，主要是认为该译法既能避免由"有形""无形"或"商品""非商品"等引起的思维逻辑混乱，又能够更好地结合社会经济发展条件的变化，反映社会经济发展水平、社会文化、社会基本制度等因素，从而有助于分析一个国家在不同历史阶段条件下"公共产品"内容的演变规律。虽然本书采用"公共产品"这一译法，但是在书中涉及引用他人观点的时候，则依旧会按照被引用人的译法列出而不做改动。

通往共享之路
——马克思社会共同需要思想的当代阐释及运用

某一特定历史条件下、一定范围内社会成员的共同需要而存在的,这种社会共同需要的满足促进着社会的存在与发展、维系着社会的基本制度。应该说,公共产品是一个历史概念,但是西方学者针对公共产品的理论认识,沿用的西方经济学的分析范式,是从西方经济学的唯心史观和个人主义分析方法着手来对公共产品进行定义、提出特性、不断分类以及论证供给的。表面上看,西方公共产品理论已形成较为完善的理论框架,似乎越来越呈现出对社会现象的一定解释力和说服力。然而,当我们将公共产品这一历史概念放入唯物史观和整体主义的视角进行考察时,就会发现,仅仅从产品作为使用价值在消费过程中体现出的自然特性、技术特性来审视公共产品,并不能全面、客观地理解公共产品的实质,更无法看到公共产品是产品自然属性与社会属性的统一体。因此,这就需要从唯物史观和整体主义视角出发,以马克思主义的社会共同需要思想为指导,对公共产品的本质及其供求等基本理论问题进行审视,可以深入揭示出公共产品定义、特性及分类存在的误导性;满足公共需求和公共利益具有的虚幻性;以市场失灵作为划分政府、市场供给边界具有的局限性;唯心史观与个人主义研究方法的错误性,从而揭开西方公共产品理论在属性界定、公共利益、市场失灵与方法论四个方面的迷局和不科学的面纱。

第3章 西方公共产品理论的发展路径与框架

自人类产生以来，人们不断地从事着经济社会活动，在此过程中，人们在有限资源的约束下，处理着人和人之间的公共事务与私人事务，以满足人类的公共需要和私人需要，维护私人利益和社会公共利益的平衡。而要想实现这些目标就需要借助政府和市场的力量，合理地界定市场和政府两者在公共事务和私人事务资源配置中的作用。但是，政府和市场两者谁应该提供公共产品、私人产品以满足人们的公共利益与私人利益？以及其依据何在？这些问题一直成为西方经济学界争论和研究的主题。

在西方古典经济学时期，经济学理论认为完全依靠市场机制这只"看不见的手"和借助市场主体的自由竞争能够使社会资源达到最优配置状态，个人在追求个人私利的同时能够促进社会公共利益的实现，因此政府只需要充当"守夜人"的角色，在此阶段上，对政府调节经济活动的作用重视不够。而后马歇尔创立的新古典经济学对市场经济条件下满足私人利益的私人产品进行了详细的分析和论述，例如私人产品的定价、供求等问题，但是却对代表着社会公共利益的公共产品较少涉及。

然而，20世纪30年代在市场经济国家普遍爆发了经济危机，打破了古典经济学对市场机制信奉的神话。人们开始对市场机制存在的缺陷进行反思，并提出了政府干预来纠正市场失灵和弥补市场缺陷的主张。此时，以凯恩斯提倡的政府干预市场经济为主要内容的宏观经济学理论凭借其对民间经济干预取得的巨大成效而处于经济学主流地位。但是，随着时间的推移和社会经济条件的不断变化，政府的过度干预不仅导致了国家财政赤字的增加，而且出现了严重的"滞胀"问题，政府干预也出现了失效问题，也就是政府失灵。在这种情况下，既要弥补市场机制的功能缺陷，又要在政府干预过程中防止出现失效现象，就成为西方经济学界必须面对和解决的问题。

在此背景下，西方公共经济学理论应运而生，公共经济学主要解决市场机制与政府公共机构如何科学地界定各自功能的有效性技术边界，促进政府和市场功能的合理定位和有效的结合，而合理界定政府和市场功能的理论依据之一就是公共产品理论。公共产品成为政府干预经济和制定政策的准则，公共产品理论的运用被认为有助于正确认识政府和市场的关系、两者职能的划分，以及减少市场和政府的双失灵。

然而，自20世纪80年代以来，以哈耶克、弗里德曼为代表的新自由主义要求政府减少干预所带来的市场扭曲，以刺激消费来促进经济增长，新自由主义所倡导的自由化、私有化和市场化开始大行其道。时至2008年，国际金融危机的爆发，又让西方经济学开始重新思考政府与市场之间是否就是此消彼长的替代关系，以及如何更好地实现公共产品的供给。

由此，我们可以看出，西方经济学界对公共产品理论的认识和研究正是沿着西方经济学对政府与市场关系这一经典命题而展开的。西方公共产品理论在对政府与市场这对"看得见的手"和"看不见的手"的认识深化中不断取得理论拓展。可以说，伴随对"市场失灵""政府失灵""市场与政府的替代与合作"所形成的不同政府和市场关系认识的加深，公共产品在概念、特性、分类与供给等方面的研究内容丰富起来，从而使得公共产品理论体系得以形成和完善。

3.1 公共产品与市场失灵

公共产品（public goods）一词最早由瑞典著名经济学家林达尔（Lindahl）在1919年的博士论文《公平税收》中正式使用。林达尔假定消费者在自愿显示其对公共产品偏好的前提下，彼此间的自愿合作可以使公共产品提供的数量和成本的分担达成均衡，而每个消费者在总税额中的应纳份额（税收价格，也就是著名的"林达尔价格"）与其在消费公共产品中享有的效用价值是相等的，此时所形成的供求均衡被称为"林达尔均衡"，由此提出了解决公共产品供给所需费用的来源问题，极大地促进西方公共财政理论以及公共产品理论的形成与发展。

第3章 西方公共产品理论的发展路径与框架

但是在林达尔之前，公共产品思想的萌芽早已出现在西方政治学、哲学和经济学中，著名的学者霍布斯、休谟、斯密等针对事物的公共性、公共利益和人们相互间的共同需求，从国家的成因、政府的职责与职能等角度对公共产品进行过讨论与研究，虽然他们没提出公共产品一词，但是已经触及公共产品理论的核心问题，也就是需要政府参与公共产品的供给。如哲学家休谟于1739年在《人性论》一书中以公共草地排积水为例，论述了公共利益和政府之间的关系，提出了公共事务的处理应由政府承担的观点，为以后公共产品由于非排他特性导致的"搭便车"思想奠定了基础。而古典经济学创始人亚当·斯密在1776年出版的著作《国民财富的性质和原因研究》中对君主义务进行论述时提出政府供给公共产品的思想。虽然他是自由放任市场经济的推崇者，但是仍然指出，对于社会有益的公共事务应由君主（政府）为之。虽然斯密没有提出公共产品的概念，但是他比休谟更加具体和细致地论述了公共产品的类型、提供方式、资金来源、公平性等问题。应该看到，斯密等人生活在英国产业革命正在发生的时代，他们的著作学说体现了当时自由资本主义对自由贸易的客观要求，但是尽管如此，斯密依然承认政府必须履行某些职责，认可某些涉及国家安全、司法、公共设施、公共工程等产品和服务是必须由政府提供的。

19世纪，经济学家约翰·穆勒在经济理论分析中注入了大量对人类福利的关注，1848年在其著作《政治经济学原理及其在社会哲学上的应用》中，对应由政府承担解决的社会事务进行了论述。他指出，政府承担诸如铺设道路、安装路灯、建造灯塔等公共事务，这些公共事务由政府承担的原因在于"这样做有利于增进普遍的便利"。[①]

作为福利经济学派代表人物的庇古（Arthur Pigou），在其1920年出版的《福利经济学》（*The Welfare Economics*）一书中针对公共产品，不仅提出外部性概念，还以这一概念为中心提出了"社会净产品""个人净产品"等概念。他认为当社会净利益超过个人净利益时，政府应该对生产者无法得到的外部利益给予相应补贴，而当社会净成本超过个人净成本时，政府应当对外部成本进行

[①] 约翰·穆勒著，胡企林、朱泱译：《政治经济学原理及其在社会哲学上的若干应用》，商务印书馆1991年版，第371页。

征税，这些观点都极大地丰富了公共产品理论的研究内容。

但是对公共产品概念加以系统研究和阐发的则是福利经济学的另一代表人物萨缪尔森，萨缪尔森（1954、1955）相继发表《公共支出的纯理论》和《公共支出理论图解》，从公共产品与私人产品所具有的不同特性最早给出了公共产品的一般性概念，但是此时萨缪尔森没有使用"public goods"一词，而是使用的"collective consumption goods"[①]一词。他认为公共产品是相对私人产品而言的，将公共产品定义为"任何人消费这种产品不会导致他人对该产品消费的减少"，即每个人消费这种产品的数量与该产品的消费总量是相等的，它是不可以被分割给单个消费者进行消费的，只能为不同的消费者共同使用，公共产品常常要求集体行动，而私人物品则可以通过市场被有效率的提供出来。由此，萨缪尔森将具有非竞争性和非排他性的产品定义为公共产品，从而推动了公共产品理论研究范式的基本形成，对公共产品概念进行了清晰而完整地表述。在给出公共产品的一般性概念之后，萨缪尔森还在批判林达尔模型的基础上运用序数效用、无差异曲线、一般均衡分析和帕累托效率分析了公共产品最佳供给问题，建立了一个在公共产品和私人产品之间可以实现资源最佳配置的一般均衡模型，即"萨缪尔森条件"[②]。他认为，当消费者对纯私人产品和纯公共产品的消费边际替代率之和等于其生产转换率时，商品供应即资源配置达到最优。然而，在市场配置资源过程中，由于价格机制和信号显示机制存在失真的可能，而且利己的个体总是倾向于掩盖自己对公共产品的数量与质量的真实需求，从而使得这一均衡条件难以实现。[③] 但是"萨氏"将所有产品分为纯私人产品和纯公共产品未免过于简单，为此也遭到很多经济学家的非议和批评。[④]

萨缪尔森作为战后凯恩斯主义大行其道及新自由主义学说萌芽发展之时的

[①] 国外学者在定义公共产品概念时，也使用了不同的用语，例如"public goods" "collective consumption goods" "public consumption good" "social want" "collective goods"，德姆塞茨明确区分了"public goods"和"collective goods"的区别，但是由于目前较为流行使用"public goods"，因此本书不再对不同用语差异进行解释，而是将这些用语统一用"公共产品"作为其中文译语。

[②] 萨缪尔森假定存在着一个无所不知的仲裁者（omniscient），他知道每一个人的真实偏好。

[③] Colm, G., Comments on Samuelson's theory of public finance, Review of Economics and Statistics, 1956, (38): 408 – 412.

[④] Musgrave, R. A., The Theory of Public Finance, New York: McGraw – Hill, 1959.

新古典综合学派的代表，面对"二战"后凯恩斯学派提出的国家干预理论受到一定程度质疑的局面，从维护国家干预经济的合理性和正当性出发，提出了公共产品的定义为国家干预经济运行、供给公共产品提供了理论支撑，政府提供公共产品也因更符合效率与公平的合理解释而成为资本主义国家推行政府干预微观经济的信条。

公共产品的概念和特性一直为学者所关注，许多经济学家在萨缪尔森观点的启发下，对公共产品的概念、特性等进行了多方位的拓展。一是对非竞争性和非排他性进行进一步的阐释，认为非竞争性是物品的一种自然属性或技术属性，而产权是构筑公共产品非排他性的基础；二是从主客体角度进一步确定公共产品的边界，并和一定的集体组织相联系；三是将公共产品与制度相联系，确立制度是公共产品的一部分，而非竞争性和非排他性从属于一定的制度与技术。

在公共产品理论中，由于公共产品具有非竞争性、非排他性的特性致使市场不能有效供给，存在着供给的市场失灵，因而政府能够有效供给公共产品的思想，无论是在理论界还是在各国的实践中，都得到了广泛的认同和接受。公共经济学的创始人马斯格雷夫则在萨缪尔森给出的公共产品概念的基础上进一步研究了公共产品问题。1959年，马斯格雷夫在《公共财政理论》中基于公共产品的关系，明确了公共产品在消费上的非竞争性和非排他性，并将产品分为公共产品（纯）、私人产品、混合产品和有益产品（merit goods）。布坎南（1965，1968）从公共产品的供给视角，认为公共产品与本身的消费特征无关，而是由供给过程决定，提出了介于私人产品和公共产品之间的、在一定消费范围内的"俱乐部产品"，有限的非竞争性和局部的排他性是"俱乐部产品"的典型特征。布坎南的"俱乐部"理论，通过明显的需求偏好显示机制和供给决策机制，使得有关当事人通过"俱乐部"形式组织成为利益共同体，从而实现帕累托最优。

由于公共产品所具有的非竞争性特性，导致在公共产品的消费过程中，难免会有消费者出现"搭便车"行为。"搭便车"行为是证明私人供给公共产品低效的根据之一。但是经过许多学者的论证，可以通过采取不同的方法来避免公共产品的"搭便车"行为，实现公共产品私人供给的可能。在公共选择学派的代表人奥尔森（1965）看来，一些物品对某一特定集团可能是公共物品，但

通往共享之路
——马克思社会共同需要思想的当代阐释及运用

对另外一个集团来说则可能是私人物品,而且集团规模越大,"搭便车"的可能性越大,但只要能设计并运用"选择性激励",以集体合作的方式提供公共物品同样可以实现集体利益,从而在一定程度上调和个人利益和集体利益矛盾。在此之后,一些学者开始对公共产品必须由政府有效供给的传统观点产生质疑,从而更多学者开始致力于对公共产品市场化供给形式的深入研究。

萨缪尔森、马斯格雷夫等学者多是从政府还是市场提供公共产品更有效率的角度来考察公共产品问题,但是宪政经济学则开始从对公共产品的供给制度展开研究,并对公共产品有效供给问题提出质疑,认为公共产品供给的关键不在于效率,而是制度设计问题。如果没有有效的集体决策制度,公共产品是无法形成有效供给的(Marmolo,1999)。[1] 奥尔森(1980)认为,个体的理性并不必然导致集体的理性,集体行动的决策实际上是集体内部的个体相互博弈的结果。一个组织或集体存在的目的或价值就在于为其成员提供公共产品,正如个人通过市场来为自己提供私人物品一样,个人通过组织来为自己提供公共产品,他由此阐述了公共产品供给和集体组织的关系,公共产品总是和一定形式的集体组织相联系。可见,公共产品的提供主体并不局限于政府,奥尔森把公共产品的供给主体定义为组织(集团),一般来说,一个国家首先是一个为其成员——公民——提供集体物品的组织;而其他类型的组织也能类似地为其成员提供集体物品。[2]

从上述围绕公共产品与市场失灵进行的理论梳理可以看出,西方公共产品理论认为,由于公共产品所具有的特性导致了市场供给的失灵,使得政府这个作为对全社会成员具有普遍性、代表性的组织,特别是具有其他经济社会组织所不具备的国家强制力,这种自身特性决定了它在提供公共产品方面所具有的独特优势和应承担的责任。总的来看,西方公共产品理论认为政府供给公共产品克服了市场失灵带来的两大问题:一是解决"搭便车"问题。解决了由于无法将"搭便车"者排除在外或排除成本过高,从而导致私人部门缺乏提供公共产品的正向激励问题。二是解决了私人部门无法确定有效率地提供公共产品数

---

[1] Marmolo, E., "A constitutional theory of public goods", Journal of Economic Behavior & Organization, Vol. 38, 1999: 27–42.

[2] 曼瑟尔·奥尔森著,陈郁、郭宇峰、李崇新译:《集体行动的逻辑》,上海人民出版社2003年版。

量的问题。由于公共产品在消费使用上具有非竞争性，导致理性消费者倾向于隐瞒或虚报其对公共产品的真实偏好，以便不承担或少承担成本，如果按照私人产品定价方法，即按照边际成本等于边际收益的定价原则，私人在提供公共产品时的数量要么出现供给过量要么出现供给不足，从而导致市场价格机制在公共产品配置中的失灵，政府成为公共产品的供给主体可以解决这种问题。

此外，公共产品由政府提供的必要性还在于解决了公共产品的正外部性问题，通过组织内部化生产环节，节约交易成本。公共产品是增进社会福利所不可缺少的，私人提供公共产品可能会产生社会公平问题。例如，当低收入者及其群体因为支付困难而可能无法获得自己想要的公共产品时，可能会使一部分低收入者放弃消费或者寻找替代产品，由此可能出现公共产品闲置，出现公共产品消费上的不平等。毕竟，实现公平公正是政府应当具备的重要职能，政府用税收手段强制融资，满足民众需要，促进公共产品的公平分配，有助于克服公共产品供给中出现的"市场失灵"，也就成了政府干预公共产品供给的充分理由。

3.2 公共产品与政府失灵

尽管政府供给公共产品存在各种优势，但仍然存在一定的内在缺陷。单纯依赖政府供给的公共产品，依然会存在过度供给、供给不足和效率问题，从而出现公共产品供给的政府失灵，这在一定程度上也导致20世纪70年代前后西方国家开启的政府治理改革。

针对公共产品的非政府供给方式，德姆塞茨（1970）[①] 从产品性质上区分了公共产品（public goods）和集体物品（collective goods）两个概念，并指出，如果存在排他性技术，比如通过市场细分和价格歧视，私人可以很好的供给某些公共产品，从而可以将不付费者排除在消费之外，私人企业则能够有效地提供某些公共产品。1974年，科斯发表了《经济学上的灯塔》一文，他调查发现英国早期灯塔是由私人提供的，只要通过对私人产品和存在非竞争性、非排

---

① Demsetz Harold, The Private Production of Public Goods, Journal of Law and Economics, 1970, 13 (2): 293-306.

| 通往共享之路
——马克思社会共同需要思想的当代阐释及运用

他性的产品进行捆绑销售,可以有效解决"搭便车"问题,从而使公共产品的私人收费成为可能。"科斯的灯塔"理论表明,即便是"纯粹的"公共产品,由私人提供不仅是可能的,而且可能更有效率,从而以事实为依据反驳了公共产品只能由政府垄断供给的传统观点。事实上,随着政府规模和公共财政开支规模的增长,政府在提供公共产品上出现了供给短缺与供给效率不足的问题,政府开始无力承担提供更多公共产品的责任,也无力迅速回应公众对公共产品需求多元化的问题,于是公共产品供给的"政府失灵"问题日益显现并越发严重。

特别是20世纪80年代伴随着新自由主义思想的兴起和现实经济中广泛的政府干预引发的"政府失灵",政府和市场一样,也要回答"如何生产""生产多少"等问题。20世纪80年代以后,公共事业引入民营化作为一种新公共管理模式开始为世人接受,西方一些发达国家陆续在本国公用事业领域掀起民营化、私有化浪潮,将市场机制引入公用领域。随着对公共产品理论认识的深入与社会实践的发展,越来越多的学者指出政府供给公共产品并不意味着要政府直接组织生产,政府既可以通过建立企业直接生产,也可以签署合约委托私人部门生产,然后由政府统一购买后再向公众提供。当然,一定范围内的消费者之间也可以签订契约,根据一致同意原则来供给公共产品,从而有效解决"搭便车"问题。史莱佛(1998)指出,当政府与私人企业在能够签订比较完备的合同时,私人可以比政府更具有效率地提供公共产品,即使在签订的合同不完备时,竞争也会促使私人企业不断提高产品质量,进而建立企业良好的社会信誉,争取更好的社会绩效。[1]

奥斯特罗姆夫妇(2000)重点强调了公共产品消费上的非排他性和共用性,并将共用性分为高度可分的分别使用和不可分的共同使用,由此将物品区分为私益物品、收费物品、公共池塘物品和公益物品。[2] 奥斯特罗姆夫妇还由此提出多中心供给理论。他们认为,公共产品的多中心治理体制不同于官僚行

---

[1] Shleifer, Andrei, State versus private ownership, The Journal of Economic Perspectives, 1998, 12 (4): 133-150.

[2] 文森特·奥斯特罗姆、埃莉诺·奥斯特罗姆著:《公益物品与公共选择》,选自迈克尔·麦金尼斯主编:《多中心体制与地方公共经济》,上海三联书店2000年版,第97页。

政的供给逻辑，政府可以借助多个而非单一权力中心和组织来协同提供公共产品，通过创立协同治理的制度规则，注重参与者的能力发挥与协同互动，可以改变单一中心体制下的权力过于集中的问题，从而破除了对政府作为单一公共产品供给主体的传统认识，改变了对政府提供公共服务的过度依赖，构建起了政府、市场和社会三维框架下的多中心供给模式，有效地解决了"搭便车"和政府成本较高的困境，有利于克服单一靠市场或政府来供给公共服务的不足。

与此同时，英国学者克鲁兹（Krauze）于2000年在杂志 *New Statesman* 发表《让公共部门下课》（*Let the public sector go free*）一文①，指出政府在供给公共产品中出现的低效率、低质量和短缺等问题，这些问题的出现又进一步促使经济学家开始探索除政府之外的公共产品供给模式。事实上，早在1969年"世界民营化大师"E. S. 萨瓦斯就在《民营化与公私部门的伙伴关系》一书中开始探索公共产品的民营化问题，他从民营化的背景、理论与实践三个方面探讨了公共产品的政府供给与民营化私人生产的效率条件，论证了公共产品民营化生产是改善政府的最佳途径的基本理念，建议公共产品的供给应该由"官营"转为"民营"。

然而，在公用事业民营化改革道路上，契约合同签署前的信息不对称使得"逆向选择"问题凸显，契约履行中的信息不对称使得"道德风险"更为突出，政府部门利用权力寻租的风险加大，极易滋生腐败，私营部门出于"利己动机"，出现损害公共利益的"契约失灵"现象。为校正公共产品领域中的政府失灵，公共产品供给又被区分为公共产品的提供（delivery）和公共产品的生产（produce），从而在坚持政府提供公共产品的同时，也突破只有政府才能生产公共产品的预设边界，实现市场中更多主体通过竞争来实现公共产品的多元化供给。与此同时，随着技术进步、制度演进，以及市场规模、结构与范围的变化，公共产品的合理边界也在发生动态变化，政府与市场在公共产品供给问题上正在从板块式的机械替代向有机结合式的协同合作演进，可以说政府与市场关系处在不断的动态重塑过程中，既要克服"市场失灵"，又要防止"政府失灵"，建立发挥政府与市场作用的公共产品多元主体的供给体制。

---

① Krauze, Let the Public Sector Go Free, New Statesman, 2000, 129: 5.

| **通往共享之路**
——马克思社会共同需要思想的当代阐释及运用

通过对公共产品与"政府失灵"的理论梳理，可以看出，政府虽然拥有强制性融资等体制优势，可以凭借其优势来解决公共产品供给中的"搭便车"问题，但是政府始终存在难以掌握消费者真实偏好信息的问题。即便政府掌握了消费者的真实偏好，则又存在不同的个人偏好信息如何加总的问题，从而难以形成一个大众认可的决策信息，政府也难以确定公共产品的最优供给。由此可见，公共产品由于自身的特性，也使得政府存在着与市场供给过程中同样的信息不对称难题与低效问题。私人通过市场机制供给公共产品也存在一定的低效问题，于是人们尝试通过自愿合作的契约机制有效提供公共产品，但"公地悲剧""囚徒困境""集体行动的逻辑"这些经典研究却给出了悲观的答案。由于公共产品所具有程度不同的非竞争性和非排他性引致的"搭便车"问题和融资困难，在自愿合作机制下供给公共产品时依然存在困境，因此，政府强制性供给来解决人们的公共需求仍然是需要的。

但是，在政府供给公共产品过程中，公共产品的提供和生产相分离，使得政府部门和生产公共产品的企业之间存在委托—代理关系，由于委托—代理过程中的信息不对称问题，企业出于自身利益考虑往往对政府隐藏信息，从而会导致资源配置的低效率。

此外，从政府提供公共产品的决策机制与决策过程来看，处于决策位置的政府官员由于也是自利的"经济人"，这就使得官员们的行为目标可能与社会利益最大化目标相背离，拥有信息优势的自利官员可能趋向利用信息不对称谋求自身利益最大化而非实现社会利益最大化，会给公共产品供给带来交易成本的提高，从而导致公共产品出现过度供给与低效供给的现象，造成资源配置的低效与公共产品供给结构的失衡。

由此可见，公共产品供给效率低下可能是由供给过程中的不同因素造成的，完善公共产品供给过程中多元化生产方式安排，形成政府与市场之间的合理分工与有效合作，是提高公共产品供给绩效的关键。事实上，西方国家20世纪80年代前后进行的私有化浪潮，在某种程度上也是对公共产品及其供给方式的一种重新审视，其实质也在于探索政府与市场之间的有效分工与协作。

3.3 公共产品与政府、市场的替代和合作

萨缪尔森从物品的消费特性出发只是将物品区分为"私人物品"和"公共物品"两类，并且认为公共产品必须同时具备非竞争性和非排他性两个基本特征，但是实际上许多公共产品要么具有非排他性而不满足非竞争性的要求，要么具有非竞争性却不具有非排他性特征，很难严格地同时符合定义中的两个基本特征，这也就很难将其归为纯公共产品范畴，也很难将其完全归于私人产品范畴。对此，布朗德尔（1970）在公共物品的定义里引入了拥挤性特征，从而提出了准公共产品概念和准私人产品概念[①]。实际上，对于公路、桥梁、医院、学校等，如果从纯粹公共产品的定义出发，这类准公共产品就是一种拥挤性公共产品，需要在到达"拥挤点"之前，通过某些低成本排他性技术手段来实现其功能。因此，不完全的竞争性和不完全的排他性是准公共产品的一大特征。

美国经济学家布坎南（1965）认为纯公共产品的范围是有限的，他将介于私人产品和公共产品之间的产品定义为"俱乐部产品"，这类产品具有"有限的非竞争性"和"局部的排他性"两大消费特征。有限的非竞争性，是指在一定的消费容量下，俱乐部成员对某种俱乐部产品的消费不会影响到其他成员对该产品的消费，但一旦超过某个临界点，消费竞争即拥挤性消费就会出现。局部的排他性，是指俱乐部产品对于俱乐部的全体成员来说是非排他的，但对于非俱乐部成员来说则是排他在外的。

准公共产品作为非纯粹的公共产品具有相应的外部性往往表现出生产过程中的正外部性和消费过程中的正外部性。生产过程中的正外部性是指出现生产的社会成本小于私人成本的现象，生产成本降低，公共产品供给曲线下移。而消费过程中的正外部性则是当消费的社会收益大于私人收益时，社会对该产品的需求下降，需求曲线下移。由于公共产品的外部性和准公共产品的外部性之间存有不同，准公共产品的外部性可能并非来自于产品本身，而是来自于生产

[①] Blundell. R., Consumer Behaviour: Theory and Emperical Evidence, Economic Journal, 1970, 100: 48.

者自身的行为。

与此同时,随着技术进步、制度演进,以及市场规模、结构与范围的变化,公共产品的内容、结构、性质、边界也在发生动态变化,公共产品与准公共产品和私人产品之间的边界会被突破,产品之间会发生相应性质的转化。当准公共产品的外部性很大时,准公共产品也有可能转化为纯公共产品。当然,对于不同国家、不同地区所处不同的发展阶段,以及公共产品生产的规模经济所产生的效应问题都会促进公共产品、准公共产品和私人产品之间的相互转化,这也说明,对准公共产品而言,仍然需要更为广泛深入的研究。

美国学者奥斯特罗姆夫妇着重强调了产品消费的排他性和共用性,并将共用性分为高度可分的分别使用和不可分的共同使用,同时把排他性分为可排他的和不可排他的。这样,所有物品就被分为私益物品、公共池塘资源、收益物品和公益物品四类(见表3-1)。

表3-1　　　　　　奥斯特罗姆夫妇的公共产品分类

分类		消费(或者使用)的共同性	
^	^	分别使用	共同使用
排他性	可行	私益物品:面包、鞋、书、汽车、理发	收费物品:剧院、夜总会、电力、电话服务、收费公路、有线电视、图书馆
^	不可行	公共池塘资源:地下水、海鱼、地下石油	公益物品:社群的和平与安全、国防、灭蚊、消防、空气污染控制、街道、天气预报、公共电视

资料来源:文森特·奥斯特罗姆、埃莉诺·奥斯特罗姆著:《公益物品与公共选择》,选自迈克尔·麦金尼斯主编:《多中心体制与地方公共经济》,上海三联书店2000年版,第97页。

作为介于公共产品和私人产品之间的准公共产品,其所具有的非竞争性和非排他性,以及所具有的外部性特征,使市场机制难以有效地发挥作用而需要政府供给。但是,经济学家并未由此得出准公共产品完全必须由政府提供的结论。由于准公共产品的受益范围是局部的,显然全部由政府提供是不公平的,准公共产品的市场供给显然有其存在的合理性。此外,由于准公共产品与私人产品在资源分配中存在着一定的竞争关系,如政府扩大准公共产品供给的范围,就无疑会"挤出"私人产品的供给,而且政府供应公共产品的范围和责任应该是有限的，这就需要政府与市场在供给准公共产品时需要构筑合理边界。

为此，众多经济学家探讨了准公共产品的市场供给和非营利组织供给。对于排他性准公共产品和竞争性准公共产品而言，可以采取的政府市场的合作供给方式，至于究竟是由市场供给还是由政府供给，则可以按照两者净收益的比较而定，比如桥梁道路的修建。对于那些具有明显外部性的准公共产品，政府可以发放补贴，补贴给私人部门或非营利组织以资助其供给准公共产品。

然而，西方经济学家一方面对公共产品的内涵与属性进行不同的分类，因为物品分类的特性决定着物品供给的条件，由此也决定着消费者的支付意愿和生产者的意愿和效率；另一方面，这些经济学家在考察公共产品自然属性的同时，也注意到公共产品的属性总是处于动态的发展过程之中，需要放到不同社会的经济发展阶段、不同的时空背景下进行考察，由此决定着公共产品供给的品种、质量水平与供给效率。

公共产品多元化供给是与公共产品供给过程中存在的市场失灵、政府失灵等一系列现象和问题密切相关的。从市场失灵到政府干预，再由政府干预引发政府失灵，以及衍生出现的志愿部门或非政府组织介入和志愿部门及非政府组织的失灵……在市场失灵的地方引入政府干预，在政府失灵的地方放开市场，公共产品的供给治理经历从治理市场失灵到治理政府失灵的实践，从而需要进一步完善市场机制，供给主体也从单一主体供给逐步发展成为政府、私营部门以及地方部门多元化主体的协同供给方式。

基于失灵而替代的逻辑思维，往往强化了政府与市场之间的冲突，以至于只要出现市场机制运行不畅的对策就是政府介入、干预甚至代替；反过来，可能就是放弃政府责任而开启所谓市场化。仔细考察一下不同国家历史条件下各个时期的状况，就会发现，随着经济全球化、信息化、技术进步与规制政策的放松，纯公共产品、纯私人产品、准公共产品和俱乐部型公共产品一方面呈现多样化发展趋势，另一方面又呈现边界模糊化倾向，这就使得政府、市场、志愿部门更加从相互替代走向超越替代转而相互渗透融合，从而在效率与公平兼顾的基础上，达成优势互补、合作共赢的合作伙伴关系，从而可以达到比各自单独发挥作用时更大的效果。正如伦敦经济学院院长、著名社会学家安东尼·

吉登斯（2001）所说，"在现代社会，任何一个行动者，不论是公共的还是私人的，都没有解决复杂多样、不断变动的问题的知识和信息；没有一个行动者有足够的能力有效地利用所需要的工具；没有一个行为者有充分的行动潜力去单独地主导（一种特定的管理活动）"①。

3.4 公共产品与需求、地域的多元化研究拓展

公共产品的供给非常重要，但是公共产品的需求同样不能忽视。林达尔价格（1919）、萨缪尔森均衡条件（1954）等理论对公共产品提供的效率条件进行了完整清晰的说明，但是这些研究都是假设以人们能够完整自觉地表露其对公共产品的偏好为前提的。然而，在实际情况中，人们往往会因为某些因素导致不能或不愿意表露自己的真实偏好，这将影响到公共产品的供给效率，正如英国著名财政学家 C. V. 布朗和 P. M. 杰克逊在其经典著作《公共部门经济学》（2000 中文版）中所说，不管是分散的市场，或是中央计划制度，抑或是自愿协定，除非假定人们流露其真实偏好，否则都不可能产生公共物品的帕累托最佳供给结果。可见，一旦人们真实偏好不能完整显露，最佳的公共产品供给将会发生偏离。

那么在真实信息不对称或不完全信息条件下，如何促使偏好显露提高公共产品供给效率呢？蒂布特（1956）②、格林和拉丰（Green and Laffont, 1979）③等的研究为解决上述问题提供了一定的思路。蒂布特针对萨缪尔森的偏好表露问题及公共产品提供难以实现帕累托效率水平指出，人们会（或至少在一定程度上）通过选择居住地点来表露他们对这些公共产品的偏好。因为蒂布特认为，每个人都可以通过"用脚投票"对公共产品篮子进行投票，从而表露自己的偏好。格林和拉丰提出可以设计一种机制，让公共产品的使用者将自己对公

---

① 安东尼·吉登斯、克里斯多弗·皮尔森：《现代性——吉登斯访谈录》，尹宏毅译，新华出版社 2001 年版。转引自贾康、冯俏彬：《从替代走向合作：论公共产品提供中政府、市场、志愿部门之间的新型关系》，载于《财贸经济》2012 年第 8 期。

② Tiebout, C. M. A Pure Theory of Local Expenditures, Political Economy, 1965: 64.

③ Green, Jerry and Jean-Jacques Laffont, Incentives in Public Decision Making, Amsterdam: North-Holland, 1979.

共产品的偏好真实地表现出来，他们设计了非市场机制来诱导出有效提供公共物品所需的信息。这些机制要解决的基本问题就是激励问题，也就是这种机制与个人利益的相容性问题，即机制应该具有激励相容性。

以上几位学者提出的解决公共产品需求表露的方法是间接偏好表露方法，除此之外，还有一种是近些年经济学家常用的一种直接偏好表露法，被称为"或有估价法"（contingent valuation method），这是以调查和问卷形式作为获取个人对公共产品偏好的方法。博格斯众和鲁宾菲尔德等（Bergstrom and Rubinfeld et al.）学者1982年最先运用或有估价法估计了地方提供公共产品的需求，他们运用这种调查方法估算了密歇根州的地方提供教育的需求状况。龙根（Rongen, 1995）[①] 使用或有估价法实证分析了挪威地方公共品的提供效率，实证研究发现，一些地方的几项关键性公共服务并没有达到有效率的产出水平，资源较多地配置在了行政和文化上，对教育和老年健康的投入太少且不足，综合服务水平不均衡。

地方性公共产品理论是公共产品理论的延伸，地方性公共产品通常是指受益范围并不遍及全国每一个人的公共产品。与地方公共产品地方政府供给密切相关的是财政地方分权理论。施蒂格勒（Stigler, 1957）在《地方政府功能的有理范围》一文中，在不否定中央一级政府作用的条件下，提出了两条地方政府供给地方性公共产品的公理：一是地方政府与中央政府相比更接近本区域的公众，地方政府可以更好地针对本地居民的偏好提供公共产品；二是地方居民有权对公共产品进行投票表决。据此推断，为了实现资源配置的有效性和公共产品分配的公平公正，对公共产品的供给决策应该在最基层行政水平的政府部门进行。欧斯特斯（Oastes, 1972）在《财政联邦主义》中针对地方政府提出了一个分权定理："对于某种公共产品来说——关于这种公共产品的消费被定义为是遍及全部地域的所有人口的子集的，并且，关于该产品的每一个产出量的提供成本无论对中央政府还是对地方政府来说都是相同的——那么，让地方政府将一个帕累托有效的产出量提供给他们各自的选民，则总量要比由中央政

[①] Gunnar Rongen, Efficiency in the provision of local public goods in Norway, European Journal of Political Economy, Volume 11, Issue 2, June 1995, pp. 253 - 264.

府向全体选民提供任何特定的并且一致的产出量有效得多。"[1] 以上学者虽然从理论上说明了财政分权的必要性，但是这些学者假定中央政府拥有完全信息，完全掌握全社会福利函数的偏好序列，这就忽略了中央政府有可能会错误地认识社会偏好，并且把自己的偏好错误强加在全民的头上。

此外，经济全球化推动了全球公共产品的出现，自然也就更加拓展了公共产品理论的研究视角与关注范围。关于国际公共产品问题的研究，一方面是从国际政治经济和国际关系的角度展开，着重研究分析国际公共产品供给中的问题与霸权稳定论等问题；另一方面则是基于公共产品和服务的外溢性来研究国际公共产品融资问题。考尔（Kaul，1999）认为[2]，全球公共产品实践与理论的发展对已有的公共产品概念及其供给机制形成新的挑战，在没有全球性政府与全球公共产品相对应的条件下，个体与组织如何通过协商实现全球公共产品的最优供给，这些问题的解决思路为各国公共产品问题提供了新的思路与实验机会。

总的来说，关于公共产品问题的研究由来已久，但是基于区域范围内的地方公共产品研究以及基于全球化背景下对国际公共产品问题的研究历史还不长。相对于地方公共产品供给来说，国际公共产品的供给相对较新。毕竟，在没有超国家强制权力的前提下，谁来负责供给国际公共产品？在国家公共产品的供给和全球公共产品供给出现冲突时如何有效协调？国际公共产品的全球治理模式如何更具现实可操作性，等等，诸多理论与实践问题还有待今后的进一步研究。

通过上述对西方公共产品理论在政府和市场关系变动中的演进梳理，可以看到在近三个世纪中，西方公共产品理论是围绕着市场失灵、共同消费性、公共产品最佳配置，以及社会公共选择等问题逐步形成和发展起来的。从西方公共产品理论发展路径可以概括出西方学者已对公共产品的研究形成如下系统性框架（见表3-2）。

---

[1] Wallace F. Oates, Fiscal Federalism, Harcourt Brace Jovanovich, Inc, 1972: 35.
[2] Kaul, Grunberg & Stern, Defining global public goods, in Kaul, Grunberg & Stern (eds.), Global Public Goods, Oxford University Press, 1999.

表 3–2　　　　　　　　西方公共产品理论的研究框架

公共产品理论研究范围	相应理论及实践
公共产品定义及特性	非竞争性、非排他性、不可分割性、共同性、外部性、不可拒绝性等
公共产品分类	（1）纯公共产品、准公共产品、纯私人产品 （2）私益物品、收费物品、俱乐部产品、公共池塘物品、公益物品、有益产品 （3）全球性、国际性、全国性、地方性、社区性公共产品 （4）有形公共产品、无形公共产品（制度、秩序、服务等）
公共产品需求	（1）需求偏好间接显示：用脚投票、外部性税、非市场诱导机制等 （2）需求偏好直接显示：或有估价法
公共产品供给	（1）公共产品生产、融资与有效供给：公共产品生产的效率性；税收、公债或收费等；公共产品最优供给、均衡条件等 （2）公共产品供给模式：选择依据为市场失灵、政府失灵、搭便车、供给效率与公平等 　　供给模式包括政府供给（多层级）、市场化供给、民营化供给、非营利部门供给、多中心供给、自愿供给 （3）公共产品供给效果评价：成本收益分析、绩效评估与审核、财政风险控制等

第4章 西方公共产品理论的四大迷局

如果我们从唯物史观出发，以马克思主义社会共同需要思想为指导，可以看出，公共产品是为了满足某一特定历史条件下，一定范围内社会成员的共同需要而存在的，这种社会共同需要的满足促进着社会的存在与发展、维系着社会的基本制度。应该说，公共产品是一个历史概念。但是西方学者针对公共产品的理论认识，沿用的西方经济学的分析范式，是从西方经济学的唯心史观和个人主义分析方法着手来对公共产品进行定义、提出特性、不断分类以及论证供给的。表面上看，西方公共产品理论已形成较为完善的理论框架，似乎越来越呈现出对社会现象的一定解释力和说服力。然而，当我们将公共产品这一历史概念放入唯物史观和整体主义的视角进行考察时，就会发现，仅仅从产品作为使用价值在消费过程中体现出的自然特性、技术特性来审视公共产品，并不能全面、客观地理解公共产品的实质，更无法看到公共产品是产品自然属性与社会属性的统一体。因此，这就需要从唯物史观和整体主义视角出发，以马克思主义的社会共同需要思想为指导，对公共产品的本质及其供求等基本理论问题进行审视，从而深入揭示出公共产品定义、特性及分类存在的误导性；满足公共需求和公共利益具有的虚幻性；以市场失灵作为划分政府、市场供给边界具有的局限性；唯心史观与个人主义研究方法的错误性，从而揭开西方公共产品理论在属性界定、公共利益、市场失灵、方法论四个方面的迷局和不科学的面纱。

4.1 属性界定迷局：定义、特性及分类的误导性

公共产品所具有的程度不一的非竞争特性和非排他特性，是针对公共产品作为使用价值在消费的过程中呈现出的特性而言的，事实上，公共产品的基本

属性如果从唯物史观的角度以马克思主义共同需要思想为指导，可以看出公共产品的实质真正的在于其所体现的社会属性上，因此，对于公共产品的定义、特性及分类的考察要从自然属性与社会属性相统一的角度加以历史地、全面地审视，才能真正看到西方公共产品理论在定义、特性及分类上存在的误导性。

4.1.1　西方经济学对公共产品基本属性及其本质的认识

显然，西方公共产品理论将非竞争性和非排他性视为公共产品所具有的最基本的特性，而不可分割性、公共性、共同性等多是从这两个基本特性派生出来的，其目的是使公共产品的定义与特性更具现实解释力，看上去更科学。不仅如此，公共产品这两个最基本的特性即非竞争性和非排他性在程度上也并非一成不变的，甚至于会出现公共产品与私人产品之间的相对动态转化。比如，公共产品的公共性程度往往与受益范围的界定有关，在一定范围内，某产品是公共产品，一旦超出一定范围，则可能转化为私人产品，如地方性公共产品、俱乐部物品等。此外，从公共产品特性的角度看，非竞争性是由于排他困难或成本高而无法得到正常利润，致使出现"搭便车"行为。但是排他性成本往往会随着技术进步、规模经济效应和市场变化而发生变化。伴随经济社会的技术进步或制度变化，使得公共产品具有排他和竞争的可能，由于排他性成本降低，公共产品的私人提供成为可能，公共产品逐步转化成市场提供的私人产品，如有线电视、天气预报等具有较强社会公益正外部性的产品。

但是公共产品这些特性从根本上说是产品具有的物质技术特性，是基于产品作为使用价值在消费过程中以其自然属性为基础体现的技术性特征为标准的，只是从中抽象出非竞争性和非排他性这两个消费特性作为假设特质。事实上，公共产品所具有的非竞争性只不过是产品消费机会均等性在现实中的一个片面表现，许多私人产品例如私人花园，其美景、花香就符合萨缪尔森经典定义中的非竞争性标准，这种特性更多地局限于从个人占有和消费特征的角度界定公共产品的本质属性。虽然布坎南等对萨缪尔森定义的公共产品概念提出过异议，但也只不过是从公共产品的一些表象出发对其特性进行了修订和拓展，并着重从供给主体和决策机制的视角来定义公共产品。比如布坎南的俱乐部产品是根据一定范围内的消费机会平等性和非排他性对产品从私人产品到公共产

通往共享之路
——马克思社会共同需要思想的当代阐释及运用

品的转换作了连续性处理。① 虽然这种认识更加与现实相贴近，但是依然是更加关注了产品的自然属性在消费过程中所体现出的特性，仍是从现象上把握公共产品属性而已。在现实生活中，许多私人产品在消费过程中也会表现出非竞争性、非排他性等特征，但是它们不是公共产品，而是私人产品，比如，新技术、新方法、新管理手段等都在运用过程中会表现出正的外部性，同时也表现出一定程度的非竞争性、非排他性的公共产品特征，但它们却是现实中的私人产品。由此看来，用非竞争性、非排他性等具体消费属性来界定公共产品的本质是具有非常明显的局限性的。再比如，钢铁被用作制造枪炮等国防产品时，具有消费的特殊性，而被用于制造私人汽车时，就具有消费的竞争性和排他性，因此，如果对一些产品属性的认知仅仅停留在物质技术层面，自然会缺乏或无视对附着在产品之上的伦理、道德、阶级立场等社会属性的认识，这种单纯从技术形态把握公共产品本质属性存在的局限性是显而易见的。

此外，如果主要依据非竞争性、非排他性程度和产品物质形态等来对公共产品进行分类，只能对公共产品作有限的罗列，这种有限性源自对公共产品自然属性把握的不完全性和片面性。从产品形态分类固然拓展了对公共产品的认识，但是将会使我们忽视将长期的基本制度和文化形态等方面的因素纳入公共产品本质考察范畴中。可以说，西方公共产品的这种分类依然是淡化了经济基础对上层建筑的决定作用，实际上也就是淡化了资本主义生产关系对上层建筑中的政治、法律以及制度等性质的决定作用，用这种割裂自然属性与社会属性内在联系的方法，粉饰或掩盖了资本主义社会制度下公共产品作为虚幻社会共同需要的本质。②

因此，如果我们完全以西方公共产品的定义、特性为标准，仅从公共产品在消费过程中自然属性、技术属性显出的特性来认识公共产品，一方面会误导人们对公共产品的认识只会从物质技术特性出发，限于从现象到现象，而对决定公共产品本质的社会属性视而不见；另一方面会导致人们在公共产品供给政策的选择上做出错误判断和抉择。例如，我们在对教育产品与服务进行判断

---

① Buchanan, J. M., An Economic Theory of Clubs, Economica, 32: 1-14, 1965.
② 杨静：《马克思主义视角下的西方公共产品理论批判性解读》，载于《教学与研究》2009年第8期。

时，对其功能属性认识的偏差就会使我们的研究结论可能出现大相径庭的结果。例如，巴罗教授认为教育是纯粹公共物品；布坎南和萨缪尔森认为教育是准公共产品。可见，对同一产品进行公、私判断会产生不同认识，无疑会给供给政策制定和措施选择带来很大误导性。使用"萨氏"基于自然属性的技术判断标准，抛开历史性、社会性，从根本上不能揭示事物的本质属性，不能做出符合历史逻辑的科学解释。对公共产品进行界定并科学认识本质应从其社会属性出发，不能盲目照搬照抄西方公共产品理论的研究结论和观点。[①]

4.1.2 马克思主义经济学对公共产品基本属性及其本质的认识

尽管马克思主义经济学与西方经济学对公共产品的理解有着共同的古典经济学理论渊源，对公共产品作为使用价值在消费过程中由其自然物质技术属性决定的特性存在一定程度的共识，并在公共产品分类、供给方式、供给市场失灵等方面存在一些共同见解，但是在其社会属性的认识和揭示上却存着根本区别。

纵观马克思的著作，虽然没有直接使用公共产品一词，但是他却早已从关乎个人和社会存在与发展的共同需要出发对社会总产品的分配进行了研究，并在不同场合探讨了对满足社会共同需要的那部分社会总产品的范围、供求、供给目的和政府责任等问题。与此同时，马克思的社会共同需要思想更是要求在一定的生产关系条件下来考察公共产品的本质和供求关系，公共产品从其根本属性来说是满足社会共同利益的需要，其供给目的、满足的程度只有从社会占统治地位的阶级利益及与此相关的国家职能、社会管理职能出发才能得以深刻的认识。因此，只有从满足社会共同需要出发对关乎社会存在和发展的社会总产品的生产、交换、分配及消费的研究才是公共产品问题研究的核心内容。

马克思曾在对社会总产品进行分配的论述中，将社会总产品分为满足"个人需要"和"社会需要"两部分。社会总产品在进行个人分配之前，必须扣除"用来应付不幸事故、自然灾害等的后备基金或保险基金""用来满足共同需要

[①] 杨静：《马克思主义视角下的西方公共产品理论批判性解读》，载于《教学与研究》2009年第8期。

的部分：如学校、保健设施等""为丧失劳动能力的人等等设立的基金"等。在马克思看来，个人的生存与发展所依赖的社会总产品的个人分配是关乎社会存在和发展的共同利益得到满足之后进行分配的，也就是先要进行满足社会共同需要的社会产品的分配。显然，这与满足"个人需要"的产品存在差异，而社会共同需要得到满足的同时往往会实现利益共享，而不是个人私利的满足或者独占。这种社会共享性，说明满足社会共同需要的社会产品供给的目的就是为了使社会成员能够平等地共享社会一般利益。这类产品的供给不应依据社会成员身份、地位、经济等差异而区别供给，而应持平等化供给理念。由此体现出需要的共同性及利益的共享性，与西方公共产品理论从个人占有和消费属性出发提出的非竞争性和非排他性有着本质的区别。从马克思主义的社会共同需要思想出发，可以看到社会性、共同性、共享性才是公共产品的本质属性，正是这些社会属性才使其与私人产品得以区分，要透过现象看本质而不是停留在事物的表象上、事物的自然技术属性上。因此，认识公共产品，必须看到其是自然属性与社会属性的统一、共性与个性的统一，既不能离开社会需求的共性也不能脱离特定的历史条件，只有将公共产品放到关乎社会存在和发展的共同利益需要的历史视野内，才能真正认识公共产品的本质，并对供求等基本理论问题做出正确的回答。这就要求我们要辩证地理解生产力与生产关系、经济基础与上层建筑对公共产品需求与供给所起的作用，才能理解不同社会制度中社会共享性作为公共产品本质特征的真实含义。

　　随着生产力的不断发展，以及社会共同需要水平的不断提高，满足社会共同需要的公共产品其生产的技术条件也会发生变化，使得私人供给公共产品成为可能并进一步成为一种现实。这也就是说，满足社会共同需要的公共产品供给模式会随着社会经济的发展而日趋多元化。但是也需要注意的是，即使在公共产品的自然技术属性不发生变化的情况下，公共产品的供给种类、供给范围等也会因不同的历史时期、不同国家的政府出于不同的供给目的而具有明显的差异。此外，公共产品所内含的社会公平的价值理念，也是具有历史性和相对性的，必须要结合不同的经济社会发展阶段以及特定国家的不同基本制度来审视。

　　纵观世界各国的发展历史和现实，可以发现，政府提供的公共产品种类繁多，仅仅通过判断产品的自然技术属性并不能决定是否应由政府提供，但是，通过政府提供的产品一定具有促进社会公平的公益特性，只是这种公益的社会属性如何，将会在下一节的分析中进行探讨。

总之，西方公共产品理论在定义、特性及分类上的误导性，掩盖了资本主义国家以私有制为基础的市场经济自然是要满足资产阶级利益需要、实现其政治统治和社会管理职能的真相，进而掩盖了资本主义私有制这种经济制度的失灵，而力图不断寻求克服市场失灵和政府失灵的困扰。与之相应的是，马克思主义社会共同需要思想则是从整体的角度，将满足社会共同需要的社会产品视为社会历史变迁中的经济现象，认为公共产品是维护社会存在和发展的共同利益所需要的，是产品自然属性与社会属性的统一，是共性与个性的统一，体现社会一般利益共享。公共产品不仅是为了满足社会需要，更是推进利益共享，为了维护和促进其所附着的社会经济制度的发展与完善。

当然，西方公共产品理论虽然局限于从个人或消费占有角度把握公共产品的本质，但其对公共产品现象的把握由于注重使用价值所具有的物质技术特性，在操作层面上具有一定的直观性，因此对研究中国特色社会主义市场经济条件下的满足社会共同需要的社会产品问题仍然具有一定的现实借鉴意义。

4.2 公共利益迷局：满足公共需求和公共利益的虚幻性

从唯物史观出发，公共产品和公共利益都不是从来就有的，它们是一定历史阶段的产物，是随着人类社会的出现、需要的不断丰富而逐渐发展起来的，并形成了共同利益满足社会共同需要的逻辑关系。表面上看，公共产品是为满足社会公共需求而由作为社会公共部门的政府来提供的一种产品。这种"公共"性，似乎看到资本主义国家的政府为普通社会大众需求和利益服务的"美景"。但是如果将这种"公共"性纳入历史分析框架，就能够清楚地揭开资本主义"公共需求""公共利益"的虚伪面纱。

要揭示"公共需求"和"公共利益"在资本主义条件下具有很大的虚伪性和迷惑性，首先需要我们对西方经济学的公共利益理论发展进行简单的梳理。

通往共享之路
——马克思社会共同需要思想的当代阐释及运用

自斯密以来，大多西方经济学家基本上都是基于"经济人"假设，对个人利益和公共利益以及阶级利益的调和为研究出发点来研究经济问题的。而西方经济学发展演变到今天，则是更为抽象地讨论社会经济利益关系，认为自由竞争的资本主义才能消除资本主义社会经济利益中的矛盾和冲突。在斯密等人看来，个人利益和公共利益是一致的，个人利益是研究的出发点。每个"经济人"通过对自身利益的追求，在竞争机制的协调下，通过"看不见的手"在市场上实现相互之间的合作与利益交换，在创造私人财富增进个人利益的同时，也促成了社会财富和社会公共利益的形成。作为实现社会公共利益代表的政府，其行为与职能被局限于国防、司法及公共工程与公共机构等"守夜人"的角色，以确保私有制的基础地位，维持自由竞争的市场机制，政府要尽可能少干预经济运行。

后来，马歇尔、庇古等人则开始将边际分析应用到分配理论中，并试图论证微观利益最大化可以促使社会福利即公共利益最大化。政府进行公共投资的原则应当是，获取的边际社会总效用恰好等于政府税收融资所产生的边际社会负效用。萨缪尔森（1954，1955）通过萨缪尔森均衡条件分析了公共利益帕累托最优配置的条件，也就是消费上的边际替代率之和等于生产上的边际转换率。当公共产品与每一种私人产品的边际转换率等于所有人的边际替代率之和时，公共产品实现帕累托最优供给，从而公共利益配置达到均衡。

然而，1929年美国经济危机的到来和凯恩斯政府干预主义的诞生，使得福利经济学以及后来的财政学派对市场能够自发实现公共利益的理论提出质疑，他们认为公共利益的实现仅仅依靠市场机制是不可能的，政府可以通过提供公共产品弥补市场失灵带来的不足，也就是说，公共利益的实现必须发挥政府的作用以弥补市场机制的不足。

公共选择理论的创立者布坎南将斯密的"经济人"假设引入政治领域，提出追逐利益最大化的政府成员在决策上难以保证公共利益，由于选民往往不会花精力去了解公共事务，选民间又存在理性无知的现象，从而导致政府所提供的公共利益最终无法满足民众的需求。利益团体出于团体私利而进行的游说活动使政府推行的政策往往只造福于一部分社会成员，而忽略社会绝大多数成员的利益，从而给他们带来利益损失。西方经济学认为市场交易的基础是物品产权的自愿交换，而政治领域的政治家、政府官员与公众之间的不对等交易可能经常出现，无论是一致同意原则还是多数同意的决策规则都无法保证公共利益最大化的实现。而要实现公共利益最大化的目标，就需要建立一种完善机制，确保形成一种将个人自利行为导向公共利益的政治秩序，进而通过"经济人"的自利行为促成公共利益最大化的实现。

通过对已有西方公共利益研究的代表性观点进行的分析，可以看出政府通常被视为公共利益的合法代表，但是在资本主义国家，以公众利益最大化为目标这种假定过于抽象化、理想化，特别是在公共选择理论的分析框架内，政府都是有其自身的私利的，利益导向各异的各方在博弈之下的决策行为，必然会导致公共决策行为上的重心不一致。然而这些分析都是基于抽象的、表象的方法对公共利益进行的分析。

而在马克思主义经济学看来，人与人之间的社会生产关系是研究的主要对象，公共利益只有放到不同阶级之间的矛盾与冲突中才能得以客观、合理的解释，并强调同一阶级利益的统一性以及阶级社会中占统治地位的阶级利益关系。特别是在以私有制为基础的阶级社会里，公共权力被统治阶级所占有，并体现为国家权力，国家的职能更多地是为了满足统治阶级的需要，尽管它也要承担管理社会公共事务的责任，维护整个社会公共利益的职能，但是一些看似社会普通大众的公共需求，只有成为符合资产阶级利益需求并为资产阶级共同利益服务时，才能成为一种能被满足的需求，也就是说某种公共产品只有在给整个资产阶级带来的收益大于损失的时候，它才能被有效供给。[①] 例如，自由竞争的结果往往会产生垄断，当垄断开始严重影响到资本主义经济秩序的展开，可能会影响到资产阶级整体统治利益的时候，作为统治阶级的资产阶级会强烈需要一种机制来规制垄断现象和垄断行为，此时需要作为维护统治阶级整体利益的政府来提供这种公共产品。1890 年美国政府为遏制垄断制定的《谢尔曼法》就体现了这种过程。再如，由于环境污染负外部性的存在，社会需要政府部门提供相应的公共产品来治理环境污染，这种关乎民众的社会共同需要的

---

① 胡钧、贾凯君：《马克思公共产品理论与西方公共产品理论比较研究》，载于《教学与研究》2008 年第 2 期。

通往共享之路
——马克思社会共同需要思想的当代阐释及运用

产品,却往往不能及时得到有效供给,只有这种环境污染已严重威胁到普通民众生存健康的情况下,也就是在提供这种公共产品给统治阶级整体带来的利益大于损失或成本的时候才能得到有效供给。这说明,在资本主义私有制条件下,决定社会普通民众公共需求能否满足、公共利益能否维护,要取决于这种公共产品能否符合资产阶级共同利益需求,取决于能否满足统治阶级的利益需要和为资本主义制度服务。

此外,由于"公共"性,公共产品的供给似乎天然的就与政府公共部门有了不可割舍的联系。不过,这种由"公共"性引发的政府供给,其实质是为了保障以私有制为基础的资本主义市场经济的顺畅运行,是为满足作为统治阶级的资产阶级整体私利需求而引发的。马克思早就指出在一些国家,"甚至可以在生产方面感到铁路的必要性;但是,修筑铁路对于生产所产生的直接利益可能如此微小,以致投资只能造成亏本。那时,资本就把这些开支转嫁到国家肩上,或者,在国家按照传统对资本仍然占有优势的地方国家还拥有特权和权力来迫使全体拿出他们的一部分收入而不是一部分资本来兴办这类公益工程",这是因为资本"总是只寻求自己价值增殖的特殊条件,而把共同的条件作为全国的需要推给整个国家"。① 正如马克思在分析资产阶级利益时所指出的:"因为每一个企图取代旧统治阶级的新阶级,为了达到自己的目的不得不把自己的利益说成是社会全体成员的共同利益。"②

不仅如此,马克思还指出,由于社会共同需要是一种共同性需要,就需要一个能够代表社会整体利益的主体来行使社会职能以满足这种利益需要。在阶级社会中,作为社会的整体代表的国家才能承担这种社会职能,对此,恩格斯曾明确指出国家虽然具有阶级性,但它同时也承担着社会管理的职能,即"包括由一切社会的性质产生的各种公共事务"。③ 在私有制条件下,马克思深刻地指出,国家采取的是"一种虚幻的共同体的形式",共同利益是国家利益的虚幻形式,即在表面上是以"公共利益"的形式出现,但是它集中体现了一定社会占统治地位的经济关系性质,只不过国家在执行阶级统治职能的同时,必须

---

① 《马克思恩格斯全集》第46卷(下),人民出版社1980年版,第24页。
② 《马克思恩格斯文集》第1卷,人民出版社2009年版,第552页。
③ 《马克思恩格斯文集》第7卷,人民出版社2009年版,第431页。

第4章 西方公共产品理论的四大迷局

要执行相应的社会公共职能,"政治统治到处都是以执行某种社会职能为基础,而且政治统治只有在它执行它的这种社会职能时才能继续下去"。① 因此,政府活动体现着统治阶级的整体利益,也自然与国家本质保持一致,政府供给公共产品的根本目的也就在于为实现统治阶级的共同利益,从而创造一种良好社会环境以使整个社会成为实现统治阶级共同利益的有效途径或工具,在形式上满足代表社会公共利益需求的虚幻性是需要深刻认识的。

因此,必须要看到,在私有制社会中公共利益与个人利益之间的矛盾,首先表现为统治阶级的共同利益和被统治阶级的个人利益之间的矛盾,只有统治阶级把其特殊的需求上升为社会的普遍需求,把其局部的资产阶级利益上升为全社会的公共利益,把资产阶级追求原则上升为全社会的普遍原则,社会普通大众的公共需求和公共利益才能满足和维护。在阶级社会中,统治阶级出于统治目的的需要,统治阶级的利益需要伪装成社会共同利益才具有相应的正当性、合法性,而社会公共利益的实现也自然只能围绕着统治阶级的"共同利益"而推进。对此,马克思在《关于林木盗窃法的辩论》中指出,林木所有者一方面以受害人身份要求获取对私人利益的赔偿;另一方面又利用自己的立法者身份,打着"公众惩罚"的名义,企图将自己的私人利益公共化,获取更大的利益。② 由此可见,"公共需求""公共利益"的实质是以资产阶级公共需求为出发点,并从根本上为维护资产阶级利益而服务的。只不过,资产阶级这种公共需求和公共利益从形式上泛化为社会普通大众的公共需求和公共利益,披上了看似美好的虚伪面纱。

公共利益和个别利益之间的差别如何消失并统一起来,对此马克思从人类社会历史发展展望的角度进行了分析。他指出,随着人类自身及生产力的发展,社会分工和剩余劳动产品开始出现,个人利益需求不断发展,但社会分工的发展使得个人利益与公共利益冲突的出现成为可能。社会分工一方面使一部分人因占有社会分工体系的有利位置,从而带来某些特殊利益;另一方面使在社会分工体系中处于弱势地位的一部分人成为可能被剥削剥夺的对象,不同群

---
① 《马克思恩格斯文集》第9卷,人民出版社2009年版,第187页。
② 《马克思恩格斯全集》第1卷,人民出版社1995年版,第277页。

体的利益之间存在着潜在冲突的可能。"一个民族内部的分工,首先引起工商业劳动同农业劳动的分离,从而也引起城乡的分离和城乡利益的对立。"① 而私人个别利益与社会公共利益相统一的根本途径就在于消灭私有制、消灭阶级差别和社会分工,因为正是由于生产资料私人占有关系上的不平等,才使得在生产资料占有上居于统治地位的资产阶级利益虚幻成为资本主义国家的社会公共利益,从而使得国家要实现的社会公共利益成为统治阶级个别利益实现的特权。

由此可见,对于公共利益的认识,必须要从本质上揭示出公共利益与个别利益产生冲突的原因,而不仅仅侧重于公共利益冲突的现象,这对于我们理解社会需要的共同性与利益的共享性,以及这种社会需要的实现又要受到特定历史条件和社会经济制度的制约,通过推进利益共享,维护和促进其所依附的社会经济制度的发展和完善具有积极的意义。这就要求我们,必须看到在社会主义市场经济条件下,要以社会主义公有制为基础来分析市场作为资源配置的方式,而不是立足于私有制从资本的需要角度出发来分析涉及社会共同需要的问题,市场和资本仅仅是我们发展中国特色社会主义市场经济的手段和工具。以马克思主义社会共同需要思想为指导,这种利用市场的观点是可取的,尤其是要明确利用市场并不仅仅是为了弥补市场失灵或对市场失灵进行校正,而是为了更有效地满足社会存在和发展的共同利益需要。②

4.3 市场失灵迷局:市场失灵作为划分政府与市场供给边界的局限性

在西方公共产品理论看来,由于公共产品特性,致使分散的市场力量不可能有效提供,供给存在的市场失灵,从而为政府供给提供理论依据③,市场失

---

① 《马克思恩格斯文集》第1卷,人民出版社2009年版,第520页。
② 胡钧、贾凯君:《马克思公共产品理论与西方公共产品理论比较研究》,载于《教学与研究》2008年第2期。
③ Samuelson P. A., The Pure Theory of Public Expenditure, The Review of Economics and Statistics, 36: 387-389, 1954.

第4章 西方公共产品理论的四大迷局

灵成为划分公共产品政府与市场供给的边界。西方公共产品理论认为,政府供给公共产品是为了弥补由于"经济人"本性带来的市场失灵,从而使供给主体和政策选择绝对的依赖于公共产品(政府)和市场关系,难免绝对化的将公共产品(政府)和市场看作弥补与被弥补的关系,而且认为其中的政府和市场关系是历史的起点,是自然、永恒的现象,而不是历史的结果。然而,这种对公共产品政府、市场供给边界认识的局限性是显而易见的,如果只以市场尺度为基点,公共产品只能成为市场失灵的附属物,只是市场不能解决才让渡给政府。这种供给边界划分的局限性在于对公共产品(政府)和市场关系的绝对化认识。

纵观西方市场失灵思想自提出以来,已有200多年的历史,英国古典经济学家约翰·斯图亚特·密尔在19世纪中期提出的关于公共产品、外部性等问题的观点标志着对市场失灵认识的开始。[①] 经过剑桥学派和福利经济学的发展,市场失灵理论成为新古典经济学中微观经济学的重要组成部分。但是自20世纪80年代以来,随着新自由主义经济学的兴起,市场失灵理论发生了重大转向。货币主义、公共选择、理性预期等新自由主义经济学派揭示出"政府失灵",同时反向论证了市场失灵的原因不是市场机制的固有缺陷,而是因为市场机制未能充分发挥;即使市场存在一定程度的缺陷,由于政府失灵的存在,将导致政府的干预适得其反。市场失灵理论的转向,表明新自由主义经济学彻底否定了新古典经济学赋予政府弥补市场失灵的从属地位,由此引出的必然结论是资本主义国家应该反对政府干预,用更市场化的手段弥补市场失灵。

新自由主义转向后的市场失灵理论与传统市场失灵理论相比,一方面,认为传统上存在的市场失灵的领域被大大缩减;另一方面,市场失灵的原因不再被认为是市场机制的固有缺陷,反而被解释为市场机制未能充分发挥。于是,不仅政府干预经济的范围大大缩小,而且弥补市场失灵的主要方式也由政府干预转变为进一步的市场化。这一重要理论转向不仅否定了政府干预经济活动的正当性,而且主张以市场取代政府。

[①] 斯蒂夫·G. 梅德玛,启蒙编译所译:《困住市场的手:如何驯服利己主义》,中央编译出版社2014年版,第41页。

119

通往共享之路
——马克思社会共同需要思想的当代阐释及运用

针对公共产品供给，新自由主义的市场失灵理论认为引入市场竞争更能实现有效供给而将政府排除在外。对此，新自由主义经济学者不仅提出了"公地悲剧"理论暗喻公共资源会被破坏，应当实行私有化；还提出特许经营模式，认为公共产品应由私人部门提供以提高效率；并认为随着技术进步和产权的清晰界定，公共产品能够变成私人产品，完全可以由市场有效提供。由此，他们主张对大量的公共产品部门进行私有化和市场化改革，不断削弱政府在公共产品提供领域的功能。

此外，新自由主义经济学认为"政府失灵"比"市场失灵"危害更甚。即使存在市场失灵，但政府干预的失灵可能会更加严重。货币学派弗里德曼提出社会的自然失业率由经济体系内在决定，菲利普斯曲线不成立，政府行为根本不会起作用，因此他几乎反对所有领域的市场干预。理性预期学派认为在公众无偏预期下的政府行为，只会带来经济波动。公共选择理论认为，政府也是由"经济人"组成，政府追求的也是某种特殊利益而不是所谓的公共利益。因此政府决策将出现腐败或以权谋私，并导致低效率。此外，他们还提出了规制俘获理论、寻租理论等，全面否定了政府经济功能的正当性[1]。产权学派认为外部性导致的市场失灵之所以存在，根本原因还是在于市场机制不够强，或是客观因素影响了市场机制发挥作用，只要让市场机制运作起来，市场失灵自然会消除。

由此可以看出，通过新自由主义经济学对传统市场失灵理论的全面改造，市场失灵理论已经发生了重大转向。在传统的市场失灵理论中，虽然政府被置于从属地位，只是弥补市场缺陷，但其地位和作用都是被充分肯定的，即政府确实能够起到弥补市场失灵的作用。经过新自由主义经济学的理论转向后，原本为政府的经济职能划定范围的市场失灵理论，转向为"市场万能"理论，事实上宣告政府应完全退出经济活动，用市场取代政府。这一重大转向，反映了资本主义在20世纪70年代危机后的调整方案，即希望通过恢复资本力量、限制政府权力的方式摆脱危机，是在资本主义生产关系矛盾深化的前提下，资产阶级经济学家为资本利益寻求出路的一种尝试。

---

[1] 方福前：《公共选择理论——政治的经济学》，中国人民大学出版社2000年版，第197页。

因此，市场失灵理论的发展演进所反映出的作为划分公共产品政府、市场供给边界的市场失灵迷局使我们必须重新审视公共产品中的政府市场关系的历史性内涵以及多元化供给的方式及边界条件。

4.3.1 公共产品中政府与市场关系的历史性内涵

我们必须看到，公共产品是一个历史概念，是历史发展中的经济现象，并不是市场永恒伴生物，不仅仅是为了弥补市场失灵而存在。早在资本主义市场制度出现前，在尚不存在纯粹市场的原始社会、奴隶社会、封建社会就已经存在所谓的公共产品，根本无从谈起是为了弥补市场失灵。

即使在资本主义市场制度下，公共产品最终目的也不仅仅是弥补市场失灵。更主要的是为资本主义生产关系顺畅运转、发展服务的，这突出表现为何种公共产品能提供、何时提供不以社会普通大众意志为转移，而以能否为资本主义制度服务为准绳。选择的标准，在于哪些弥补市场失灵的公共产品是资本主义制度允许的，哪些是能听之任之的。因此，绝对化认为公共产品是弥补市场失灵的产物，并以此划分政府、市场供给边界显然没有把握住市场失灵现象背后经济制度的本质要求。

事实上，从唯物史观抑或政府—市场关系的实践去剖析市场失灵理论的新自由主义转向，可以看到其在理论上存在的谬误。传统市场失灵理论隐含着一个重要理论假定，即政府的地位与作用有赖于政府能否弥补市场失灵，因此政府是依附于市场存在的。在新自由主义市场失灵理论中，政府发挥作用的市场失灵领域不仅被大大缩减，而且有些市场失灵可以通过更市场化的手段得到弥补，不再需要政府弥补，进而否定了政府的地位和作用，政府失去了存在的意义。但是从唯物史观考察，不仅可以发现政府的存在及其作用的发挥与市场的发展并无直接联系，在市场经济形成之前政府就已经开始发挥重要作用，而且有大量证据表明，资本主义及其市场经济的发端，政府起了关键作用。在对资本原始积累的考察中，马克思就提出，资本主义市场经济不是自然演化的结果，而是通过政府强制力形成的。例如，英国政府不仅支持了土地的大规模圈占，"为资本主义农业夺得了地盘，使土地与资本合并，为城市工业造成了不

121

| 通往共享之路
——马克思社会共同需要思想的当代阐释及运用

受法律保护的无产阶级的必要供给"①，而且通过严酷的血腥立法，将被剥夺土地的无产阶级强行赶入资本主义工厂，帮助资本主义实现了劳动力市场。马克思指出："新兴的资产阶级为了'规定'工资，即把工资强制地限制在有利于赚钱的界限内，为了延长工作日并使工人本身处于正常程度的从属状态，就需要并运用国家权力。这是所谓原始积累的一个重要因素。"② 可见事实上，政府并不依附于市场而存在，更不是为了弥补市场失灵而存在。

此外，虽然新自由主义市场失灵理论自 20 世纪 70 年代提出以来对市场和政府关系的调整产生了广泛影响，但是其所受到批评之声从未停止过，一些学者认为即使在理论上也无法否定政府干预经济、弥补市场失灵的作用。例如，格林伍德和斯蒂格利茨（Greenwald and Stiglitz, 1986）的论文强调，由于信息不对称的普遍存在，市场失灵不可能消除，因此需要国家进行干预③。2008 年的美国金融危机，以及欧债危机在某种程度上也根源于新自由主义经济政策。欧洲一体化的启动在很大程度上受到哈耶克自由主义思想的启示④。此外，外部性问题无处不在，远非市场机制能够内部化。根据阿罗的"干中学"模型，新产业中企业的盈利能力取决于该产业的经验积累，而由于存在知识和技术的外溢效应，企业将不愿率先投资，从而导致产业无法发展。这就要求政府给予扶助或补贴，甚至直接投资于研发活动，解决知识和技术研发投入不足的问题。⑤ 显然，这种方式仍是各国普遍采用的方式。还有学者从文本上对亚当·斯密"看不见的手"的原理进行了考证，指出斯密的原意是市场是政府的"看不见的手"，即将市场机制看作是政府的工具，而非将政府与市场对立起来⑥。

上述的分析表明，市场失灵理论的根本立足点是错误的，政府并不依附于

---

① 《资本论》第一卷，人民出版社 2004 年版，第 842 页。
② 《马克思恩格斯文集》第 5 卷，人民出版社 2009 年版，第 847 页。
③ Greenwald, B. and Stiglitz, J. E., Externalities with imperfect information and incomplete markets, Quarterly Journal of Economics, 101: 29 - 264, 1986.
④ John Gillingham, European Integration, 1950 - 2003: Superstate or New Market Economy, New York: Cambridge University Press, 2003: 45.
⑤ Arrow, K. J., "The Implications of Learning by Doing", Review of Economic Studies, 29: 15 - 173, 1962.
⑥ 乔万尼·阿里吉著，路爱国、黄平、许安结译：《亚当·斯密在北京 21 世纪的谱系》，社会科学文献出版社 2009 年版。

市场而存在，依附于市场发挥作用。传统市场失灵理论面对自身无法解决的市场缺陷，不得不借助政府予以弥补。新自由主义市场失灵理论通过论证市场自身就能够解决市场失灵，则在错误的道路上走得更远。应该说，公共产品在不同社会经济制度下，作用机制大不相同，不能仅局限于它与市场的关系来考察。

事实上，西方公共产品理论基于消费过程中从使用价值的自然物质技术特性出发对其定义、特性及分类进行的理论阐释，是基于唯心史观形而上学的方法论来研究公共产品现象的，并认为公共产品仅仅是弥补市场失灵的产物，用市场失灵来掩盖资本主义私有制的失灵，从而不能历史地看待公共产品所反映出的社会共同利益需要的实质。

4.3.2 公共产品的多元化供给方式及其边界条件

经过多年的理论探索与实践发展，西方公共产品理论对公共产品供给的认识，已经从绝对的政府、市场两分法进行了扩展，形成了多中心供给、自愿供给等模式。但是，马克思主义认为这种供给主体多元化是随着生产力不断发展、生产关系不断调整而形成的。就公共产品供给的根本目的而言，是为了维护和促进其所依附的经济制度健康发展和完善。

此外，就公共产品供给量而言，西方公共产品理论认为市场失灵导致供给意愿和供给效力不足是主流观点。诚然，公共产品供给不足确实存在，但也存在着供给过剩问题，而决定这种供给过剩或者不足的，不是弥补市场失灵的要求，而是社会经济制度发展的要求。有些公共产品是社会经济发展所必需的，代表统治阶级的利益，往往存在着供给充足或过剩现象；有些公共产品代表着被统治阶级的利益，往往会供给不足或受资本家抵制而不能得到有效供给。

至于供给量的决定，西方理论界倾向于采取均衡分析方法，强调在供求均衡中寻找供给的具体量。实质上，公共产品供给量是一个受多重因素制约的变量，其大小与社会经济制度所要获得的利益程度密切相关，供给量的把握更重要的是看到社会经济制度对这种公共产品的需求。如果这种需求是从社会共同利益出发，则这种供给量除了受到剩余产品量限制之外，还会受到社会共同利益的长远利益、眼前利益以及社会一般利益内部结构等限制。

因此，面对反映社会共同利益需要的公共产品供给，考虑其供给主体不应机械地认为要么是政府，要么是市场，而应基于生产力水平以社会经济制度对公共产品的现实要求为标准，更好地实现市场机制与政府提供机制的优势互补与有效供给。对于公共产品的市场化提供，关键还在于更要把握市场机制提供公共产品或服务的基本条件。

1. 公共产品供给与生产力发展水平密切相关

生产力发展水平决定了公共产品供给的结构、方式、水平、数量。马克思主义社会共同需要思想认为，当社会生产力发展水平达到一定阶段时，社会共同需要也在不断拓展，公共产品的供给方式也随着生产力水平的发展而日趋多元化。市场逐步成为公共产品供给手段之一，要始终围绕着满足社会存在和发展的共同利益需要而非是简单地按照市场需求、资本需要来提供公共产品。在公共产品的供给数量方面，社会总产品中用于满足社会共同利益需要量的部分大小限制了满足社会共同需要的程度。社会存在发展的当前利益与长远利益、局部利益与整体利益亦会对公共产品的供给量产生影响，但不会改变公共产品供给的质的规定性。

2. 公共产品供给的基本条件是整体供给

众所周知，满足社会共同利益需要的产品与服务，并不必然是公共产品，但公共产品必然是用来满足社会共同利益需要的，而且只有那些用来满足社会共同利益需要，又以社会整体形式供给的产品或服务才是公共产品。整体供给作为一种供给方式，并不意味着完全是由政府通过公共财政的形式来直接供给，政府供给并不是公共产品供给的唯一形式。事实上，政府整体供给所满足是社会存在和发展所产生的社会共同需要，而不是基于市场失灵所产生的市场需求。市场供给、联合供给、俱乐部式集体供给等多元化供给都是供给形式之一。此外，采取市场、政府或政府与市场相结合的供给方式是以一定的生产力发展水平为标准的，是由生产力发展水平决定的社会共同利益需要为基准，供给形式也会随着生产力的发展而创新公共产品整体供给的形式。

3. 公共产品供给要能以较低成本实现排他

市场机制的效率优势可以运用到一般性公共产品提供过程中，从而与政府提供公共产品的供给机制优势互补，但市场机制若要发挥这一作用的条件就在于公共产品能以较低成本实现排他。公共产品的消费在技术上完全可以通过对消费者选择性进入的方式，有效地将"不付费者"和"免费搭车者"排除在外，从而激励私人提供一些公共产品。当然，对于一些准公共产品供给来说，在一定的规模范围内或地域内，由于涉及的消费者数量有限，达成契约的交易成本相对较小，这就可以通过适度收费实现低成本排他，也容易使消费者根据一致性同意原则签署合约，自主地通过市场方式来提供。

4. 可竞争的市场环境

在公共产品或服务中引入市场机制，主要是在公共产品供给中引入竞争关系，通过公与公之间的竞争、公与私之间的竞争和私与私之间的竞争，在政府、私人企业和非营利组织之间形成的有效竞争，达到提高效率和效果的目的。一般说来，政府提供公共产品被西方主流经济学者认为是缺乏效率，这往往是因为某些公共产品具有的特性，以及政府垄断供给所带来的运行效率与激励约束问题，但如果将公共产品交由私人垄断生产，依然会出现政府垄断供给一样的弊端，"问题的实质不在于公营还是私营，而在于垄断还是竞争"。[①] 英国国企私有化的经验显示，企业经营效率提升真正依赖的是竞争机制，所有制并非是最重要的。

5. 公共产品中引入市场机制的制度保障条件

公共产品交由市场供应，并不意味着政府将此职能和责任转移给市场，政府应负有提供的责任并要对提供的结果负责。政府需要通过一系列制度保障措施，来保证公共产品的有效提供，除了要清晰界定私人生产公共产品的产权之外，还需有良好的激励机制、制度保障和功能监管条件。因为，政府无论是采用何种市场化举措，如合同外包、特许经营等方式，政府的有效监管都是提高公共产品供给效率的关键。因为，委托—代理问题、腐败寻租等一样会发生在私营企业身上，而且可能会产生比政府供给更低的效率，同时可能引发更广范围的不公平问题。

[①] E.S. 萨瓦斯：《民营化与公私部门合作伙伴关系》，中国人民大学出版社2002年版，第161页。

4.4 方法论迷局：唯心史观与个人主义方法论的错误性

之所以西方公共产品理论会在定义、特性及分类上具有误导性；在满足公共需求和公共利益上具有虚幻性；在以市场失灵作为划分政府、市场供给边界上具有局限性，其根本原因在于方法论上的错误性。

西方公共产品理论依然沿用的是西方经济学分析范式和惯用的方法论，是从唯心史观出发，将私有制为基础的市场经济和资产阶级统治作为立论前提，把资本主义生产关系看作是天然、永恒的，不研究关系本身，而是把重点放在物的发展上，甚至有意、无意地用物的关系来掩盖人的关系，并运用个人主义方法看待公共产品问题。西方公共产品理论形而上学绝对化地认为公共产品的供给必须以了解消费者的偏好为前提，重点研究利用政府与市场机制测量公共产品的需求偏好，实现供需均衡，但却不能解释为什么有的需求能够得以体现和满足，有的需求却只能被掩盖或不能满足，而看不到公共产品供给出现的过剩问题。

当市场不能有效地满足社会存在和发展的共同利益需要时，西方公共产品理论就用市场失灵这种现象来掩盖其本质问题，从个人和消费占有角度将公共产品和私人产品进行属性对比，视政府供给公共产品为弥补市场失灵的产物。

总的来说，西方经济学在分析公共产品时，割裂经济关系与其他社会制度的关系，无视经济基础对上层建筑的决定作用，沿用抽象、演绎的个人主义方法，以"理性经济人"为假设，把个体利益简单线性相加的总和作为社会整体利益，从而从表象出发，根据个人消费偏好和效用水平来确定公共产品的供给数量、供给结构、供给次序和供给效率，按供给者利益最大化的条件来确定公共产品的政府与市场供给方式。

与此同时，西方公共产品理论将公共产品的自然技术属性与社会属性孤立

第4章 西方公共产品理论的四大迷局

地分开，采用边际分析和成本收益方法研究公共产品特性[①]与供求均衡条件，如林达尔均衡、庇古均衡、萨缪尔森均衡，等等，从而利用证实和证伪的检验理论对理论前提、相关结论及本身逻辑推理的合理性进行检验和验证。尽管通过边际分析和成本收益分析为公共产品的供需均衡提供了分析技术手段，但由于消费者偏好显示难题，使得边际分析失去其坚实的客观基础，从而使得公共产品的供给意愿、供给效率、供给结构和最优供给等方面的研究结论受到质疑。

与西方公共产品在理论分析方法上存在显著区别的是，马克思主义社会共同需要思想是以唯物史观为指导，以"社会人"为基本假设，从社会整体利益出发，认为个人的利益和偏好决定于一定社会关系，时刻受其所属阶级利益的影响，既包含个人的利益需要，又不仅仅是将社会共同利益需要看作是个人利益需要的简单相加，从而形成个人利益和整体利益的有机统一，公共产品的本质属性在于满足社会共同利益。[②] 可以说，马克思主义社会共同需要思想将满足社会共同需要的公共产品视为社会历史变迁中的经济现象，通过现象寻求公共产品的本质与特性，既要看到公共产品供给过程中社会需要的共性，又不脱离特定的生产力发展水平与社会发展条件，即生产力与生产关系、经济基础与上层建筑对公共产品供需所发挥的作用。

作为马克思主义理论基石的唯物史观，科学地揭示了人类社会发展的历史规律。"人们在自己生活的社会生产中发生一定的、必然的、不以他们的意志为转移的关系，即同他们的物质生产力的一定发展阶段相适合的生产关系。这些生产关系的总和构成社会的经济结构，即有法律的和政治的上层建筑竖立其上并有一定的社会意识形式与之相适应的现实基础。"[③] 物质资料的生产是社会发展的基础，生产力的快速发展，也使得社会总产品中用于满足社会共同需要的公共产品大大增加了，公共产品的供给方式也随着生产力水

[①] 由于把"经济人"的利己性归结为一般"人"的特性，即把资产者特殊人性说成一般人性，因此，不可避免地只从成本收益（或付费）的角度来定义公共产品的非竞争性和非排他性。

[②] 王朝明、李西源：《马克思主义公共产品理论及其建构性价值》，载于《当代经济研究》2010年第7期。

[③]《马克思恩格斯文集》第 2 卷，人民出版社 2009 年版，第 591 页。

通往共享之路
——马克思社会共同需要思想的当代阐释及运用

平的发展而日趋多元化。"整体和供给的研究出发点,切合了公共产品的本质,所以不会因为公共产品不同于私人产品的特殊消费属性而将之与市场对立起来,能够从生产力发展的角度将市场看作为公共产品供给的一种手段。"[①] 最大限度地利用市场,而并非仅仅为了校正或弥补市场失灵,才能最大限度地满足社会存在和发展的共同利益,这才是合理有效利用市场的出发点。

基于唯物史观和整体主义的方法,虽然西方公共产品理论具有一定的合理成分与学术价值,并且不断得到修正,但是这些修正与发展始终沿用的依然是唯心史观看待社会发展的思维方式,无法正确看待社会历史变迁中的公共产品供给问题。这说明,在研究问题时不能脱离社会生产关系,不能将事物的属性视为某种与生俱来、永恒不变的共性。正因为如此,马克思主义社会共同需要思想的立论基础及其唯物史观的分析方法,应成为指导构建中国特色社会主义政治经济学中有关民生社会共同需要建设的基础。"运用人类思维的'抽象力',从社会性质、社会发展规律和人的本质上去探究满足个体的社会公共产品供给特点和规律。它既没有抛开也没有停留在概念特征、供需平衡、最优供给、公共选择等表面现象上,而是深入研究公共产品本质和变化规律;它既没有抛开也没有停留在微观分析、模型化分析、定量化分析层面上,而是进行科学抽象,运用'抽象力'去研究公共产品的社会规定性及其生产规律。"[②]

[①] 胡钧、贾凯君:《马克思公共产品理论与西方公共产品理论比较研究》,载于《教学与研究》2008 年第 2 期。

[②] 王朝明、李西源:《马克思主义公共产品理论及其建构性价值》,载于《当代经济研究》2010 年第 7 期。

第三篇 破解困局：
社会共同需要思想的当代阐释与运用

进入21世纪，我国社会利益结构在不断分化与重组，如何持续、有效地改善民生，使经济发展成果惠及广大人民群众，已成为影响我国社会发展、稳定大局及改革方向的重大战略问题。特别是党的十八大报告把保障和改善民生提到了一个前所未有的高度，指出"不断在实现发展成果由人民共享、促进人的全面发展上取得新成效"，党的十八届五中全会又进一步指出"共享是中国特色社会主义的本质要求"。

改善民生的政策措施需要科学的理论指导，当前在民生建设最重要的经济领域，学术界存在以西方公共产品理论为指导的倾向。虽然西方公共产品理论有一定的合理性，但是社会主义民生建设是西方从未有过的实践，要充分认识到以其为指导存在的理论、实践误区及弊端。从理论上看，西方公共产品理论是维护资本主义基本制度的产物，根本目的是为了实现资本的利润最大化，与社会主义以"人的全面自由发展"为根本目的有着本质的区别；从实践上看，我国近些年的教育、医疗

通往共享之路
——马克思社会共同需要思想的当代阐释及运用

等市场化改革实践弊端不断显现,其中不乏见到以西方公共产品理论尤其是以市场失灵作为划分政府市场供给边界为指导所带来的改革误区和严重后果。

事实上,社会主义民生建设应该以马克思主义社会共同需要思想为指导,其根本目标在于实现共享发展和共同富裕。西方公共经济学中的公共产品范畴只是社会共同需要在资本主义社会中的特殊体现。因此,从唯物史观出发,在批判西方公共产品理论的基础上,对马克思主义社会共同需要思想进行阐释与拓展,构建以满足社会共同需要的社会共需品供给为核心的理论体系,特别是探索构建社会主义共需品理论,指导当代社会主义中国的民生保障和改善问题,以破除西方公共产品理论的政策误导和实践困局,对于全面建成小康社会的目标和人民共建共享的实现具有重要的理论意义与现实意义。社会主义共需品理论作为指导社会主义民生建设的理论依据,既是对西方公共产品理论的一种超越,又是对中国特色社会主义政治经济学创新发展所进行的一种尝试。

第 5 章 社会共同需要思想指导社会主义民生实践的理论基点

习近平总书记曾指出,"我们的人民热爱生活,期盼有更好的教育、更稳定的工作、更满意的收入、更可靠的社会保障、更高水平的医疗卫生服务、更舒适的居住条件、更优美的环境,期盼孩子们能成长得更好、工作得更好、生活得更好"。[①] 民生建设是社会主义本质的重要实现途径,社会主义民生建设就是要保证人民平等参与、平等发展权利,维护社会公平正义,在学有所教、劳有所得、病有所医、老有所养、住有所居上持续取得新进展,不断实现好、维护好、发展好最广大人民根本利益,使发展成果更多更公平惠及全体人民,在经济社会不断发展的基础上,朝着共同富裕方向稳步前进。[②] 西方资本主义国家也搞民生建设,而且有些国家的福利水平比较高,似乎为发展中国家做出了榜样。但是社会主义民生建设实际上与资本主义国家以公共产品理论为指导的民生建设有着本质的区别,这种本质区别决定了社会主义民生建设要以社会共同需要思想为指导,而不是西方公共产品理论。因此,必须深入认识西方公共产品理论指导我国社会主义民生实践存在的问题及其局限,明确社会共同需要思想指导社会主义民生实践的理论基点。

5.1 西方公共产品理论指导我国社会主义民生实践存在的问题

西方公共产品理论对资本主义社会的发展起到一定作用。自公共产品理论引入我国以来,受到了政府和学界的广泛关注。但西方公共产品理论存在视角

[①] 《十八大以来重要文献选编》(上),中央文献出版社 2014 年版,第 70 页。
[②] 《十八大以来重要文献选编》(上),中央文献出版社 2014 年版,第 236 页。

的单一性、盲目夸大市场和忽视政府的作用，以及淡化公共产品的阶级属性等不能真正揭示公共产品本质的问题。如果将西方公共产品理论照搬到我国的民生建设上，不仅与我国的社会主义性质不符，还可能会导致民生建设的目标与共同富裕这一根本目标相背离。本章将以"住房、医疗、教育"这三个居民最为关心也最为重要的民生问题为切入点，考察并分析西方公共产品理论对我国民生建设的影响、弊端及其局限性。

5.1.1 西方公共产品理论对我国社会主义民生实践产生的思想影响

民生建设涉及多个领域，包括社会保障、教育、医疗卫生、住房保障、就业保障、食品安全等各方面民生工作。中央多次强调"社会政策要托底"的政策思路，特别强调要大力保障和改善民生，统筹教育、就业工作，完善城乡居民养老保险制度，推进基本医疗保险城乡统筹，完善低保、重特大疾病保障和救助制度，抓好房地产市场调控和住房保障工作。[①] 但是在住房、医疗和教育三大民生基础领域，我国的实践表明市场建设有余而民生建设不足，直到现在仍存在着许多关于指导思想和发展路径的争论。下面从住房、医疗、教育三个领域探讨西方公共产品理论对我国民生建设产生的思想影响。

1. 从住房改革之争看西方公共产品理论对我国民生建设的影响

保证人民居有定所是我国政府保障民生的基本目标之一。随着住房制度改革的不断发展，我国的住房保障制度体系建设也在完善，其演变基本遵循着从全面福利迅速转型为市场主导，再到当前的民生主导的路径。目前我国已基本形成了一个以廉租住房、经济适用住房、住房公积金及公共租赁住房为主体的住房保障制度体系。

然而，在我国一直存在着住房作为民生公共产品应由政府主导供给还是作为商品进行住房市场化改革的争论。坚持住房市场化改革的观点试图剔除保障性住房的民生社会共同需要属性，认为市场机制可以较好地适应不同家庭多样化的住房需求，提高资源配置的效率。对于当前房地产市场出现的各种问题，

---

① 《中共中央政治局常务委员会召开会议研究当前经济形势和经济工作》，发表于《人民日报》，2013年4月26日。

第5章 社会共同需要思想指导社会主义民生实践的理论基点

主张市场化改革的学者认为主要原因是市场化不足,需要进一步深化改革,向更纯粹的市场化方向发展。部分支持住房市场化的学者提出,我国住房供给在由全民福利导向迅速变为市场导向的过程是我国住房领域发生的"革命性"变化,其革命性在于突破了之前由政府统一包办的建房实物分配制度,以及住房没有产权的情况,同时确立了个人的房产所有权制度和房地产开发市场化的制度,使其产权可以当做商品,可以成为买卖的对象在不同主体之间进行流通和转让。① 支持住房市场化改革的学者从西方公共产品理论和法学的角度还认为,住房应该是私人物品,而非公共物品。仅通过住房市场化的方式解决居民的居住问题,并不存在理论不合理之处。他们强调自房改以来,住房市场化带来的房地产业发展对我国经济发展注入新的动力,房地产业的繁荣也改变了中国城乡的面貌。既然房地产业的繁荣是住房市场化的结果,那么住房市场化的改革方向就应坚持下去。而房地产市场中的各种乱象以及不能满足居民的基本生活需求,则是因为政府的不当行政干预。房地产业本来并非关系到国家安全和社会稳定的特殊行业,而政府在住房改革后仍过份的作为,使得房地产成了特殊行业,并且政府还常常把矛盾集中于自己身上。而充分发挥市场机制便可以较好地适应社会不同家庭的多样化住房需求,进而提高住房资源的有效配置。由此我国房地产市场及住房改革的根本出路和必然路径是继续深化住房的市场化改革,只有运用市场的办法,才能从根本上解决我国房地产领域里所存在的各种问题;只有充分发挥市场机制的作用、依靠市场的力量才能从根本上解决我国居民的住房问题;只有尊重房地产市场规律,我国的房地产业才能走向长期理性健康的发展方向。因此,我国住房保障制度建设及其政策制定要将房地产市场化作为根本基础,将住房保障供给回归到政府控制、政府供应、政府配给的方式,都将会是低效甚至是失效的。由此可见,坚持房地产市场化改革的观点试图用西方公共产品理论弱化政府的保障作用,实现私人供给。

反对住房市场化改革的学者认为,目前我国住房市场化会导致许许多多的问题。他们认为从总体上来看,近十多年来我国房地产价格持续上涨使我国的房地产供应长期处于供求失衡的状况。尤其是在近年来中国部分城市和地区房

---

① 徐诺金:《我国房地产市场的根本出路在于深化市场化改革》,载于《征信》2014年第1期。

价的增幅过快，国家住房保障压力增加的情况下，反对市场化的观点认为住房是居民居住权利的问题，认为住房应优先和重点解决低收入家庭的购买问题，认为市场竞争中应优先讨论企业公民的社会道义等问题。① 这些观点突出了住房作为社会共同需要的属性和意义。

住房作为保障居民生活的基本要素，其供需关系不仅仅是简单的经济问题，更是复杂的社会问题乃至关系到社会安全稳定的政治问题。住房制度的改革牵涉多方利益，不仅涉及居民家庭的基本住房权益、市场各主体之间的利益均衡，还牵涉到社会财富的公平公正分配、住房及土地资源的有效利用等重大问题。因此不能只依靠市场单一的调控，还需要政府按照社会公共利益最大化的要求，制定并执行以公共利益为核心价值基础、具备公共性内涵的住房政策来协调相应主体之间的利益关系，寻求公共利益关系的平衡点，切实确保公民基本住房权利，以保障社会公平正义，促进社会公共利益的逐步增进与合理分配，促进住房市场健康稳定发展，减小住房市场风险，进而维护社会和谐与稳定。住房的市场化改革，不可避免地带来了住房供给制度上公共性的缺失：一方面会造成公共权力的非公共化运行，出现政府及官员基于土地财政、个人政绩寻租等原因的权利寻租及利益集团现象；另一方面将导致政府、社会只着眼于当前利益和当代人的利益，而忽视长远利益和后代人的利益，掠夺性地使用住房建设所需的土地等社会资源，形成住房政策的代际不公平。特别是近几年房价的快速上涨，不同利益主体在住房市场中的矛盾与冲突越来越大，住房市场的经济问题也开始转化为社会问题、政治问题。②

2. 从医疗改革之争看西方公共产品理论对我国民生建设的影响

医疗卫生事业体现了我国经济发展水平，也关乎社会民生大计，是我国政府公共政策的重要组成部分，而公共政策的关键在于维护居民的公共利益。在我国，公共政策在医疗领域对公共利益的维护历史则是一部效率与公平的博弈史，一部追求公益与追求私益的矛盾史。回顾新中国成立以来我国医疗卫生事业的发展和改革历程，我们会发现，政府在医疗卫生事业政策上的制定和执行

---

① 姜伟新：《建立和完善中国住房政府体系的思考》，载于《中国建设信息》2008年第6期。
② 李国敏、卢珂：《公共性：中国城市住房政策的理性回归》，载于《中国行政管理》2011年第7期。

第5章 社会共同需要思想指导社会主义民生实践的理论基点

并未能天然地追求并维护公共利益,尤其是将市场化作为改革方向以后,我国医疗卫生事业的公益性遭到严重挑战,并出现了一系列问题。正因如此,在近几次医疗改革中,强调了政府在我国基本医疗卫生制度中的责任应不断强化,政府财政投入要不断增加,以此维护社会公平正义,并逐步实现建立覆盖城乡居民的基本医疗卫生制度,人人享有基本医疗卫生服务的目标等内容[1]。政府主导的医疗卫生改革标志着我国在医疗卫生事业领域中公共政策价值取向不断向社会共同需要属性发展。

当前,看病贵、看病难与因病致贫、因病返贫现象备受政府和理论界关注,而如何解决这些问题就不可避免地牵涉到医疗体制改革的取向与路径。医改因其复杂性被视作世界性难题,我国的医疗体制改革在关于医改方向和市场化道路上从开始之初就伴随着争议。事实上,伴随医疗改革的市场化进程,医疗体制改革中出现了有目共睹的、不容抹杀的问题和弊端。因而我们需要着力探讨问题和弊端的根源是医改的市场化取向,还是政府财政投入不足、市场监管不力、医疗服务总供给不足,即作为社会共同需要,医疗卫生事业应该以何种方式发展和完善。

近几年,一些观点认为,当前我国医疗卫生市场中出现的各种问题及弊端并非是市场失灵导致的,而是因为市场化程度不足、政府监管不力所致。有学者通过国家层面的医改新政发布频率明显提高,并提出从鼓励社会办医,到商业保险介入,再到解禁处方药网络销售等政策调整,将我国医疗卫生事业改革的政府政策导向解读为转向"更为市场化"。[2] 2015年两会期间,关于医改争论日趋激烈。全国人大代表、浙江康恩贝集团有限公司董事长胡季强提出,中国医改的核心问题依然是医疗卫生体制改革。他认为,除了少数医疗服务属于公共产品外,一般的医疗服务都应该属于私人产品。医疗服务应该让市场去做决定,去分配资源,而政府更多是负责监督。胡季强还强调,应按照中共十八届三中全会提出的,医药改革要走向市场化,让市场去主导和配置资源。而政

---

[1] 贺香彬:《从医疗改革进程看我国公共政策价值取向的变迁与回归》,载于《内蒙古农业大学学报》(社会科学版) 2009 年第 4 期。

[2] 丁建农、田勇泉:《医疗机构完全市场化改革的风险及其控制》,载于《中国大学学报》(医学版) 2014 年第 4 期。

通往共享之路
——马克思社会共同需要思想的当代阐释及运用

府要去做市场不能做的领域,那就是监管,所以医疗服务开放不是问题。这一观点完全忽视了我国的社会发展现状和医疗卫生事业的社会共同需要属性。

人人享有卫生保健是我国医疗卫生体制改革的基本目标,而这个目标的重要着眼点是促进公平。医疗卫生事业的市场化改革也不能背离这一价值取向。但在目前改革过程中,出现了公立医疗卫生机构创收冲动趋强,而追求公益性的动力不足的局面。因为开放社会资源进入市场,介入医疗卫生领域,对于公立医疗卫生机构无疑是一重大挑战。一方面,公立医疗卫生机构肩负着保障居民基本卫生需求的公益性使命,政府兴办公立医疗卫生机构,其基本目的也是为居民提供基本的医疗卫生服务,保证医疗卫生服务的安全、可靠与公平。另一方面,公立医疗卫生机构在市场化改革中,又不得不面临市场利益的诱惑。市场运作机制受利益驱动,追求私人利益的满足和利润最大化是其要核。只要资本选择进入医疗卫生服务领域并按市场机制运作时,资本的逐利性就会以追求利润最大化为目的,这对公立医疗卫生机构的运行形成了强大的冲击。政府需要在效率和公平之间寻求平衡,实则是一场追求公益与寻觅私利的博弈与较量。① 一些公立医疗卫生机构已出现盲目追求过高收入,甚至为追求利益最大化而不惜损害群众基本利益的现象,这可能导致医疗卫生体制偏离其作为民生公共产品以满足公共利益需要的作用。

与此同时,反对医改市场化的学者认为,我国医疗卫生事业的发展现状的实质是过度市场化与过度官僚化并存。目前,看病贵的问题反映出的是公立医院有脱离其公益性,转而追求赢利最大化的行为取向。我国医院趋利行为其实质是在我国市场经济体制转轨及国企改革后自负盈亏、放权让利的大背景下,公立医院过度市场化以赢利为导向,脱离了公益性。因此,考察当前公立医院的趋利行为,不应解读为市场化不足,应从过度市场化的角度进行深入探讨,甚至可以说当前医院的趋利行为是过度市场化和市场化不足两者共同导致的。② 习近平总书记在中央全面深化改革领导小组第十一次会议上明确强调:公立医

---

① 贺香彬:《从医疗改革进程看我国公共政策价值取向的变迁与回归》,载于《内蒙古农业大学学报》(社会科学版)2009 年第 4 期。

② 丁魁礼、刘建平:《过度市场化与市场化不足的双重克服——医疗体制改革的一种可行路径分析》,载于《武汉科技学院学报》2006 年第 4 期。

第5章 社会共同需要思想指导社会主义民生实践的理论基点

院是我国医疗服务体系的主体；要把深化公立医院改革作为保障和改善民生的重要举措，着力解决好群众看病就医问题；要坚持公立医院公益性的基本定位；要落实政府办医责任。破除公立医院逐利机制，建立维护公益性、调动积极性、保障可持续的运行新机制。这充分表明，公立医院作为医疗服务体系主体，要姓公，不能再搞市场化、商品化改革。同时也明确了医疗服务体系改革的公益化大方向。①

从整个医疗卫生事业市场化改革的进程中，我们可以发现医疗领域的公共政策如果显现出靠市场、重效率、轻公平的特征，那么医疗卫生事业将渐渐偏离公共政策中公共利益价值取向。因此，我国目前的医疗卫生改革重新审视并明确政府在改革中的地位和作用，努力将医疗卫生事业发展并完善，以满足居民日益增长的社会共同需要。②

3. 从教育改革之争看西方公共产品理论对我国民生建设的影响

教育作为提高国民素质、促进人的全面发展的根本途径，是中华民族最根本的事业，也是社会共同需要的重要内容。教育改革不仅体现在评价体系的多维化和融资体系的多元化，更应体现在对于"人"的关注和对教育公平的促进上。市场经济因其自发性、盲目性和滞后性，其实是一把"双刃剑"，教育市场化也不例外。所以对教育市场化的运用，必须在政府的宏观调控之下，才能保证效率和公平的双赢。反之，如果盲目否定已有的成就，一味提倡私立教育，带来的后果将是不可估量的。

但目前有学者认为，在我国改革开放之前，所有的生产性经营活动和社会性生活都在国家的计划经济运行范围内，教育事业也不例外，当时所有的教育由国家办理，国家财政统一拨款给教育单位，公众只是支付一些有限的费用。因此，教育事业如计划经济体制中其他事业所产生的弊端一样，也陷入了资源短缺与资源运用低效长期并存的困境，且没有一个解决问题的良好方案。1992年以后，我国的经济体制由计划经济向社会主义市场经济进行全面改革和转

---

① 宗和：《习近平主持召开深改组会议否定医疗改革市场化取向》，http://www.cwzg.cn/html/2015/guanfengchasu_0404/18459.html，2015年4月4日。

② 贺香彬：《从医疗改革进程看我国公共政策价值取向的变迁与回归》，载于《内蒙古农业大学学报》（社会科学版），2009年第4期。

通往共享之路
——马克思社会共同需要思想的当代阐释及运用

轨。从此，市场开始在我国的资源配置中发挥重要作用，并且随着改革的深化，这种作用表现得日益明显突出。既然市场化配置经济资源可以提高它们的使用效率，那么市场化配置教育资源也能有同样的效果，这就顺理成章地提出了教育事业应该以市场化改革为导向。① 因此，更有一些学者提出，教育是半公共产品，它可以为任何人享有，但不能独占，同时教育资源是稀缺的，受教育者要支付费用，才能够享有。还有人认为，受教育是公民的基本权利，教育消费的增加可以给社会带来正的外部性，所以财政应为受教育者支付相当一部分的费用，这就是公办教育费用比较低的一个重要原因，正是因为教育介乎公共产品与私人产品之间，所以，教育既可以作为公共产品由税款支持，也可以作为私人产品由市场完成。经济学家周其仁认为："中国教育的发展不仅要确保全体国民不论贫富都能够获得合格的义务教育，以及任何家庭都有权利依靠自己的支付，获得高于国家规定水准的小学和初中教育；政府还应放弃对非义务教育的垄断，开放非义务教育市场，大力鼓励民间办学。"② 因此，他们相信尽管在教育事业的市场化改革中难免会伴随出现一些问题，但是这是所有市场在发展的初级阶段都难以避免的情况。既然我们没有因此而遏制其他方面的市场化改革和发展，也就没有理由限制教育事业的市场化发展，而应在促使教育市场化发展的过程中解决各类存在的问题。③

然而这些学者忽视了教育作为社会共同需要，政府应保障其供给的现实情况。教育的这种重要特点体现在受教育是人的一种权力，2015年联合国教科文组织在其发布的研究报告《反思教育：向"全球共同利益"的理念转变？》中明确指出，教育是人的生存和发展的权利，教育要尊重生命、尊重公正、平等，使人们过上有尊严和幸福的生活。教育是一项基本人权，并且有助于实现其他各项人权。这意味着国家要确保尊重、落实和保护受教育权，除了提供教育之外，还必须成为受教育权的担保人。因此，政府要关注并强调教育事业上居民的共同利益，"共同利益"可以定义为，人类在本质上共享并且互相交流

---

① 袁志刚：《教育产业化及其对中国经济的深远影响》，载于《教育发展研究》1999年第4期。
② 周其仁：《也谈教育如衣》，http://www.ftchinese.com/story/001003590?page=rest。
③ 胡海鸥、翁莲萍：《教育市场化范畴与市场化方法的探讨》，载于《当代经济管理》2010年第12期。

第5章 社会共同需要思想指导社会主义民生实践的理论基点

的各种善意，例如价值观、公民美德和正义感。报告认为，共同利益这一概念已经超越了部分以个人主义为核心的社会经济理论。共同利益并非使个人受益，而是将社会集体努力作为事业。在界定什么是共同利益时，强调参与过程，知识必然成为人类共同遗产的一部分。报告中还指出，"要在相互依存日益加深的世界实现可持续发展，就应将教育和知识视为全球共同利益"。这意味着知识的创造、控制、获取、习得和运用向所有人开放，是一项社会集体的努力。报告批评了教育私有化，并为知识的私有化趋势担忧。报告说："教育是社会平等链条上的第一环，不应将教育出让给市场。"教育作为一项公益事业，国家要确保教育权的落实。[①]

在我国目前的国情下，教育市场化在一定程度上虽能为我国高校改革带来活力和契机，但要想利用好这些机会就必须重视公立教育和以政府宏观调控为前提。此外，在我国目前教育地域间资源不均的问题上，教育市场化的作用明显弊大于利，在运用的过程中必须更重视宏观调控。虽然，教育市场化能为大城市的学校提供更多发展的资金，减少政府教育开支，并且通过理事会、PTA等组织形式对学校实现更有效的监管，有利于精英教育的实现等方面起到促进作用。然而，市场化必然会拉大地域间的教育不公平。若非国家拨款，城市普通学校和乡镇学校将极大萎缩，若都改以私立建制则会带来不可估量的后果，普通家庭学生的经济负担将大幅增加，升学比例也会受到巨大影响。正是我国看清了教育市场化的这些弊端，我国在推进教育市场化改革的过程中，采用了渐进的方式，而不是完全放开。即便如此，教育领域仍然出现了许多问题，如教育资源分配不平衡、入学难、上学贵等。面对这些问题，鼓吹教育市场化改革的人士认为产生问题的主要原因是市场化还不够彻底，教育市场的开放程度还不够；反对教育市场化的学者认为，教育改革的重心仍应放在公立学校，以提高效率和促进公平为原则去改革和发展，而忽视教育的社会共同需要属性，鼓吹市场化的观点和主张是我国教育改革应摒弃和避免的。

---

① 顾明远：《对教育本质的新认识》，载于《光明日报》2016年1月5日。

5.1.2　西方公共产品理论指导我国社会主义民生实践的弊端

从实践上看，我国近些年的教育、医疗等市场化改革实践弊端不断显现，其中不乏见到以西方公共产品理论尤其是以其所谓的市场失灵作为划分政府市场供给边界为指导所带来的改革误区和严重后果，21世纪的教育、医疗卫生和住房已成为压在人民头上的新"三座大山"。在如今这样一个前所未有的经济盛世，人们重新使用这个"苦难的表达"，足见教育、医疗卫生、住房已成百姓不可承受之重。如今住房、医疗卫生、教育改革改得遍地是高楼、到处是医院、四处是学校，可是人民反而住不起房、治不起病、读不起书了！新"三座大山"有两个共同的特点，就是难与贵。当前，新"三座大山"如同紧箍咒一般将中国广大民众的利益圈在这三大领域，不管是城镇居民还是农民。因此，必须要深入认识西方公共产品理论在我国社会主义民生实践中产生的弊端。

1. 西方公共产品理论弱化我国住房制度的保障性功能

如果依据西方公共产品理论的非竞争性、非排他性的标准，住房存在竞争性和排他性，因此更应该归入个人物品或经济物品，而不是公共产品。但是，拥有住房同时也应当是每个社会成员的基本权利，因为住房是满足社会共同需要并保证社会连续再生产所必需的。由此，住房在总体上可以划分为两类：一类是商品房；另一类是保障性住房，其中商品房作为经济物品，由市场解决；保障性住房作为公共产品，由政府提供。

回顾我国城镇住房保障制度的历史沿革，可以看到自1949年新中国成立至今大致经历了四个发展阶段：一是1949~1978年的福利分房阶段；二是1978~1998年的住宅私有化与福利分房并存阶段；三是1998~2007年的取消福利分房、住房保障收缩阶段；四是2007年至今的住房保障制度重建探索阶段。在我国城镇住房保障制度的改革过程中，不难看出取消福利分房制度后，城镇住房保障体系已进入一个以市场化商品住房为主、政府提供保障性住房为重要补充的发展新阶段。应该说，这一体系的形成是与经济体制的市场转型密切相关的。一方面，在这一发展阶段上，我国政府将主要的工作重心放在经济增长上，对经济效率的追求促使城镇住房保障政策逐渐偏离保障居民基本住房需要的目的而演变成为经济政策；另一方面，也体现出受西方公共产品理论的

第5章 社会共同需要思想指导社会主义民生实践的理论基点

影响,在住房作为非公共产品理应市场化供给的政策建议下,政府保障城镇居民居住权利的功能被逐步弱化,从而在很大程度上促使住房作为民众共同需要的基本属性被淡化了,接踵而来的是住房问题的不断产生。

1998年8月,国务院在《关于进一步深化城镇住房制度改革加快住房建设的通知》中明确提出,停止住房实物分配,逐步实行住房分配货币化,并建立和完善以经济适用住房为主的多层次城镇住房供应体系。这一政策的出台,标志着我国城市居民住房从统一分配制度转向由供需关系决定的住房市场化改革方向的基本形成。2003年《国务院关于促进房地产市场持续健康发展的通知》(国发〔2003〕18号)明确提出:"逐步实现多数家庭购买或承租普通商品住房"的住房市场化政策,试图将80%的家庭推向商品房市场,减少政府在解决居民住房问题方面所应承担的社会责任。[1] 在这一阶段上,以住房商品化和市场化为核心的城镇住房分配制度,更加明确地体现出了住房政策的经济效率追求目标而忽视了居民对住房公平的需求,使住房政策难以真正实现改善城镇居民的住房条件。

伴随住房市场化改革的不断深入和城镇房价持续快速的上涨,我国政府逐渐意识到以商品化、市场化为主的住房政策已偏离住房保障的公平目的,开始转变改革的政策思路,采取措施干预住房市场的发展,如2005年"国八条"、2006年"国六条"、2008年"新国六条"、2010年的"国五条"、2011年"新国八条"等,力图修正前期住房政策异变给住房保障事业带来的负面效应。特别是2007年8月7日,《国务院关于解决城市低收入家庭住房困难的若干意见》(国发〔2007〕24号)的出台,突出强调了我国住房问题是重要的民生问题,使得住房市场化改革中如何保障居民特别是中低收入家庭的基本住房需求成为政府关注的重点。经过几轮住房保障制度的改革和发展后,以市场化的商品住房为主,政府提供保障性住房为重要补充的住房供应和保障体系逐步形成。

伴随住房保障的民生性和公平性的日益突显,我国政府越来越将住房保障形式的多样化和分层化作为保障居民基本住房需要的主要方式,开始形成主要

---

[1] 李国敏、卢珂:《公共性:中国城市住房政策的理性回归》,载于《中国行政管理》2011年第7期。

141

包括经济适用房、限价商品房、共有产权房、廉租房、公共租赁住房等在内的居民保障性住房体系。当前，我国城镇居民的住房条件已得到明显的改善，据中国统计年鉴的数据显示，城镇人均住房建筑面积由1994年逐步取消福利分房制度时的15.69平方米提高到2012年的32.9平方米。在我国住房保障体系建设取得成就的同时，我们仍需清醒地认识到，目前的城镇住房供求仍处于不平衡的状态，房地产投机行为的存在，促使部分城市房价持续快速上涨，住房保障功能并未能完全跟上居民的住房需求，部分中低收入家庭的住房困难等问题依然突出。这些问题的有效解决途径在于清除住房保障制度改革思路中西方公共品理论的影响，纠正住房的民生保障功能让位于市场化的大趋势，明确现行经济发展阶段下，我国住房政策仍应以保障居民基本生活需要为基本目标和根本出发点，不断强化政府住房制度和政策的保障性功能。

2. 西方公共产品理论导致我国医疗卫生资源的分配不均衡

长期以来，我国医疗卫生服务事业由政府主导，在一定程度上出现了公立医疗卫生机构的竞争意识较差、服务水平较低、运行体制机僵化等问题。为解决问题，2000年国务院先后出台了《关于城镇医疗体制改革指导意见》和《关于城镇医疗机构分类管理的实施意见》等规定。2001年，中国加入WTO，通过了市场开放非歧视和公平贸易等原则。加入世贸组织以后中国积极履行作出的各种承诺，公立医院的改革也开始逐步引入市场机制。可以说，近年来通过医疗事业和医疗机构的市场化改革，我国卫生事业稳步发展，服务效率和医疗资源的利用效率也有很大幅度的增长。

但是在医疗卫生事业不断市场化的过程中，我国医疗卫生领域也产生了一系列的问题。伴随市场机制和市场力量作用的逐步发挥，原本以追求公平为导向的医疗卫生机构开始转为对经济效率、经济效益以及差异多样化的市场化目标的追求。虽然医疗卫生事业的市场化改革会在一定程度上提高我国医疗卫生机构的医疗卫生水平和效益，但是另一方面也不可避免地给医疗卫生公平的实现带来很多新的问题，其中最突出的就是难以将保证医疗卫生事业的社会共同需要性质及其公益性放在改革的首要位置。这是因为，以追求利润最大化为目标的市场机制不可避免地会促使医疗卫生资源流向能够实现利润最大化的地区、群体和个人，其结果是导致医疗卫生资源分布的不断失衡，优质资源过度集中在大城市和大医院，而相对贫困的农村医疗卫生资源却越发贫乏。此外，不难看出，市场化的医疗卫生事业，会不断拉大不同收入人群的医疗保险覆盖面，使高收入者覆盖面极广，低收入者覆盖面极窄，特别是绝大部分低收入的农村居民则有可能面临失去社会医疗保障的境地，市场化的医疗卫生事业将会演变成为富人的俱乐部，其社会公平性的逐步丧失是不言而喻的。

医疗服务和百姓民生息息相关，因而具有较强的公共性。但是，在市场化条件下，作为公共产品的医疗机构会由于市场特点，出现供给的市场失灵。不仅如此，如果医疗卫生机构市场化，政府如何对这些相关权力和责任进行新定位，也成了一个重要的问题。从公共产品的角度考察医疗市场化改革，不难发现医疗卫生事业市场化改革所面临的重大风险，一是非常有可能出现医疗资源的分配不均；二是作为准公共产品可能导致医疗行业的市场失灵；三是政府寻租腐败的道德风险；四是对于社会公平正义等道德问题产生重要的影响。[①] 实际上，老百姓看不起病等社会问题，与其市场化改革的进程有很大相关性。因此，在我国目前的社会经济发展阶段，医疗卫生事业的社会共同需要属性并未发生变化，我国政府应继续主导医疗卫生事业的供给。

因此，正如习近平总书记所提出的"要坚持中国特色卫生与健康发展道路，要坚持基本医疗卫生事业的公益性。把人民健康放在优先发展战略地位，努力全方位全周期保障人民健康"作为我国医疗卫生事业发展的核心，这也是其公共性和公平性的体现。作为人民健康的"守护人"，我国医疗卫生系统需要牢牢把握"为人民健康服务"的方向，推动医疗卫生工作重心下移、医疗卫生资源下沉，推动城乡基本公共服务均等化，为群众提供安全有效、方便价廉的公共卫生和基本医疗服务，真正解决好基层群众看病难、看病贵问题。

3. 西方公共产品理论加速我国教育制度公共性的退化

教育市场化同样产生了众多问题。教育在作为政府特别是地方政府一项主要的公共事务后，一直被认为应是由政府生产并提供的。但是由于国际上部分福利国家的失败，以及新自由主义对教育的政府垄断经营激烈的批评，使得教

[①] 丁建农、田勇泉：《医疗机构完全市场化改革的风险及其控制》，载于《中国大学学报》（医学版）2014年第4期。

育市场化和民营化逐渐兴起,教育领域的准市场制度应运而生。20世纪80年代以来,英、美等西方发达资本主义国家形成了教育市场化改革浪潮。各国纷纷利用市场机制,试图优化教育资源的配置,增强教育的竞争性和选择性,提高学校的办学效率与效益,扩大学校的办学自主权,维护学校的自主性。但在此过程中,出现的诸多问题和弊端是不容忽视的。事实上,早在1999年10月联合国教科文组织在巴黎召开了首次世界教育大会,一致认为"市场规律和竞争法则不适用于教育。教育事业不是经济的一个分支,教育过程、教育目标、教育结果或教育产品都不能与经济相提并论"。[1] 因此,政府应当担负起教育的普及和提高的责任,而不是把教育交给市场,实行完全的教育产业化政策。

在我国市场经济深化的过程中,教育事业却成为了市场化改革的试验品。对此,有些学者有如此理论上的解释:高等教育领域蕴藏着大量的物质资本和人力资本存量,但缺少必要的启动资金,如果能用发展产业的方式重新配置这部分教育资源,市场供给的潜力是相当大的。我国想赶超发达国家,必须在人力资本投资上花大力气,目前政府没有足够的财力。那么应该通过高等教育的市场化和产业化的改革和发展,带动整个国家的人力资本投资高潮,使教育产业成为一个新的经济增长点,既解决当前就业矛盾,又对中国经济可持续增长产生深远影响。在教育作为政府民生财政支出的重要组成部分的情况下,教育产业化的理论大旗成为不少地方政府为摆脱所谓教育财政包袱的最佳理论武器。在这样的大旗下,许多地方的教育增量主要依靠收取学生的学费来支撑,脱离了其全民性和公平性的目标。[2] 20世纪90年代末高校经历了扩招出现的种种问题后,仍有一些观点认为,中国高等教育中出现的种种问题并非表明扩招的方向错了,也不是教育事业与市场相结合的改革方式存在问题,而恰恰是过去计划体制中的弊端还没有完全消除、政府职能转变还没到位、改革还不够完善造成的。事实上,教育的价值基础又决定了教育从根本上说是培养人的一种社会活动,学校教育的目的是促进个体身心发展,并最终使社会得以延续和发展。学校的教育活动从根本上说是育人活动,而不是经济活动,学校教育不应

---

[1] 纪宝成:《认清"教育产业化"的理论误导与实践危害》,载于《中国高等教育》,2006年第9期。

[2] 袁志刚:《教育产业化及其对中国经济的深远影响》,载于《教育发展研究》1999年第4期。

该谋求经济利益，而是为了造福他人、社会乃至整个人类。从这个意义上说，教育最终是一种公益事业，具有较强的公益性。①

实际上，就在部分学者鼓吹我国教育市场化的同时，西方学者已经意识到市场化带给教育事业的公共性衰退问题。表面上教育市场化或私营化提供了改进社会教育质量的机会，但同时也存在着教育治理的公共性丧失问题。更为关键的是，这些问题中包括了个体价值超越于教育的公共目的之上的意识，从而引发了公民教育的机会平等问题，这也违背了教育事业作为社会共同需要对于居民的意义：一是教育市场化是否能够达到培养公民精神与德行的公共责任的教育目的；二是市场化过程中，可能导致一些学校从中获利，但如果同时考虑到教育的公平和效率，教育市场化的行为实际上将导致低质量学校及其学生处于不利境地，因为它使资金从教学资源投入转移到市场化策略中去，最终的结果是个人利益先于公共利益和教育的外部利益，使得公共利益受到侵蚀；三是政府对公立学校投资减少导致教学质量下滑，还可能导致低收入者无法获得平等受教育机会。②

5.1.3　西方公共产品理论指导我国社会主义民生实践的局限

西方公共产品理论是以资本主义市场经济为逻辑前提的，在此基础上，公共产品只能作为市场经济的补充，处于从属地位。虽然西方公共产品理论在不断的发展，经过 200 多年已形成较为完善的理论体系，但其实质始终没有改变，就是要在根本上维护资本的利益。西方公共产品理论不但流行于西方资本主义国家，在我国也不乏拥趸，他们认为公共产品理论是具有普适性的标准原则，应当成为指导社会主义民生建设的理论依据。但事实上，西方公共产品理论存在严重的局限，这种理论既没有从唯物史观出发，指出公共产品的社会共同需要本质和社会属性，也没有从人的全面自由发展以及与社会协调发展的角度制定政策。虽然我国的社会主义市场经济也强调市场机制对资源配置的决定性作用，但是前提是从社会主义本质出发，把市场作为提高生产效率、促进共

---

① 冯建军：《教育市场化与教育公正》，载于《高等教育研究》2008 年第 6 期。
② 潘希武：《西方学者对教育市场化改革的检讨》，载于《教育科学》2006 年第 3 期。

同富裕的手段,而不是把市场经济本身作为目标。市场固有的盲目性、短期性和破坏性表明市场经济存在严重的局限性,西方公共产品理论虽然发现了公共产品导致市场失灵的事实,但其理论出发点和目标仍然是恢复市场经济运行机制,而不是为了民生的改善。因此,以西方公共产品理论为依据来指导我国的民生建设实践,必然带来市场经济导致的社会主义民生建设方向的偏差。

根据西方公共产品理论,公共产品具有非竞争性和非排他性,这两个特性的存在导致市场机制本身无法解决这类产品的供给,存在供给的市场失灵,但是这些产品却又对充分发挥市场机制作用不可或缺,因而需要由政府来提供,因此公共产品的供给是资本主义国家经济职能的重要内容之一。由此来看,公共产品理论存在满足公共需求、为社会公共利益服务的一面,从另一方面看,公共产品理论是在市场无法充分发挥作用的情况下,或者说资本主义再生产受到了限制时才被引入的,因而这种理论服务的目的仍然是资本收益的扩大化,是保障资本主义生产关系再生产的重要环节。通过深入分析,还可以发现这种理论存在严重的局限性,从唯物史观出发,非竞争性和非排他性的界定标准仅仅是从商品的自然属性、消费属性的表象出发,无法揭示社会共同需要在不同社会发展阶段的表现差异和发展趋势,市场失灵仅仅是社会共同需要在市场经济条件下的一种表现。满足社会共同需要的社会产品并不只是具有非竞争性和非排他性的特征,而是具有更为广泛的内涵,以非竞争性和非排他性为标准界定公共产品,必然导致公共产品涵盖范围的缩小或者界定的混乱。公共产品理论的本质决定了其实践手段的局限性,只能从市场逻辑出发,回到市场功能的发挥,真正实现的公共利益是极为有限的。因此,西方公共产品理论由于其本质、目的和手段上的局限性,无法真正有效地指导我国社会主义民生实践。

1. **本质的局限性**

西方学者对于公共产品的认识,早在市场经济早期就有萌芽,例如,大卫·休谟的"搭便车"思想,亚当·斯密的"守夜人"思想等,后来学者们根据公共产品在财政领域的实践,逐渐形成系统的理论,如奥意财政学派对公共产品理论的发展。但是纵观这些理论的立论基础,可以发现他们普遍都把资本主义私有制条件下的市场经济作为前提,认为市场经济的法则是永恒的,因此不能历史地看待公共产品所反映的客观本质。这种以唯心史观和形而上学方

第5章 社会共同需要思想指导社会主义民生实践的理论基点

法论研究公共产品的结论必然认为公共产品是弥补市场失灵的产物,因而从个人或消费占有方面界定公共产品本质,而公共产品的供给则以市场需求的变化和消费偏好特征为基础,试图把公共产品纳入市场经济的框架。

例如,萨缪尔森的公共产品定义在西方主流经济学中具有代表性,萨缪尔森强调公共产品的特征和界定标准是产品具有消费的非排他性和非竞争性,这是目前被西方学者广泛认同的观点。但是,萨缪尔森所处的社会背景是20世纪大萧条以后,凯恩斯主义国家干预政策兴起的时期,其公共产品理论的提出主要是为了论证国家干预的合理性,公共产品的存在是市场无法出清全部社会产品的原因之一,必须通过国家干预加以解决。萨缪尔森在根本上还是相信市场机制的作用,因此要为政府干预经济恢复市场均衡提供理论支撑。即便如此,萨缪尔森关于国家干预的理论还是受到了新兴的各种自由主义经济学派的极力反对,在宏观经济领域,货币学派、理性预期学派等提出了与国家干预相反的政策主张,在公共产品领域,新自由主义学者则仍然从非排他性和非竞争性入手,指出随着技术进步,非排他性和非竞争性能够部分或全部消除,因此政府干预是不必要的,甚至还会起反作用。在这种技术规定性基础发生改变的情况下,以物的自然属性或消费过程的表面特征为依据的划分方法也面临着严峻的挑战,但是西方主流经济理论目前对于公共产品的范围界定并没有发生太大的变化,因为这种挑战实际上是在扩大市场机制的影响范围,对资本主义本质并无影响,但对于公共利益能否实现却会产生重要影响,然而这些并不是资产阶级所关心的。

资本利益的满足是资本主义的本质要求,民众的公共需要和社会的公共利益只有与资产阶级的需要和资本的利益重合时,才能得到满足。因此公共利益与资本利益并不是同一坐标系中的相关变量,资本有自己的成本收益核算体系,只有公共产品带来的收益大于整个资产阶级付出的成本时,公共产品的供给才是可行的。西方国家曾经出现过的,一边是饥饿的民众,另一边是资本家把大量滞销的牛奶倒入河流的事实深刻地体现了这种原则。因此,在资本主义私有制条件下,资产阶级的局部利益和特殊社会的需要是公共产品供给的依据,西方公共产品理论也正是在此基础上把资本主义的原则伪装成社会普遍原则。实际上,对于维护国家秩序和维持社会运转的公共产品,如国防、道路、军队、法律在人类文明历史上早就存在了，公共产品这一术语产生于20世纪初叶，但公共需要和公共利益所对应的公共产品很早就在人们的视野中。因此，从历史发展的角度看，公共产品是先于公共产品理论存在的，公共产品是满足社会共同需要直接对应的产品形式，因此社会共同需要才是公共产品产生的基础。不管公共产品的供给依据和主体是社会公共契约还是君主，也不管这种公共产品是否具有非排他性和非竞争性的特征，公共产品总之是先出现了的现实，公共产品理论才对其进行的研究。因此，事实的逻辑应该颠倒过来，非竞争性与非排他性只是物品的特点，是否成为公共产品并不是由这种外在的特征决定，恰恰相反，资产阶级经济学家在进入市场经济阶段以后，为了对国家干预经济的必要性进行辩护，总结了若干现实存在的公共产品的共同特征之后，才以具有非竞争性与非排他性特点界定公共产品。[①] 这也体现了资产阶级经济学普遍的思维方式，从个别现象到一般现象，但由于不会使用唯物史观思维，永远也无法达到对事物本质的认识。公共产品是社会再生产所必需的社会产品的一部分，只是在资本主义市场经济条件下，一部分公共产品表现出了非竞争性和非排他性，这既不是公共产品的本质特征，也不是社会共同需要的全部满足，只是其中与市场经济结合较为紧密的一块。公共产品的本质特征，只能从社会共同需要出发，按照唯物史观的思维方法，才能做出科学的揭示。

2. 目的的局限性

资本主义永远以资本增殖为目的，而市场经济体系是资本增殖得以实现的关键。公共产品会导致市场失灵，而且往往有明显的外部性，因此不在市场体系范围内，资本主义国家的政府提供公共产品是为市场体系运行减少阻碍，进一步发挥市场的作用。由于缺乏满足社会共同需要的公共利益动机基础，公共产品的供给只能在形式上满足一部分公共利益，其供给量也只限于满足劳动力生产和再生产的现实需要，这种供给对于缓和阶级矛盾只是在表面上发挥了作用，究其实质还是从资本主义市场经济运行出发，不断再生产资本主义生产关系的手段，根本目的是要服务于资本积累和资本增殖的现实需要。一旦出现公

[①] 秦颖：《论公共产品的本质——兼论公共产品理论的局限性》，载于《经济学家》2006年第3期。

第5章　社会共同需要思想指导社会主义民生实践的理论基点

共利益和民生目标与资本利益的冲突，资本的利益才是需要考虑的首要原则。

资本具有不断增殖的本性，而这种增殖是建立在不断再生产出资本主义生产关系的基础上。随着生产力的发展，资本也不断寻求转变形式的资本化对象，例如西方马克思主义关注的空间资本化，成为追逐利润、榨取剩余价值的重要手段和途径。尤其是在都市社会，空间生产的规模越来越大，空间生产所获得剩余价值的比例也越来越大。"房地产越来越被视为是一种纯粹的金融资产，一种虚拟的资本形式，它的交换价值被整合到一般的资本流通当中，完全支配了使用价值。"[1] 资本主义的剥削更加广泛、更加深入，浸入日常生活的每一个角落，[2] 这是由资本本性决定的。公共产品在生产力条件尚未达到使其资本化以前，在资本主义经济中只能以公共产品的形式存在，这一点让新自由主义学者一直耿耿于怀，只要有一点可能，他们就会拼命鼓吹市场化的改革，以求实现资源配置的最大效率，进一步深化资本主义生产关系的再生产，从而达到对剩余劳动剥削的更优效率。

再从国家组织的角度看，公共产品理论是西方资本主义国家政府发挥弥补市场失灵作用的依据，但这种依据并不是从社会共同需要出发，也不认为国家有天然的公共职能，而是因为国家对于公共产品的供给更具有操作性，在多数情况下能够实现比私人部门更高的效率，资本主义的再生产成本能够有效降低。从唯物史观看待国家的公共职能，可以看到公共利益和社会共同需要是与国家紧密相关的，国家和政府从出现开始，就是基于社会共同需要对人与人之间的关系进行调节，通过公共产品的供给和分配维持社会秩序，公共支出和税赋的相互影响又进一步强化了公共职能的专业化，从而使政府向专业化公共部门的方向演化。例如为了避免共同利益受到外来侵犯，公共部门发展军队和国防；为了避免因利益分配的不均而内部分裂与斗争，教育、医疗等公共产品成为社会稳定的要素。

国家作为公共部门本身没有排他的动机，是社会集团、阶层、阶级的不同利益导致排他的动机，如果人们不想排他，社会共同需要就直接表现为满足公

---

[1] 大卫·哈维，黄煜文译：《巴黎城记》，广西师范大学出版社2010年版，第135页。
[2] 任政：《资本、空间与正义批判——大卫·哈维的空间正义思想研究》，载于《马克思主义研究》2014年6期。

|通往共享之路
——马克思社会共同需要思想的当代阐释及运用

共利益的公共产品。但西方公共产品理论有意排他,从而实现资本利益,因此把排他性写进公共产品的特征标准。从竞争性分析,公共产品所具有的非竞争性存在较大的空间,公共产品可以创造出来,例如边际消费收益递增和边际生产成本递减都能实现竞争性的逐渐减弱。有时正是因为政府公共部门实现了这种规模上的非竞争性,某些产品才成为公共产品。西方公共产品理论划分私人产品与公共产品的区别、界定公共产品属性的本质目的是为资本增殖与再生产扫清道路。公共产品的本质属性并不必然是非竞争性与非排他性。[1]

3. 手段的局限性

西方公共产品理论试图从资本主义市场经济的框架内解决公共产品供给的问题,但由于西方公共产品理论的出发点和立足点是从资本主义出发,其提出的运行机制及供给手段更多的是围绕市场机制开展的,因此对公共产品有效供给的讨论更多的停留在表面层次的现象表述上,在这一框架下,解决公共产品问题的手段具有很大的局限性。

首先,西方公共产品理论自身还无法达成自治的体系,关于理论与政策指向还有较大的不确定性。从供求关系和消费需求偏好出发解决公共产品的供给,仍然是沿用西方经济理论的一般分析方法,但是这种分析方法难以解决消费偏好的真实性,林达尔的自愿交换理论认为真实偏好能够得到准确显示,从而市场需求信息是准确的,但萨缪尔森则认为"搭便车"行为在公共产品消费领域广泛存在,真实偏好很难准确显示,因此"分散的价格体系不能确定集体消费的最优水平",公共产品的供给难以准确实现。市场本身在公共产品领域是失灵的,试图用市场手段解决公共产品供给问题必然存在较多困难。这也是西方公共产品理论以市场为出发点和落脚点带来的视野狭隘性,由于不能用更开放的视角考虑问题,供给模式也必然受到局限。[2]

即便如此,大多数西方资产阶级经济学者依然排斥政府的介入和干预,坚持用市场力量解决公共产品的供给。大多数西方学者忽视政府作为公共产品供

---

[1] 秦颖:《论公共产品的本质——兼论公共产品理论的局限性》,载于《经济学家》2006 年第 3 期。

[2] 胡钧、贾凯君:《马克思公共产品理论与西方公共产品理论比较研究》,载于《教学与研究》2008 年第 2 期。

第5章 社会共同需要思想指导社会主义民生实践的理论基点

给重要手段的作用,认为公共产品只是市场的补充,政府作用手段和时间都应当按市场的要求决定。20世纪80年代以来新自由主义经济学开始兴起,这种思路得到了西方学者广泛的认同,有学者甚至提出以更市场化的手段来弥补市场失灵、用市场取代政府的主张。这种理论的出发点源自于对市场效率的追求,而把公平正义放在次要位置,按照这种市场替代政府的逻辑,特别是当有些公共产品伴随科技发展能够实现排他性而出现去公共化的发展趋势时,政府就无需提供这些公共产品了,而无论这种公共产品的供给是否关乎于公平正义,是否为广大民众所共同需要。西方公共产品理论这种单一市场替代逻辑的供给手段,显然无法实现社会发展的多重目标,难以从根本上解决公共产品供给问题。

其次,西方公共产品理论为政府干预经济提供了理论依据,同时也从资本主义市场规定性的角度限制了政府职能的范围。一方面,市场具有无法克服的缺陷,因此需要政府弥补市场失灵,公共产品是市场失灵的重要领域;另一方面,资本主义市场又限制了政府发挥作用的范围和程度。因为资本主义市场经济是资本主义生产方式实现循环和扩大再生产的最主要环节,也是资本主义实现剥削、扩大积累、再生产资本主义生产关系的重要阵地,是资产阶级从内心深处要求强烈捍卫的生命之泉,由政府接管公共产品的供给是无奈的妥协,也是精心计算的结果。由于在当前的生产力水平条件下,在公共产品的供给方面,政府相比市场更有效率,成本更低而效果更好,如果交由市场或私人企业去处理,可能带来更多的不确定性和更高的成本。但是,即使如此,政府的作用也是被严格限制的,一旦政府超过最基本的公共产品范畴向社会提供额外的公共产品或服务,资产阶级经济学家就会站出来大加批评政府职能的越界。因为西方公共产品理论提供了计算方法,以"均衡"的模式为政府行为划界,因而政府的行为也只能在资本主义市场经济的框架内,作用模式和手段受到了严重的限制。

事实上,从唯物史观来看,政府的产生并非出于弥补市场缺陷的目的,政府是先于市场出现并发挥作用的。人们之所以需要政府是由于政府能够满足社会共同需要,因此政府从来都带有一定的公共性。公共产品供给目的是实现国家职能、政治统治和社会稳定发展的,"政治统治到处都是以执行某种社会职能为基础,而且政治统治只有在它执行了它的这种社会职能时才能持续下去"。① 资产阶级政府作为阶级统治的工具,执行统治职能的同时,其公共性仍然需要通过公共产品的提供得以体现,但是这种公共性的实现在资本主义市场经济条件下是受到限制的,是依附并从属于市场、资本的,因而西方公共产品理论在社会职能上的手段具有严重的局限性。

总之,尽管资本主义已经历了漫长的发展时期,以私有制为基础的资本主义社会的剥削本质及其基本矛盾并没有变化,由此所衍生的适用于资本主义社会的西方公共产品理论遵循的资本逻辑和市场逻辑也未发生根本改变。

5.2 社会共同需要思想指导我国社会主义民生实践的理论基点

既然西方公共产品理论存在本质、目的和手段的众多局限性,作为我国社会主义民生建设的理论指导依据显然是不恰当的、不科学的。通过前面对马克思主义社会共同需要思想的梳理,可以看到无论是哪种社会形态,人们对利益的需要都是推动社会发展的根本动力,而社会共同需要的满足是实现利益的重要保障,因此在任何时代都对维持社会存在与发展起着重要作用。公共产品则是满足部分社会共同需要的体现,西方公共产品理论不是从社会共同需要出发,而是从公共产品表现出的自然属性和消费特征出发,不仅不能真正揭示公共产品的本质,也无法提供科学的政策指导。对于社会主义民生问题,接受西方主流经济学理念和方法的学者大多主张以公共产品理论为理论依据,但实际上这种理论作为资本主义市场经济的必要补充还基本可行,但指导社会主义市场经济民生建设则远远不够。马克思主义的社会共同需要思想,是超越西方公共产品理论的系统、科学的思想,应当不断充实完善,作为指导我国社会主义民生实践的理论基点。相比西方公共产品理论,社会共同需要思想具有更为深刻的社会发展内涵,为民生建设的长期开展奠定了坚实的理论基础并指明了方向。具体体现在马克思主义的社会共同需要思想具有社会属性的决定性、公共利益的共享性、供给边界选择的动态性和方法论的客观科学性。

---

① 《马克思恩格斯文集》第 9 卷,人民出版社 2009 年版,第 187 页。

5.2.1 社会属性的决定性

西方资产阶级经济学界对于公共产品的研究并不统一，自瑞典经济学家林达尔1919年最先提出公共产品的概念以来，对于公共产品的内涵和外延，西方学者虽然做出了大量努力，形成了一定程度地共识，但研究分歧仍然存在，而且歧见越来越多，分歧越来越大。究其原因主要是西方主流经济学对于公共产品的理解只是表面化的认识，由于阶级属性和方法论的局限，他们不可能从根源上认识公共产品实际上是满足社会共同需要的表现形式之一。

如果我们用马克思主义的观点历史地看待公共产品，就会发现，实际上西方公共产品理论界定的所谓公共产品并非在资本主义市场经济条件下才出现的，在任何社会形态下，都会要求专门拿出来社会产品的一部分，满足某一特定历史条件下，一定范围内的社会共同需要。这种产品分割关系到社会存在和发展，这种社会共同需要得到满足时往往会带来利益共享，最终维护和促进社会经济制度的发展与完善。由于这种产品与社会生产的组织有关，因此是社会范畴，而并非西方公共产品理论绞尽脑汁去探索的消费属性与自然属性所能够涵盖的。正是因为这种需要的共同性与利益共享性，才会在现实中使公共产品外在的表现出消费的共同性与受益的非排他性，而这两个特性又是受到历史条件和社会经济制度制约的，这种制约不仅体现在公共产品的内容、结构和种类上，还体现在公共产品与私人产品的转换上。认识公共产品，必须看到其是自然属性与社会属性的统一、共性与个性的统一，既不能离开共性也不能脱离特定的历史条件。可以看出，公共产品应当包含更广泛的内容，除了作为产品和服务满足社会共同需要，推进利益共享，还应当包括维护和促进社会共同利益的社会经济制度自身的发展和完善。从这个意义上讲，公共产品更多体现为一种制度安排与设计，社会属性对公共产品界定起着决定性作用。因此满足社会共同需要的公共产品是一个社会生产关系的范畴，体现了一个社会发展的根本要求。

马克思主义认为，人的本质是社会关系的总和。因此，人的需要本质上是社会化的需要，与动物的本能需要有着本质的区别。人的需要与利益追求有着密切的关系，在阶级社会中表现为不公平的利益分配格局下，统治阶级对被统治阶级需要的压制和对公共利益需要的扭曲。社会化生产发展到一定阶段，分散的生产活动必然出现交叉与链接，并进一步整合形成更大规模的社会生产协作系统。在此基础上，构成社会生产协作条件的基础设施、基本服务和社会规范与文化等，具有了社会共需、共享的属性。社会共同需要就是在这种条件下逐步发展演化并扩展其内涵的。因此，社会共同需要本质上是社会化生产的内在要求。

社会共同需要具有社会发展的规定性，在特定的社会发展阶段受到生产力和生产关系的双重制约，不仅体现了生产力发展对生产关系的要求，还充分地发挥着社会生产关系的调节作用。可以说，不断及时满足社会共同需要一方面是调节生产力与生产关系矛盾的重要手段，另一方面也是缓解社会矛盾的重要途径。西方经济学所指的公共产品的本质就是马克思所说的社会共同利益需要的一种表现形式，只不过这种需要是借助一定的社会产品来满足的。如果仅仅局限于社会产品在消费过程中体现的特性来理解社会共同需要的满足，就是从物的表象出发，从产品的使用价值在消费过程中体现出的特性来理解公共产品的特征，显然是无法解释蕴含在公共产品物的特征背后抽象的社会关系实质的。西方公共产品理论是局限于分配环节来解决问题，在马克思看来，尽管社会共同需要是一种社会集中化分配，但是分配是以生产为根本的，以生产资料所有制为基础的，因此，解决社会主义民生问题必须要从社会主义生产目的出发，以坚持生产资料的公有制为主体。根据马克思的思想，满足社会共同需要的社会产品，不能仅从社会产品具有的自然消费属性来看并依照非竞争性、非排他性带来的市场失灵选择供给主体，而是要从这些社会产品的社会属性出发去认识。具体到社会主义中，就是要从社会主义基本制度的内在要求和社会主义生产目的出发，从社会属性的角度认识社会共同需要，促使其起到维护社会主义社会存在和发展、维系社会主义生产关系的作用。

5.2.2 公共利益的共享性

社会共同需要强调利益的共享，从人的角度而不是从物的角度看待共同需要的满足。马克思曾经描述未来社会主义或共产主义社会，人们实际上要形成经济共同体，也是自由人联合体，即全体社会成员将自由地结合成为一个社会

第5章 社会共同需要思想指导社会主义民生实践的理论基点

性的共同体。这种共同体的显著特征是生产资料的所有制不再是剥削阶级占有，而是社会成员联合占有生产资料，以全体的共同财产的形式进行社会生产，劳动过程是全体社会成员参与民主管理的联合劳动，劳动产品是由社会占有的共同产品。因此，共享的利益观是马克思主义社会共同需要思想的核心内容之一。生产资料的共同占有既是全社会成员共同利益的基础又是共同利益的内容之一，生产过程的共同参与和民主管理是实现全社会成员共同利益的条件与保证，社会产品的集中分配和共同使用是全社会成员共同利益的实现。[1]

共同利益的实现就是共享，共同利益是个人利益与整体利益的统一，既不是牺牲个人利益去实现整体利益，也不是抛开整体利益，只从个人利益出发，认为追求个人利益最大化就能实现每个社会成员利益的最大化，这两种情况都不是共同利益的实现，也不能实现人的全面自由发展。共享是要实现消灭"牺牲一些人的利益来满足另一些人的需要的状况"，构建与经济发展水平相适应的社会保障安全体系，使全体社会成员共享发展成果，使所有人共同享受大家创造出的福利，使社会全体成员的才能得到全面的发展。共享符合人类社会发展的要求，生产力发展到一定水平，社会化生产要求的共享协作成为生产关系的主导，共享也成为社会人的一种公共权力。联合国的《发展权利宣言》指出：发展权是每个人不可剥夺的人权。每个人及各国人民均有权参与、促进并享受经济、社会、文化和政治的发展。在这种发展中所有人权和基本自由都能获得充分实现。[2] 因此，共享的本质，是实现经济社会发展的公平与正义。

共享的内容是非常广泛的，涵盖以满足人的共同需要为目的的社会生活的多个方面，这些需要的满足带来的共享与社会成员的生存权与发展权的实现密切相关，体现着人作为社会成员平等生存、平等发展的权利，只有这样才能切实保障全体社会成员的政治、经济、文化和社会权益，实现公共利益的共享。首先，享有生存权是共享最为基本的内容，是一切社会不断运转的前提，是人类社会共有的特征。其次，发展权共享是社会进步的基础。发展权共享就是要使全体社会成员能够充分获得自身发展的机会，享有社会发展的成果，不断实

---

[1] 洪远朋、于金富、叶正茂：《共享利益观：现代社会主义经济学的核心》，载于《经济经纬》2002年第6期。

[2] 汪习根：《论发展权的本质》，载于《社会科学战线》1998年第2期。

通往共享之路
——马克思社会共同需要思想的当代阐释及运用

现自由的发展。但是并不是所有的社会都能够真正实现发展权的共享,相较于剥削阶级社会,只有在为全体社会成员谋求利益共享的社会主义社会,发展权共享才有实现的可能,只有在自由人联合体中发展权共享才能得以真正的实现,对此,马克思恩格斯曾明确指出这是因为"只有在共同体中,个人才能获得全面发展其才能的手段,也就是说,只有在共同中才可能有个人自由"①。当然,在现实生活中生存权与发展权的实现,有赖于满足社会共同需要的社会产品的充分供给,这些社会产品不仅包括各种生产、生活基础设施,各种社会保障如住房、医疗、教育等,还包括科学、文化等精神产品与公共政策等制度产品。无疑,在不同的社会中,这些社会产品共享的种类和范围各有不同,然而无论在哪种社会中如果这些社会产品不能实现共享,实际上就是限制了全体社会成员公共利益的实现,不仅社会共同需要得不到满足,社会的公平发展也必然会受到限制。此外,还要看到共享本质上是生产关系的一个环节,而不仅仅是一个分配的结果,只有人人参与其中并且在参与中不断发展自己,才能促进社会的发展,进而实现个人与社会的共同发展。②

实现公共利益的共享,需要从社会共同需要的角度认识公共利益的共享,遵循以下原则:一是普及性原则。公共利益的实现是为了满足社会共同需要,社会共同需要的社会属性决定了共享是社会发展的必要条件。因此,共享本身就是个人与社会统一的表现,要求个人能够分享其他人表现出来的天赋才能的总和,社会也从个人的发展中得到发展和完善。二是全面性原则。共享的内容是全面的,共享的目的是为了实现人的全面发展,人在本质上是社会关系的总和,人的发展的全面性,表现在人的社会关系得到系统全面的平衡,从而推动社会全面发展。三是发展性原则。共享的领域、范围和层次水平不是一成不变的,要与经济社会发展水平相适应。四是多样性原则。共享手段多样,但又是一个系统整体。从共享的起点看,应当通过法律和制度保障发展起点、发展机会向所有社会成员开放;从分配的角度看,应当通过初次、二次和三次分配调节收入差距;从社会管理方面看,应当立足公平公正的原则,向公众提供更多

---

① 《马克思恩格斯文集》第 1 卷,人民出版社 2009 年版,第 571 页。
② 汪荣有:《论共享》,载于《马克思主义研究》2006 年第 10 期。

第5章 社会共同需要思想指导社会主义民生实践的理论基点

公共产品和公共服务。[1]

当然,强调公共利益的共享,也必须看到公共利益与个人利益之间因固定分工所引起的利益冲突和矛盾。在剥削阶级社会中,以生产资料私有制为基础的社会分工导致了阶级的形成与分化,各阶级的利益不可能一致,而是还存在矛盾和冲突,在这种情况下,统治阶级的个人利益往往会被伪装成为社会的公共利益。特别是在私有制条件下,由于阶级矛盾与剥削的存在,导致公共利益与个人利益很难调和,而阶级社会中的国家本质上是阶级统治的工具,虽然表面上以共同体的形式存在,但却主要代表和维护的是统治阶级的利益,实际上是虚幻的共同体,虚幻的共同体强调的是表面上的共同利益,似乎使这种共同利益呈现出完全的共享性,然而这种共享实质上是一种虚幻的共享,是剥削阶级社会普遍存在的特征之一。可以说,统治阶级利用其在生产资料所有制方面的优势地位,以保护自己和本阶级利益不受其他阶级侵犯为目的,把保护自身利益的国家包装成保护全体公民利益的虚幻共同体的形式。[2] 虽说资本主义社会相较于之前的封建社会有了长足的发展,但是其仍是剥削阶级社会,这些社会的国家仍然是虚幻的利益共同体,真正的利益共享不可能在资本主义国家实现。当然,资本主义经济运行也需要完成生产、交换、消费、分配的经济循环,经济发展所必须的共享环节对于社会生产必不可少,但是资本主义社会发展的出发点和落脚点都是以实现资本权益为核心的,人和社会的发展与进步并不是资本所追求的最终目标,无法真正实现人的全面自由发展所要求的共享,对于普通民众来说,资本统治所实现的共享只能是虚幻的利益共享,而且这种虚幻的共同体实现的利益共享的范围和种类是十分有限的,从长期发展的角度来看,根本无法满足社会进一步发展的要求,因此资本主义的危机是不可避免的,危机因素的积累也会不断加深。不难看出,在私有制条件下,虚幻的利益共享会在相当程度的范围内长期存在。要想改变这种局面,必须要看到只有改变了所有制的基础,国家的共同体性质才能够发生根本改变。而社会主义的根本特征就是以公有制为基础,只有这样才能保证社会主义国家作为真正利益共

---

[1] 汪荣有:《论共享》,载于《马克思主义研究》2006年第10期。
[2] 陈明富:《"虚幻共同体"批判视野下马克思资本主义国家观》,载于《南昌大学学报》(人文社会科学版)2015年第1期。

157

同体的性质,使个人利益和共同利益之间的矛盾和冲突得到完全化解,社会危机的危险才有可能真正消除。①

5.2.3 供给边界选择的动态性

社会需要与经济发展存在双向互动关系,因此满足社会共同需要的供给也存在选择边界的动态性。

第一,社会生产与社会需要的协调发展对供给有着重要的影响。社会生产的发展一方面随着需要的发展而发展,另一方面又推动着新的需要的不断产生,这表现为人的需要促使人不断探寻发展满足需要的手段以获取满足之物,从而促进生产力的发展和经济社会的进步,在生产力发展和社会进步中人的需要不断得到满足,并与经济水平相适应。同时,生产力的发展和经济发展水平的提高,又不断催生更高层次需要的产生,生活水平的高级化导致需求层次的升级,新的需要又将促进生产力的进一步发展和经济水平的进一步提升,人的生活水平得以进一步的改善,从而形成更高层次的需要,正是由于生产力水平、经济发展与人的需要之间如此的相互作用关系,才使得人类社会不断地向前发展。在这种关系中,不难看出生产力水平是保证各种合理需要得到最大程度满足的关键条件,这也是西方公共产品理论提出有关概念界定的主要依据,即非竞争性和非排他性的提出正是基于物的自然属性和生产力、技术水平决定的产品消费特性。但是这种仅从生产力与需要之间关系出发界定的公共产品概念,却忽视了社会生产中生产关系对公共产品本质及供给产生的影响,这就导致有些西方学者只能从表象上来认识对公共产品,无法解释公共产品体现出的社会关系本质,可以说这种从公共产品表象出发的认识体现出的是技术演化与生产力发展对公共产品边界界定的直接影响。

社会生产只有与社会需要协调发展,社会发展和进步才可能持续。人类社会生产是与人类社会是需要相适应的,社会产品的分配及资源配置的有效实现都是以人类需要的规模及种类为基础并保持基本的动态平衡,如果这一平衡被

---

① 蒋维兵:《个人利益与共同利益之间关系的历史唯物主义阐释》,载于《宁夏党校学报》2015年第4期。

第5章 社会共同需要思想指导社会主义民生实践的理论基点

打破，社会难免会出现危机和动荡。如在私有制社会，由于剥削阶级从自身需要出发推动社会生产，不可避免的会导致社会生产目的与人的消费目的相脱节而偏离民众的社会共同需要，即使社会产品足够丰富，整个社会生产也会出现某些方面的过剩而某些方面又相对不足的现象，这是经济危机或社会危机产生的根源。因此，必须从社会生产与社会需要的协调发展出发对满足社会共同需要的社会产品进行有效供给。当人的共同需要不能得到满足时，社会生产与社会需要相互促进的关系就会受到损害；反之，当共同需要得到充分的满足，生产力与生产关系也会变得相互适应起来，从而促进经济发展。正如恩格斯指出的，"经济上的需要曾经是，而且越来越是对自然界的认识不断进步的主要动力"①。由于人类生存和发展的需要是无止境的，因而满足需要的生产活动范围必然不断扩大，社会共同需要的边界也会受到来自生产力水平的关键性影响，对此马克思曾用供水举例，指出在西方，曾使私人企业家结成自愿的联合；但在东方，由于文明程度太低，幅员太大，不能产生自愿的联合，所以就迫切需要中央集权的政府来干预。② 这不仅表明了社会共同需要的层次发展，也说明满足社会共同需要、实现社会公共利益存在着多种形式，其中生产力水平是重要的影响因素。

第二，从满足社会共同需要的主体来看，市场和政府的角色不是二元对立而是协调互补，在供给的边界划分上，没有绝对的准则，而要根据社会发展的需要与经济发展水平、生产力条件、文化传统、制度约束、技术约束等因素不断调整。

一方面，从科学技术的演进与社会共同需要满足的方面看，科学技术影响着社会共同需要满足的可实现边界，对满足社会共同需要的供给主体产生重要影响。西方公共产品理论在这方面曾做了一些研究，认为私人物品与公共产品之间的划分边界处于一个不断动态变化的过程，而决定这一边界的是非竞争性和非排他性的技术条件能否得到实现。例如，从排他性技术来看，如果某种公共产品的排他性技术提高可以有效阻止"搭便车"行为的发生，其供给主体或

---

① 《马克思恩格斯文集》第 10 卷，人民出版社 2009 年版，第 599 页。
② 《马克思恩格斯文集》第 2 卷，人民出版社 2009 年版，第 679 页。

159

者供给模式就不仅仅局限于单一的政府,甚至可以由政府提供转化为私人或者市场提供。如伴随电视信号加密技术的出现,使得排他性付费节目的交易成为可能,电视节目的私人运营就成为了供给的现实安排。当然,还有一些公共产品在最初出现时是私人生产的物品,当生产技术条件改变时,它才逐渐演化成公共产品。例如,从社会发展的角度来看,国防并非天生就是国家的职能,最早的安全防卫都是由个人或家庭或氏族各自维持的,"只有当战争已逐渐发展成为一门错综复杂的科学"时,以及国防的生产技术不断进步和提高,国防才完全由政府提供。此外,随着现代化复杂自动灭火系统的出现使一些消防公共服务的生产逐渐"私人化",而新的演播技术使得世界上的娱乐变得更为"公共化",这些都说明技术会对公共产品供给的动态化趋势产生实质性的影响。①

另一方面,从经济发展阶段与社会共同需要满足的方面看,经济发展阶段的不同会使满足社会共同需要的供给规模和范围呈现出动态变化。如西方经济学中提出的"瓦格纳法则"反映出这一规律性的变化,即随着经济的发展和人均收入水平的提高,政府对各种公共产品的支出也会相应的增长,并将超过人均收入的增长,导致政府支出膨胀。瓦格纳法则说明,在经济发展的不同阶段上,公共产品供给规模和范围是动态变化的。从横向比较来看,经济发展水平越高的国家,公共产品供给的种类更丰富,规模也相对更大些。

与此同时,伴随经济发展社会共同需要的内容和结构发生的变化,也会促使满足社会共同需要的供给主体与供给模式呈现出动态化调整趋势。如西方经济学中的"恩格尔定律"就曾描述了伴随收入水平的提高,社会消费需求弹性的变化和消费需求的多样性促使满足需要的社会产品供给发生调整的现象,即收入提高促使人们在吃、穿、住等方面的支出比重不断下降,而在追求生活质量、居住环境、文化教育、精神享受方面的支出比重不断上升。人们消费需求结构上的变化必将引发对最终产品以及中间产品供给结构的变化,使公共产品的供给比重不断提高。根据需求前后及程度的不同,可将公共产品动态地划分

---

① 郭晓君、王璐媛:《论动态性公共物品供给中政府职能的分离》,载于《河北企业》2008年第6期。

第5章 社会共同需要思想指导社会主义民生实践的理论基点

为"必需型"公共产品与"发展型"公共产品。过去不属于生活必需品的某些公共产品,如医疗保健、文化设施、社会保险等逐渐变成人们必需的公共产品,其需求弹性也由大变小,其公共性程度将降低;而环境保护、城市绿化、教育等是"发展型"的公共产品,随着人们消费需求水平不断提高,由发展型公共产品向必需型公共产品转变。社会公共需求的多样化和复杂化决定了公共产品供给的政府单一模式无法满足社会共同需要,因而在公共产品供给主体和供给模式上呈现多样化和动态化趋势。[①] 在这种需要的多样化、复杂化以及动态化的视角下,不难看出满足社会共同需要的社会产品的供给主体和供给模式也应当作出相应的动态调整和变革,这种调整包括两个方面:一是供给主体的可替代性带来的供给主体选择;二是产品特性变化带来的供给模式选择。无论哪种情况,都说明社会共同需要存在动态边界,而满足社会共同需要的供给主体和供给模式必须充分考虑到并适应这种变化。

在这种动态供给边界的视角下,从供给效率的角度来看,政府和市场都可能成为特定阶段满足社会共同需要的供给主体及实现合作供给。但是从公平的角度来衡量,满足社会共同需要的供给主体应该以政府为主而不能仅仅依靠市场,市场更多的应是在政府主导下更好地发挥供给的作用。在以追求效率为目标的市场经济条件下,即使满足社会共同需要的供给也要遵循这一效率原则,但是如果这种供给使社会共同需要获得满足时的公平原则受到明显的损害,则必须坚持以政府为主导的供给。虽然在实践中,政府与市场并不存在绝对供给责任界限的划分,尤其是当两者能够实现协调互补而合作供给时,但是政府对于满足社会共同需要的供给责任是根本性的,允许市场供给绝不意味着放弃自身满足社会共同需要的责任,尤其是在市场供给出现问题并损害公平时,政府更不能推卸职责。对此,西方公共产品理论也曾针对市场经济有过类似的论述,如在市场中,由于公共产品的消费者一般是分散的,难以组织强有力的集体行动同公共产品的私人供给者讨价还价,生产者与消费者之间的信息不对称现象时有发生。这种情况下,政府有必要为消费者提供消费补贴及信息协助等支持。另外,还应当充分调动社会组织的力量。随着社会力量的壮大,社会自

---

① 楚永生、张宪昌:《公共物品供给的动态化视角研究》,载于《现代经济探讨》2005年第3期。

治组织的参与能力突显。如何把新兴的社会力量纳入治理体系中,在更大范围内实现合作,是公共管理者面临的较为紧迫的任务。实际上,随着公共治理主体多元化的形成,多中心治理模式已经成为各国供给公共产品的重要途径。①

社会共同需要对应于公共利益的满足,应当以公共利益最大化为原则,因此并不是所有类型的公共产品供给都能够在政府、社会、市场之间相互替代。在把握社会共同需要动态性时,应当在社会主义本质的要求下,坚持公共利益原则。任何社会形态,无论生产力水平和技术发展程度如何,无论是社会发展的低级形态还是高级形态,只要存在社会分工和社会化生产,公共利益都是必然存在的。但是公共利益在阶级社会带有明显的阶级特征。虽然西方经济学家们很早就认识到存在不同于个人利益的公共利益,但是,早期的西方经济学家们本能地宣称个人利益和公共利益是同一的,或者是和谐一致的。只有这样,他们才能把资产阶级自己的利益说成是普遍的利益。这表明,公共利益其实也具有很鲜明的阶级性,往往只代表个别集团的利益。② 从马克思主义出发的社会共同需要代表广泛的公共利益,但以西方公共产品理论为依据的资产阶级经济理论则往往在话语体系上误导公共利益的范畴,把特殊利益虚幻成社会公共利益,这是资本主义社会追求资本利益的必然结果。在社会主义公有制条件下,社会公共利益原则上与个人利益是一致的,但在社会主义市场经济条件下,利益主体不可避免地出现多元化,从而带来市场力量的分化,公共利益也会表现出不一致性。在这种情况下,坚持从社会主义本质出发的公共利益就成为界定社会共同需要边界的基本原则,否则,虚假的公共利益和虚幻的共同体就会歪曲社会共同需要的本质。

市场与政府的合作供给也是满足社会共同需要的重要途径,对此应当遵循政府、市场充分发挥优势,合作互补的供给动态观。市场可以通过经济主体对个人利益的追求实现资源的有效配置,但市场无法解决分配公平、消除外部性等问题。针对这些问题,政府有责任对其他主体参与公共经济活动进行必要的规制,以切实保护社会公共利益。但是政府作为供给主体也存在一定的问题,

---

① 朱儒顺:《关于公共产品供给方式变革的思考》,载于《内蒙古财经学院学报》2005年第6期。
② 余斌:《公共经济学中的公共利益与公共经济活动》,载于《黑龙江社会科学》2016年第1期。

第5章 社会共同需要思想指导社会主义民生实践的理论基点

如西方公共产品理论中提出的"俘获理论"说明资产阶级政府实际上是不能充分实现公共利益的。只有社会主义国家才有可能依靠人民群众来实现政府治理结构的改革，使国家的职能符合于普遍性、全国性目的的职能。习近平指出："办好中国的事情，既要靠党和政府，也要靠13亿人民。"[①] 他在谈到为民办实事时还曾指出，"要调动广大群积极性和创造性，发挥广大群众的作用，使广大群众真正成为选择的主体、利益的主体，有的事还要成为行动的主体和投入的主体。在市场经济条件下，一些事可以不是由政府直接来办，要从扩大就业、应对老龄化、调整经济结构和转变增长方式的角度，大力发展生活型服务业，办好为群众服务的组织或企业，为更多的群众提供更好的服务。通过鼓励和扶持发展社会组织为群众解忧，实质上也是为党委、政府分忧。同时，要积极鼓励引导社会资金投入社会公益事业，参与实事项目建设，形成人人参与办事、人人得到实惠的良好局面"。[②]

5.2.4 方法论的客观科学性

从马克思主义基本理论范畴出发的社会共同需要思想，一方面，坚持了唯物史观，从社会发展角度对公共利益做出了科学阐释；另一方面，在实践层面具有开放型和包容性，克服了西方公共产品理论的狭隘本质，对公共利益共享的实现和社会共同需要的满足提供了科学的解决途径，因此，马克思主义社会共同需要思想作为超越西方公共产品理论的科学体系，应当成为指导我国民生建设的理论基础。

在马克思主义经济学的研究中，实证研究、规范研究和政策研究通常是一个严格而完整的体系，经济学之所以是一门科学，就在于经济现象间存在不以人们意志为转移的规律性，对这种规律性的把握必须从活生生的社会经济现实出发，并从不断发展变化的社会实践中发现、把握和利用这种规律性；因此，规律性、现实性和实践性构成了马克思对经济学科学性的基本看法。[③]

---

① 《为了13亿人的中国梦》，人民日报海外版，2013年3月18日。
② 习近平：《之江新语》，浙江人民出版社2007年版，第246页。
③ 卫兴华、张建君：《论马克思主义经济学方法论的整体性和层次性》，载于《理论学刊》2008年第1期。

通往共享之路
——马克思社会共同需要思想的当代阐释及运用

在与西方公共产品理论的比较中可以看到，社会共同需要思想是在坚持唯物史观的基础上，从社会发展基本矛盾出发，透过现象把握本质，通过一般与个别、共性与个性的对立统一而得到的科学认识，这与西方公共产品理论的表面化、静止孤立看待经济问题的方法有着本质的区别。马克思的社会共同需要思想是在历史唯物主义的基础上，对社会生产和社会再生产作出的科学论断。马克思的研究表明，无论是在社会的哪个发展阶段，社会共同需要都是社会再生产的重要组成部分。按照生产力决定生产关系的基本原理，任何社会的再生产，都必须在生产积累的基础上进行，原始社会的社会共同需要，由于当时的生产力水平较低，相对较为简单，此时，个人需要和社会需要之间的矛盾并不突出。当生产力水平发展到较高的阶段，社会也分裂成不同的分工集团，从而产生了阶级，个人需要与社会需要的对立也凸显出来。在任何剥削社会中，统治阶级往往会把个人的特殊需要伪装成社会共同需要。而资产阶级的经济学是在以资本主义经济制度永恒为前提的基础发展起来的，自然不可能认识到社会发展与社会共同需要之间的辩证关系。与此同时，西方公共产品理论是在市场配置资源出现公共利益困境的基础上发展起来的。因此，西方公共产品理论把具有公共利益的产品在市场上消费的特征作为判别公共产品的标准。实际上，他们不知道，即使在没有市场发展的情况下，社会共同需要满足所体现的公共利益也是存在的。只有从唯物史观出发，把个人利益与公共利益的矛盾作为出发点，才能真正理解社会共同需要的内涵与要求，从而寻求真正的共享途径。此外，西方公共产品的定义，往往是根据其是否具有排他性和竞争性来判断的。然而，对于同一类型的物品，他们是否属于公共产品具有较大的争议性。这是因为，一方面，不同的用途决定着他们不同的性质——以生产的钢铁为例，当这些钢铁用于国防需要时，他们便不具有排他性，而当它们用于建造房屋等经济物品时，他们便具有了排他性的特点；另一方面，即使相同的用途，也可能因为不同的试用阶段而产生各种具体的分类变化——以大桥为例，正常行车的大桥并不具有竞争性也不具有排他性，因而可以归纳为西方的公共产品类，但是拥堵以后，对于车辆来说，先上桥和后上桥有重大的区别，便利程度也不相同，因而便具有了竞争性，被划归为私人经济产品一类。这种情形说明，一方面，西方公共产品理论将一类事物笼统归结为公共产品或私人物品的

第5章 社会共同需要思想指导社会主义民生实践的理论基点

做法显然违背了马克思主义具体问题具体分析的要求；另一方面，对于同一类事物的不同划分忽略了相同事物不同状态背后的本质联系，即他们的本质属性——共同需要属性。

再者，西方公共产品理论是片面地、静止地、孤立地看待公共利益问题，他们只能把公共产品放在资本主义市场经济的逻辑框架中，以市场效率作为终极标准，而是否真正实现了社会公共利益的要求并不是其理论的核心目的。社会共同需要思想以"人的全面自由发展"为目标，不但强调公共利益的实现，而且关注社会与人的共同发展。从整体和供给的角度来看，西方经济学强行将公共产品与市场切割开来，认为公共产品属于市场失灵的一部分，需要市场以外的力量参与调控和解决。而另一部分以科斯为代表的制度经济学家则认为这种公共产品的市场失灵可以通过明晰产权来解决，通过划分产权使物对人产生直接的经济利益关系而解决。而马克思主义认为，公共产品通俗来讲是被公众共同需要所以被供给的产品，根据中国社会科学院余斌研究员的定义，公共产品是以人的活动为中介的没有交换价值或不是价值的使用价值。[①] 相比而言，西方公共产品的定义显然有其局限性——它是从私人的角度，从消费的角度去审视和定义公共产品。马克思主义则从大众的角度，从商品的两大属性出发解读公共产品背后的社会共同需要。事实上公共产品存在的目的是为了满足人们生存和发展的共同需要，在供给上可以采用政府提供、市场供给、政府与市场合作供给等多种方式，提供给最广大的人民群众或少数有特殊需要的弱势群体。这些公共产品生产出来的目的并非用于追求交换价值。

从中国的经济现实和国情出发，进行中国特色社会主义市场经济建设，要善于把经济学的普遍真理和中国国情与经济的特殊性结合起来，深入研究中国的经济问题。经济学研究所揭示的社会经济运动的侧重点不可能完全相同，但其反映和揭示的现代社会经济运动规律应该是我们能够共通和予以利用的地方。社会主义市场经济不但有着与西方在现实基础上的差别，而且在意识形态、价值观念等方面也有着重大的差异，这就要求我国的经济学理论和实践都

[①] 余斌：《西方公共产品理论的局限与公共产品的定义》，载于《河北经贸大学学报》2014年第6期。

通往共享之路
——马克思社会共同需要思想的当代阐释及运用

只能走中国特色社会主义的道路。① 相比之下，由于西方公共产品理论具有较大的局限性和不科学性，虽然经过了多年的发展，并没有实质性的进步和改变，对于当前我国解决民生问题并没有太大的助益。社会共同需要思想超越了这种局限性，提供了科学的认识方法和理论基点，因此对于当前我国民生建设问题，就必须建立以马克思主义为指导的，结合中国改革开放以来发展实践的、超越西方公共产品理论的社会共需品理论，以解决社会主义市场经济条件下由各类共同需要产生的民生问题。

---

① 卫兴华、张建君：《论马克思主义经济学方法论的整体性和层次性》，载于《理论学刊》2008年第1期。

第6章 从社会共同需要思想到社会共需品理论：对西方公共产品理论的批判性超越

相比西方公共产品理论的狭隘理解和手段局限，马克思主义社会共同需要的全面科学阐释将为民生建设和共享发展开辟道路。社会主义的本质目标是实现共同富裕，中国特色社会主义政治经济学应当通过引导共享发展最终实现这一目标。共同富裕的一个重要表现就是公共利益的充分实现，西方公共产品理论是在虚幻的共同体中实现虚假公共利益的理论，因此必然是空中楼阁，未能也无法实现真正的公共利益，从本书对西方公共产品理论指导我国民生实践所产生种种问题的分析中也可以看出，实现公共利益、引导共享发展在理论上要求超越西方公共产品理论局限的科学范畴，在实践上需要适应于我国社会主义市场经济的应用方法。

从社会生产的一般原则看，社会一般需要或社会共同需要，是社会发展所必需，而且必须满足一个适当的比例，这在任何社会形态都是适用的。但是在资本主义及以往的剥削社会，剥削阶级的本性制约着这一比例的达成，从而形成了特殊利益与公共利益的矛盾。社会主义制度框架内原则上不存在特殊利益与公共利益的矛盾，但在具体实践上，民生建设还缺乏科学系统的理论指导。保障和改善民生是社会主义制度的本质要求，民生即人民生活，民生的含义很广泛，物质生活和精神文化生活，生活资料和生存环境，既包括本代人生活，也包括后代人的生活。保障和改善民生是一切经济活动的根本目的。广大人民群众对美好生活的追求和期待是无止境的，人们奋斗拼搏所付出的一切努力都是为了实现更好的生活。就全社会而言，如果为增长而增长，就容易陷入一味追求 GDP 的泥潭，社会发展就会失去目标和方向；就企业而言，如果不顾一切地追求利润，忽略相应的社会责任，不考虑员工的生产环境和生活状态，这样的企业迟早会失去消费者的信赖，其发展也不会长久。保障和改善民生是全面

通往共享之路
——马克思社会共同需要思想的当代阐释及运用

建成小康社会的必然要求,改革开放三十多年来,我国城乡居民生活水平在生产力发展的基础上得到极大提高,今后依然要以保障和改善民生为重点,着力解决好人民最关心"最直接"最现实的利益问题。当前,我国正处在全面建设小康社会的关键阶段,持续不断地保障和改善民生具有更加突出的现实意义。[①]

当前我国面临的突出社会问题还比较多,需要把经济社会生态文化等因素综合考虑为民生建设提供理论基础。西方公共产品理论仅仅从经济效率的角度看待经济运行,是无法实现民生目标的。社会共同需要根植于马克思主义基本思想,以人的全面发展为宗旨,应当成为社会主义民生建设的主要理论依据。

党的十八大报告把保障和改善民生提到了一个前所未有的高度,指出"必须更加自觉地把以人为本作为深入贯彻落实科学发展观的核心立场,始终把实现好、维护好、发展好最广大人民根本利益作为党和国家一切工作的出发点和落脚点,尊重人民首创精神,保障人民各项权益,不断在实现发展成果由人民共享、促进人的全面发展上取得新成效"。党的十八届五中全会进一步提出牢固树立创新、协调、绿色、开放、共享"五位一体"的发展理念,指出"共享是中国特色社会主义的本质要求。必须坚持发展为了人民、发展依靠人民、发展成果由人民共享,做出更有效的制度安排,使全体人民在共建共享发展中有更多获得感,增强发展动力,增进人民团结,朝着共同富裕方向稳步前进"。这充分表明,在现阶段,作为社会主义国家的中国,要在不断科学发展的过程中,"以人为本"实现人的自由全面发展,必须妥善解决涉及人民群众共同需要的教育、医疗、社保等民生基本问题。

在这种背景下,需要深入系统研究马克思主义社会共同需要思想,进一步从唯物史观出发对社会共同需要思想进行阐释与拓展,构建马克思主义的社会共需品理论,以科学、全面、系统地指导当代社会主义中国的民生保障和改善社会问题,这对于改革开放的成败和全面建成小康社会目标的实现具有重要的现实意义,对于中国特色社会主义政治经济学民生建设理论的创新发展具有重要的理论意义。

---

① 中共中央党校中国特色社会主义理论体系研究中心:《中国共产党保障和改善民生的基本经验》,载于《决策与信息》2012年第11期。

第6章 从社会共同需要思想到社会共需品理论：对西方公共产品理论的批判性超越

6.1 社会主义共需品的内涵

社会主义共需品是从共需品和社会主义两个层面界定社会主义公共利益实现手段的社会经济范畴。与西方公共产品理论中的公共产品相比，社会主义共需品是从马克思主义唯物史观出发，按照社会发展阶段的共性与个性的统一，在认识论上更为全面深入认识社会生产的发展结论，因而在认识论上超越了西方公共产品静止、片面的理解；在方法论上，由于从社会历史发展的整体实践中把握社会共同需要的实现途径，超越了西方公共产品在资本主义市场经济框架内孤立地解决问题的简单思维模式，因而能够从社会生产的整体性入手，实现目的与手段的统一。

6.1.1 从社会发展角度理解社会共同需要的满足

社会共同需要思想是马克思主义关于社会发展的深刻认识，从早期初级的人类社会形态，直到经济发展较高阶段的资本主义社会、社会主义社会，社会共同需要的重要性是不断加强的，而且越来越反映出其社会性本质。社会共同需要体现的社会性要求我们一方面要清醒地认识到社会共同需要满足背后所折射出来的不同社会形态的特殊生产目的；另一方面要从社会属性出发认识满足社会共同需要的社会产品，而远非西方公共产品理论那样只是简单地从自然属性入手进行分析。由此可见，在马克思的社会共同需要思想中，相对于个人需要的满足重在实现个人的生存与发展，社会共同需要的满足则重在维持一个社会有机体的存在与发展，维护一种社会制度和秩序的正常有序运转。

从马克思社会共同需要的思想中可以看出，社会共同需要的基本内涵是指在某一特定历史条件下，一定社会范围内关系到一个社会有机体存在和发展的共同利益需要。在社会发展的不同阶段上，社会共同需要的地位与作用也有所不同。总体上看，社会发展是生产的社会化组织程度不断深化的过程，社会共同需要直接对应于生产方式社会化所产生的整体性、协调性问题，因此随着社会发展，社会共同需要的重要性也不断加强。在生产力水平很低的人类社会早期，社会生产的维度较为单一，社会阶层的分化也不明显，因此社会共同需要与个人生存需要在相当大程度上是重合的，随着生产力水平提高，社会产品出现较多的剩余，个人的需要也出现了膨胀，社会也分化为剥削阶级和被剥削阶级，一部分人的个别需要凌驾于社会共同需要之上。但是社会生产力的提高与社会生产的组织密切相关，社会化生产需要与之相适应的生产关系，而社会共同需要是协调生产关系的必然要求。当以资本主义私有制和市场经济为基础的资本主义生产关系确立以后，生产社会化程度进一步提高，因此社会共同需要更需要得到更充分的满足，但是资本主义制度本身无法实现这一要求，而指导资本主义经济运行的资产阶级经济学家也只是从物品自然属性方面区分了公共产品与私人产品，而没有认识到公共产品背后是社会化生产关系的要求，是社会共同需要的表现形式之一。因此，只有在生产资料公有制的未来社会中，社会共同需要才具有了充分满足的物质基础和制度基础。

6.1.2 从唯物史观出发理解社会共需品的普遍含义

从唯物史观出发，无论何种社会形态的社会需要的满足都必须通过一定的社会产品供给来实现，这类社会产品从本质上说是"在一定社会经济条件下，以一定范围内的社会共同需要为出发点，为了维护和促进一个社会有机体与社会基本制度发展和完善的一类产品"。这类社会产品可以称之为"共需品"，它是自然属性与社会属性、共性与个性的统一。

首先，社会共需品是一个社会历史范畴。社会是人类组织社会生产的载体，是经济基础与上层建筑的总和，同时社会也是社会生产的结果，人类通过社会生产的实践创造着社会历史。因此在这个意义上，理解社会生产实践是理解社会发展的根本。马克思主义唯物史观表明，生产力与生产关系，经济基础与上层建筑两对矛盾的发展决定着社会发展演变，而由人的需要不断发展驱动的社会生产力水平具有不断提高的趋势，因而社会必然处在不断的动态发展过程，社会形态也从低级到高级不断演变。共需品是社会生产的产物，因此是一个社会历史范畴，也必然处在不断发展演变的过程中。从个人生产到社会生产是历史发展的必然趋势，社会生产的不断深化也是社会发展的动力与结果，在生产社会化不断深化的过程中，个人利益与公共利益成为一对矛盾范畴，其对立与统一的趋势决定了社会共需品的特殊内涵。

第6章 从社会共同需要思想到社会共需品理论：对西方公共产品理论的批判性超越

其次，社会共需品是社会属性与自然属性的统一。社会共需品是社会产品的一部分，表现为产品的一般形式，无论是实物产品还是无形劳务与信息，都具有一定自然属性。具有一定自然属性的社会产品在消费中会表现出不同的特征，有些满足个人需要，有些满足共同需要。满足公共利益需要的社会产品根据社会生产组织形式的不同，在各个社会形态往往具有不同的表现特征，在资本主义市场经济模式下，共需品往往表现出非竞争性、非排他性、整体性、不可分割性等特征。西方公共产品理论通过对共需品外在特征的研究，发现了一些在资本主义市场经济条件下具有一般性的共需品特征，并依据非竞争性和非排他性判别的这类社会产品，命名为"公共产品"，它与用于个人消费的"私人物品"相对应。实际上，这种研究仅仅是对共需品表面的、片面的、静止的认识，无法揭示共需品的本质特征。

如果从唯物史观考察，共需品的本质特征在于其社会性。共需品产生于社会生产过程，是在社会分工协作基础上必然发生的经济关系的一种体现。事实上，社会生产的组织形式决定了共需品的形式，生产关系的特征决定了共需品的特征。非竞争性和非排他性不是公共产品的必然特征，而是在生产关系决定的特定生产组织形式下被赋予的社会性特征。在社会发展的任何阶段，共需品都是特定社会形态与社会生产模式结合的产物，一方面体现出在生产力不断发展的基础上，社会生产组织形式不断演进的普遍要求；另一方面体现出特定社会形态通过生产关系（经济基础）和上层建筑相互磨合统一后对社会生产的转化要求。因此，社会共需品在任何社会形态下都表现为社会属性与自然属性的统一，普遍性与特殊性的统一。

6.1.3 从社会主义制度理解社会共需品的特殊内涵

从社会共需品的社会属性出发，必然导致不同社会形态社会共需品内涵的区别。在资本主义市场经济条件下，社会共需品表现为市场无力解决，但在再生产循环中不可或缺的社会产品，资产阶级经济学家勉为其难地称之为"公共产品"，试图通过经济政策使其成为市场机制发挥作用的补充。在社会主义条件下，经济发展以"人的全面自由发展"为目的，社会共需品表现为效率、公平、发展目标相统一的社会产品。具体到社会主义初级阶段，解放和发展生产力，实现共同富裕是实现马克思所说的"人的全面自由发展"在社会主义初级阶段的物质基础，这其中包含了公平正义共享的社会主义价值属性，是社会主义区别于资本主义的重要特征，这表明社会主义的生产目的是直接为了人而不是为资本服务的。也就是说，在根本目的上，社会主义共需品的供给最终是要服务于人的生产与发展需要，从而有别于资本主义条件下共需品最终服从和服务于资本需要。这是我国社会主义基本制度在社会共需品供给问题上的必然要求与具体体现，也是社会主义"共需品"与资本主义"公共产品"的本质区别。

既然社会主义共需品是社会化生产组织形式的一般性与社会主义特定形态的共同要求，就需要从共需品的社会属性和自然属性相统一，社会生产的一般性与社会主义经济形态的特殊性相结合的角度理解社会主义共需品的内涵。从共需品的社会属性和自然属性相统一的角度，应当从生产关系的规定性上把握共需品的本质特征。共需品的存在是为了满足公共利益需要，促进社会化生产和再生产，而且这种再生产也是生产关系的再生产，或者说是要实现生产关系的深化。因此，社会主义共需品不同于西方公共产品理论中的界定，不是因为在市场经济框架内无法包容，而是在经济体系中被打入另册，谋求另外的解决方案。在社会主义经济体系框架内，以社会生产的根本目的为出发点，以共同需要的满足为落脚点，把共需品作为社会主义经济的重要组成部分，从根本上实现社会主义生产的目的。从社会生产的一般性与社会主义经济形态的特殊性相结合的角度理解，应当摒除西方公共产品理论的误导，从社会化生产不断发展的总趋势下理解资本主义市场经济模式的暂时性和公共产品范畴的表面性与片面性，西方公共产品范畴仅仅是共需品在特定历史阶段的特殊形态，而社会主义共需品是在对社会历史总体认识的基础上，对公共产品范畴的一般性包括、深化与超越。因此，从社会主义本质和目的出发，可以将社会主义条件下的社会共需品内涵进一步拓展界定为，在社会主义条件下，为满足一定范围的社会共同需要，维护社会公平正义，实现社会利益共享，以维护和促进社会主义社会及其基本制度发展和完善的社会产品。

第6章 从社会共同需要思想到社会共需品理论：对西方公共产品理论的批判性超越

6.2 社会主义共需品的特性

从社会共同需要的一般性出发，共需品必然具有满足公共利益的一般特性。在社会主义条件下，共需品还具有体现社会主义特点的特殊特性，同时，即使是一般特性，在社会主义条件下也具有特殊的表现形式。

这种特殊性突出地表现在社会主义生产关系是社会主义生产实践的结果，因此社会主义共需品是作为社会主义的生产要素存在，而不是市场经济的附属物。社会关系的形成是新需要生成的重要环节。人们要生产满足自身的需要以及实现人类自我发展，首先要与自然界产生联系和交换，即发生人与自然的关系。人与自然发生关系，不是在孤立的条件下进行的，人们总是结成一定的生产关系，由此便产生了原初的社会关系。社会关系体现了人对他人或社会的依赖。[①] 实践构成社会变迁的直接动力离不开社会需要，需要是人们实践活动的原始动机和动力来源，社会主义共需品在本质上从社会生产实践的基础上塑造社会主义生产关系，实现共同富裕的社会主义本质。因此社会主义共需品以社会性为核心，同时兼有整体性、共享性和发展性等重要特性。

6.2.1 社会性

社会性是社会主义共需品的核心和本质属性。一切社会形态的共需品都具有社会性，剥削社会共需品的社会性往往被歪曲和掩盖，因为一旦强调满足社会公共利益的社会性，剥削阶级的特殊利益就会失去合法性和合理性，例如在资本主义生产方式条件下，西方公共产品理论强调公共产品的自然属性，用非竞争性和非排他性作为标准界定公共产品，有意避开社会性的本质要求。在社会主义条件下，社会性是共需品满足社会共同需要的出发点和落脚点，因此决定了社会主义共需品要以社会性为根本原则，而自然属性只是从属于社会属性的表现形式，在共需品的供给和管理上，要以社会效果和人民利益的要求为宗

---

① 张松、吴育林：《论需要与社会变迁的内在互动——基于马克思实践理论视角》，载于《理论月刊》2015 年第 5 期。

旨，实现社会主义本质目标。

满足社会共同需要的共需品首先是一个社会生产关系的范畴，其必然要体现一个社会基本制度发展的根本要求。共需品具有社会发展的规定性，在特定的社会发展阶段受到生产力和生产关系的双重制约，不仅体现了生产力发展对生产关系的要求，还充分发挥着社会生产关系的调节作用。可以说，满足社会共同需要的共需品是调节生产力与生产关系矛盾的重要手段，也是缓解社会矛盾的重要途径。社会共需品以满足社会公共利益为目标，其社会功能处于核心地位。共需品服务于社会大众，是适应社会生产进一步发展的要求，也是每个社会成员福利水平提高的基础。共需品满足对象的非特定性决定了共需品的需求必然具有广泛性和多样性。

共需品必须满足社会共同需要，旨在保证人类社会的可持续发展，是在不断实现社会公共利益彰显公共价值的过程中所必需的社会性产品或服务。这不仅是国民财富增长与社会发达程度的一个标志，更是与社会公平、社会秩序、社会安全、社会风险息息相关，是有效提升全体社会成员的生存和生活质量，不断促进人的全面发展的重要保障。随着社会经济发展和社会进步，共需品日益成为人类经济生活的重要组成部分，对于人的全面自由发展和中国社会主义经济体系良性运行发挥了不可或缺的作用。

6.2.2 整体性

社会主义共需品的整体性，来自于共需品社会属性和自然属性的统一。由于社会主义共需品体现了社会主义生产关系本质，因此是在社会主义生产方式下，对各领域各部门生产综合考量、普遍联系的基础上，对社会生产总体需要的反映。西方公共产品理论缺乏对整体性的认识，只能割裂的考察个别公共产品的特征，因而对公共产品问题的解决方案也无法形成一致的意见。社会主义共需品在公共利益的基础上，将生产环节与消费环节视为一个整体存在，而且服务于社会主义生产的一致目标，因此能够实现全面系统协调和整体性管理。满足社会共同需要的共需品作为一定社会形态派生的社会性要求，表现为一种整体性需要。这主要表现在两方面：一是这种需要反映了社会在发展中整体上遇到的生存与发展问题，因而以共同需要的形式反映出来，对于这种需要的满

第6章 从社会共同需要思想到社会共需品理论：对西方公共产品理论的批判性超越

足必须在社会发展的范畴中进行整体性供给；二是共同需要的一致性。特别是在社会主义条件下，由于全社会发展目标与方向的一致性，满足社会共同需要的共需品具有合乎生产力发展和社会进步的一致性，因此具有更加突出的整体性。

在民生建设领域，社会共需品大都具有明显的整体性特征，例如社会保障、生态环境、教育等。从系统的角度看，社会共需品以整体的方式发挥作用，让每一个社会成员的基本生活权益得到保障。整体性特征最重要的是发挥系统性整合功能及效应，实现整体的各部分之间的分工与合作。例如，社会保障系统中相对独立的组成部分之间能否实现协调，取决于两个方面的因素，一方面是它们自身的功能优化，另一方面是各子系统和各系统要素之间的功能整合。探讨社会保障中部分之间相互协调的规律，就是要把社会保障纳入一个系统中进行研究，以揭示社会保障的整体性。其实，无论社区服务、社会救济，还是社会福利、社会保险，以及各种各样的社会共需品，除了自身功能以外，从整体性的视角才能充分揭示其系统化含义，如果只是从自身含义上独立认识和实践，不但整体性功能将会弱化，而且个体功能也势必会被弱化。因此把社会保障作为一个整体来研究，并使之互相协调，才能使社会保障产生整合功能，才会产生一加一大于二的效果。[1]

另外作为共需品的生态环境也具有很强的整体性。生态环境广义上讲包括自然环境和社会环境。生态系统各个层次的自组织放大特征，以及负反馈调节系统稳定性的特征，使其具有整体大于部分之和的特性。人类社会的演变使得生态环境由纯自然系统变成经济—社会—自然复合系统，生态系统的系统结构复杂化程度大大增加。系统的能流物流规律发生巨大改变，人类利益和意志的支配作用更加明显，投入或输出系统的能量和物质不再平衡，因而整个系统具有越来越开放的趋势。[2] 马克思社会有机体理论认为，人是自然界的一部分，是自然界长期发展的产物，是在环境中并且和这个环境一起发展起来的，人与生态系统的物质变换关系使人类的各种需要得到了满足，生态环境是人类存在

---

[1] 邹波、李晓：《加强社会保障的整体性研究》，载于《社会科学战线》1997年第5期。
[2] 刘晓丹、孙英兰：《"生态环境"内涵界定探讨》，载于《生态学杂志》2006年第6期。

和发展的前提。① 自然界为人类提供了生存空间，也为人类提供了生产和生活的资源。在此基础上，只有通过人类与自然的整体互动，生态环境的改善才能达到和谐、可持续发展的目标。

6.2.3 共享性

共享是中国特色社会主义的根本目标和本质要求。人民是社会物质财富的创造者、人类历史发展的推动者和主体，所以，人民在源源不断创造社会财富的同时，理应公平享受自己创造的劳动成果，这是中国特色社会主义的题中应有之意。马克思认为，"只有当社会生活过程即物质生产过程的形态，作为自由联合的人的产物，处于人的有意识有计划的控制之下的时候，它才会把自己的神秘的纱幕揭掉"。② 也就是说，只有实现了财富的生产和人的发展之间的协调，人与人之间、人与物之间的关系才能真正消除对立、实现和谐。劳动与财富高度统一是社会主义的追求，个人发展与社会发展的矛盾得到解决，人的自由发展才真正落到实处。

共享能够使人的社会性、全面性和普遍性的本质得到发展和实现，这是因为只有人对劳动、对自然、对社会达到普遍占有时，才能实现人的全面发展和自由，人的全面发展和自由就是人与社会、人与人、人与自然的高度统一。而作为共享主要载体的社会共需品是社会财富的集中体现，是个别需要与社会需要，个人劳动与社会劳动同一性的重要标志。财富的创造与占有和人的全面自由发展是一个统一的过程，在很大程度上体现着人的主体性本质的真正实现，不仅表现为人们能够自由地运用一切既得的力量和条件创造财富，也表现为人的自由、全面发展本身就是财富。

共享是包括财富生产、分配、交换与消费的共享，特别是满足社会共同需要的共需品是社会产品分配的一种途径，但是与市场机制形成的效率优先分配体制不同，它的供给首先要以共享为特征。这是由于共需品所具有的社会性、整体性特性，使这种产品的消费必然带有公共性，能够为社会成员平等共享。

---

① 姚晓红、陈先奎：《马克思的社会有机体理论与构建和谐社会》，载于《理论探索》2007年第4期。
② 《资本论》第1卷，人民出版社2004年版，第97页。

第6章 从社会共同需要思想到社会共需品理论：对西方公共产品理论的批判性超越

在社会主义条件下，由于共同需要的一致性，使得共需品的共享能够覆盖更广更多的社会群体，以突出体现社会主义制度的优越性。因此，这既要通过科学发展增加社会物质财富、不断改善人民生活，又要通过科学发展保障社会公平正义，不断促进社会和谐，以实现财富共享。[①]

在此基础上，不断扩大社会主义共需品的供给范围，丰富供给内容，保障公民享有应该享有的社会权利，不断缩小社会主义共需品的供给差距，是优化社会主义共需品供给的必然要求，这也是实现财富共享和社会进步的重要途径。

6.2.4 发展性

社会共同需要的动态边界决定了社会共需品的发展动态性。满足社会共同需要的共需品是一个社会历史范畴，其内涵和范围必然会随着社会发展的变化而不断变化。首先，共需品内涵和范围的变化体现了生产力发展的客观要求，从共需品的自然属性看，生产力的发展和技术进步扩大了人类生产实践的领域，越来越多的资源成为社会生产深化的载体，从而不断产生新的社会需求，社会共同需要也随着生产力的发展不断更新和扩大内涵与外延，西方公共产品理论中关于技术削弱公共产品公共性的观点实际上是对社会需要的一种误读，技术进步不但不会削弱公共产品的公共性，而且在更高层次上深化和扩展了社会共需品的实践领域。其次，共需品会随着生产关系的调整而发生变革，当社会体制、机制的矛盾和问题以社会共同需要的不同形式表现出来时，就需要通过多种供给共需品的方式和途径来解决。从共需品的社会属性看，社会主义共需品不但决定于生产关系的本质规定性，而且通过社会生产实践反作用于生产关系，因而形成动态的立体调整边界。共需品作为生产力与生产关系矛盾表现最为突出和重要的领域，在社会主义条件下，就必然要求一方面不断解放和发展生产力，另一方面要深化改革进一步调整社会主义生产关系，从而不断满足发展变化了的社会共同需要。

从发展的角度来看，共需品的界定具有一定的相对性。主要体现在三个方

[①] 陈进华：《马克思主义视阈下的财富共享》，载于《马克思主义研究》2008 年第 3 期。

| 通往共享之路
——马克思社会共同需要思想的当代阐释及运用

面,一是共需品的范围和功能与社会发展程度、经济发展水平相对应。二是共需品是人类社会与生态环境结合的产物,是人类整体生存环境的产物,随着环境的变化,共需品也呈现出不同的甚至相对矛盾的表现形式。三是在社会经济发展水平与社会自然环境相结合的背景下,技术进步与制度变迁共同决定着共需品的具体内涵。因此,对于共需品的概念,既要从社会性的利益本质上去把握,又要从整体性的功能本质上把握,而在具体实践中,则必须按照经济发展、公共利益要求、环境空间的开放状况,以及生产力水平决定的技术水平和技术结构的实际供给能力和供给手段去把握。共需品作为社会历史和技术演变过程的综合表现,必然具有发展性,从而决定了共需品界定范围的动态边界。[①] 实现共享的目标要从实际出发,要求综合考察共需品的整体性、社会性、共享性与发展性的发展演变规律,形成在社会主义初级阶段具有发展指向的共需品发展与供给模式,实现共享发展,进而努力创造人的全面自由发展的环境。

发展性的另外一个重要含义就是共需品供给主体和供给模式具有动态性。共需品作为社会产品的一部分,首先是人类利用自然社会环境资源创造的,作为产品本身并无对供给主体的锁定,但是由于共需品的特性,导致这类产品可能无法在社会经济的自发状态下得到有效供给。西方经济理论是用公共产品概念界定其市场条件下供给的无效特征,即存在非竞争、非排他的特性以及广泛的外部性。西方公共产品理论仅仅看到了共需品的社会性、整体性、共享性的部分特征,而且没有把这些特征联系在一起,因此也无法得到对于发展性的科学认识。共需品的发展性决定了供给主体的动态性,但供给主体的选择受到社会性本质和发展目标要求的约束,共需品的供给不以效率为根本目标,而是综合考虑社会、政治、经济和未来发展的要求,以满足社会共同需要,实现最大公共利益为根本目的。政府、市场、社会组织都是共需品可能的供给主体,在共需品供给上可以实现动态切换。共需品的发展性要求这种动态主体选择应当符合社会发展目标并具有一定的前瞻性。

[①] 李乐军:《论促进人的全面发展的公共物品有效供给》,载于《生产力研究》2010 年第 10 期。

第6章 从社会共同需要思想到社会共需品理论：对西方公共产品理论的批判性超越

6.3 社会主义共需品的分类

社会共需品是以社会共同需要为出发点，体现"社会一般利益共享""为维护和促进其所依附社会经济制度的发展和完善"的产品。从发展的角度来看，社会共同需要具有不同的层次，一般来说，可以分为生存、发展和完善三个层面。与此相应的，作为满足社会共同需要的社会共需品，根据需要的层次、满足对象的范围、实现社会功能的不同，也会有不同层次的划分。不仅如此，不同的社会发展阶段和社会制度也是社会共需品划分的重要前提，特别是社会主义共需品是维持、提升与完善社会主义制度的必要条件。因此，依据共需品所满足的社会共同需要层次与实现的社会公共利益共享水平，以及共需品促进社会经济制度发展、完善程度的不同，可以将社会主义共需品分为维护性共需品、经济性共需品和社会性共需品。

6.3.1 维护性共需品

处于需要最基础的层面，维护社会正常运行和个人基本生存的共需品可以称为维护性共需品。这类共需品满足最基本的共同需要，关乎国计民生，覆盖范围最广，利益共享程度最高，因此必须强调消费机会的平等性和供给公平性。这类共需品的消费往往具有排他的私人消费特征，如住房、医疗等，虽然这类共需品具有私人产品的特性，但是由于其所具有的社会共同需要性质，而必须要以政府与市场共同发挥作用来实现供给。维护性共需品是社会再生产得以持续和扩大的基础性社会产品，不但体现着人民生活所必需的民生保障，同时也是社会发展的空间拓展，做好维护性共需品的供给协调同时也体现着国家政府的执政理念和责任担当。对于此类共需品供给中的政府职能主要体现在两方面：一方面，政府应逐步解除对市场准入的管制，可以让市场更多地发挥配置资源的作用，扩大供给。当然，对于医疗服务来说，同时存在着生产者和需求者之间的信息不对称，对于存在严重信息不对称的产品和服务，完全市场化的结果会造成需求萎缩，产品供给无法实现最优，市场配置资源的有效性消失。这时，政府就必须发挥积极作用，比如通过强制性的信息披露立法，由政府进行严格的监管，规范行业的健康发展。另一方面，政府应该履行国家职能，通过向低收入群体提供廉租房、医疗保险等产品和服务，保障其基本住房和医疗需求。政府向低收入群体提供的这类私人产品或服务不是商品，其生产、供给的过程是以追求产品的"使用价值"生产为主要目标。政府需要按照公开、公平、透明的既定规则，向符合条件的公民免费或仅以成本价提供。

维护性共需品还包括社会整体免费供给的共需品，是只能由社会整体供给，且任何社会成员均可均等的、无排他的免费享用的共需品，主要包括国防、基础教育、道路交通等基础公共设施，以及社会保障等共需品。这些产品的核心特点是无法在市场机制环境下由私人部门生产和单独消费。如基础教育是由我国法律规定的任何公民个人都享有的基本权利，任何学校都不能因为学生不交学费而将其逐出校门。同样，任何政府部门也不能因为普通公民没有交养路费而禁止其在路上行走。国家必须以财政支出保证这部分共需品的供给。显然，这部分共需品的供给只能由政府主导实现，而且，这部分产品同样从属于以使用价值为导向进行生产的最终目的。

需要注意的是，维护性共需品的分类并非单纯归结于共需品的用途，也同时应当参考这类共需品的提供方式。如果其直接目的并非作用于大众生活而是帮助少数群体实现自身的经济利益，那么这类共需品即使对大众生活有了促进作用（非保障作用），也并不能归类为维护性共需品。如1992~2006年国家财政支出的各类农产品补贴项目，由于其并非直接发放到人民手中，而是通过给予农民和中间流通环节补贴以降低物价，从而在维持社会稳定的基础上使农民有更高的生产积极性，此类共需品尽管改善了大众生活，但并不能归类于维护性共需品，而是我们接下来要讲到的经济性共需品。

6.3.2 经济性共需品

为了保障和促进经济顺畅运行和发展，在私人物品领域以外，对经济发展起到重要作用，满足一定范围的利益共享，能够在市场上带来明显经济收益的一类共需品可以称为经济性共需品，如扶持某种产业发展的政策。此类共需品的生产或消费过程存在外部效应，高等教育、科学技术等共需品都存在上述特征。显而易见，一项科学技术的发明，其所带来的社会收益远远大于个人收

第6章 从社会共同需要思想到社会共需品理论：对西方公共产品理论的批判性超越

益，会大大地促进社会的发展和进步，以及人民生活生产的便利。同时，经济性共需品也是一种旨在通过非市场手段，利用转移支付对某部门生产进行刺激或者协调企业改革转型的共需品。之所以采用非市场手段，因为放任市场调节可能带来大众较高的生活成本，从而使得社会稳定成本上升，所以通过源头的经济性补贴来弥补市场调节带来的社会成本增加问题。而在协调企业改革转型方面，由于我国市场经济体制尚不完善，企业的决策转型有时与地方政府之间有千丝万缕的联系。所以当前，利用财政支持企业改革转型，实现地方经济增长和促进就业，也可以视为其发挥了经济性共需品的作用。

经济性共需品是经济发展和社会进步的重要引擎，但是往往无法通过市场得到有效供给。一方面具有经济性，其最终效果是实现经济资源的更有效利用，从而提高社会生产效率；另一方面经济性共需品作为社会共同需要的反映，具有明显的社会性和整体性，因此供给规模和难度对于一般市场主体而言无法承担，因此需要由政府供给或政府协调机制实现有效供给。社会主义条件下，这种共需品的供给能够发挥极大的经济效能，因为社会主义国家政府具有资本主义国家政府无法相比的资源统筹优势，在社会总体利益一致的情况下，可以通过更好发挥政府作用实现经济性共需品的有效统筹，实现最大社会效益。

因此，一方面，在具有外部效应的经济性共需品供给上，政府首先需要做的是对外部效应进行合理的间接财政补贴，通过提供正向激励，以促进市场配置资源的基础作用机制的有效运转，这是市场经济条件下政府职能在该领域的基本要求。另一方面，在那些外部效应非常突出的共需品生产部门，政府还需要以直接的财政投入形式，弥补由于激励不足导致的市场投入不足。比如，政府必须保持一定强度的基础研究投入，设立政府奖学金以避免优秀的人才因为贫困而失去接受高等教育的机会，等等。

6.3.3 社会性共需品

在前两种共需品的基础上，满足个人更高层次的社会需要，拓展全面发展的空间（如文化体育等），以及社会发展完善要求的共需品可称为社会性共需品，如制度。在当下，社会性共需品主要指那些无关居民基本生活和经济发展

通往共享之路
——马克思社会共同需要思想的当代阐释及运用

的部分。这类共需品主要体现为文化体育支出和环境保护支出。文化体育支出明显是政府在原有的经济发展、居民生活水平不断提升的基础上对于居民精神生活改善的支出，而环境保护支出则略有争议，如近年来雾霾等环境问题已经严重考验着社会的平稳运行，环境保护问题已经从原有的学术争议演变为社会问题，对于雾霾等环境问题的整治关乎社会广大居民的生存权，似乎有充分的理由将该部分支出归结为维护性支出。但是，这种直观的想法是禁不起推敲的。雾霾的形成并非简单的经济发展问题，而是涉及了整个社会体系的方方面面，如居民出行、经济建设、其他环境项目的相互作用等，对于北京周边的一些小城镇来说，为了避免贫穷而大力发展传统产业，尽管带来了污染但避免了贫穷和失业，因而对于他们来说治理雾霾并非是他们的燃眉之急和最优解。因此，对于环境保护这种涉及社会整体福利的转移支付的共需品，我们将其定义为社会性共需品。

从目前的情况来看，相较于无形的共需品，人们往往更加注重有形的共需品供给，如污水处理工程、道路建设、水力电力、文化设施配套等，而且对共需品数量的关注往往多于对质量的关心。实际上，无形的共需品对于整个社会生产过程可能起着更加重要的激励和推动作用，它主要包括公共服务、产权规则、战略规划、文化精神等制度性共需品。在实践中，有形的共需品大多表现为资源性共需品，如果缺乏和不足可能会导致短暂的效率损失，但在当今国际竞争环境不稳定、世界政治经济格局变换频繁的情况下，这种暂时性短缺并不构成一国发展的重大阻碍。而无形的共需品的供给不足往往比有形共需品的不足带来的后果更严重，有时无形共需品影响甚至决定着各种有形共需品的供给和消费，无形共需品的供给还往往代表或体现着一个国家或地区的管理服务水平。例如一些国家可能在较大的自然灾害后迅速恢复成为经济快速增长的国家，但另一些国家可能会在几十年的长期发展中停滞不前。这种情形显然不是因为有形共需品供给不足，而是由于制度性共需品供给长期无法得到改善。另外，还有一个重要的事实在很多研究中得到印证，即资源性共需品的供给不足往往是制度性共需品供给不足的结果，而不是原因。从实践上看，落后地区仅仅提供最基本的有形共需品，如道路、水、电等，表面原因主要是由于经济落后，税收能力差，共需品的供给水平也低，但深层原因则是制度、体制等层面的无形共需品供给能力太弱,从而进一步抑制了发展,形成有形、无形共需品相互抑制的恶性循环。相比之下,发达地区一般具有更良好的公共环境条件、更宽松的制度环境、人文环境,更全面的基础设施、信息交流设施条件,以及更有效率的政府管理等无形共需品。当然,制度性共需品的供给并不一定完全依赖于一个地区的经济发达程度,落后地区也可能提供质量更高的制度性共需品,在一定程度上弥补先天性条件的缺陷,从而在下一轮竞争中启动后发优势。从社会性共需品的视角观察,中国各个地区之间尽管发展水平存在较大差异,但其起点却又是基本相同的,而管制和审批制度的放松,可不同程度地减少政府机构设置以及减少管理人员等行政成本的开支,降低制度成本,从这里可以看到社会性共需品发展的重要意义,也是许多落后地区后来居上的根本原因。[1]

当然,这三类共需品的划分不是绝对的,而是相对变动的。一是在不同的经济发展阶级,三类共需品中所包含的内容会不断变化,比如经济发展在较低阶段时,教育作为需要较高层次的产品,属于社会性产品,但是在当经济发展到较高阶段时教育将被普及共享,要归入维护性产品;二是在经济处于较低发展阶段时,维护性共需品更被需求和更容易被供给;当经济不断发展,经济性共需品日益被需求和供给出来;当经济发展到较高阶段,对社会性共需品共同需求不断增长,供给能力也不断增强,这种产品所占比重日益增加,维护性和经济性共需品所占比重相对下降并保持在一定水平。当然,这种比重的改变并非放诸四海皆准,由于各国的国情并不完全相同,因而在实际操作上也要受到物价水平、贫富差距等一系列因素的干扰,从而呈现出在遵循一般规律基础上的多种发展模式。

6.4 社会主义共需品的供给

社会主义共需品是社会主义本质的重要体现,与西方的公共产品相比,社会主义共需品从个人利益与社会利益的一致性、生产手段与生产目的的统一

---

[1] 刘锡田:《制度性公共物品的特征和作用》,载于《财政研究》2005 年第 9 期。

性、社会特定阶段与社会发展总体趋势的结合性等方面实现了有机整合，从而为实现人与社会共同发展提供了可能。要把这种可能性变成现实，关键在于社会主义共需品的有效供给。社会主义共需品的供给区别于西方公共产品的供给，在于其更为一般性的供给原则与供给模式。

6.4.1 社会主义共需品供给的三大原则

从社会主义共需品的基本内涵和基本特性出发，共需品供给原则主要体现在效率、公平、发展目标的统一，具体说就是效率的整体性、公平的普及性与发展的前瞻性。

1. 效率的整体性

效率的整体性就是社会主义共需品以实现经济整体效率为原则，共需品的供给范围要大大超越西方的公共产品界定的范围，因此在社会主义市场经济的条件下，共需品的供给与管理不仅要以完善市场机制为目标，更要从经济整体均衡的角度出发，协调生产、交换、分配与消费的各个环节，统筹城乡社会共需品的供给并符合我国当前经济发展阶段和社会发展规律，以达到实现经济整体效率最大化的目标。

我国作为世界上最大的发展中国家，随着我国经济市场化的深入，市场经济体制与传统经济体制的碰撞中出现了市场参与主体之间的分化和集团化，城市与农村之间、沿海与内陆之间、封闭部门与开放部门之间、生产部门与服务部门之间、乃至富人与穷人之间，对社会共需品的需求偏好差异化日益呈现出来。因此，对社会共需品的提供不能简单地从西方公共产品理论的思路出发，而要结合我国经济发展情况以及社会发展规律。在当前形势下，我国需要将政府的社会共需品供给聚焦在增进整体福利水平上。单从经济效率的角度来看，一个社会的政府，有责任增进人民的整体福利，而社会共需品则是整体福利实现的重要载体。政府应提高社会共需品供应的效率以及社会共需品对居民的福利水平，最终达到促进经济整体健康、持续发展的目的。

效率的整体性蕴含了以下内容：政府在做出社会共需品供给方面的决策时，从经济发展阶段和水平出发是应当遵循的最基本的原则。即经济发展水平和居民收入水平在一定条件下决定了人们对社会共需品需求的层次。从理论上

第6章 从社会共同需要思想到社会共需品理论：对西方公共产品理论的批判性超越

说，经济发展处于低水平时，维持基本生产、生活的社会共需品为人们所需要；经济发展处于较高水平时，对能促进自身发展的社会共需品更为需要。政府正确处理不同层次社会共需品的供给和管理问题是效率整体性的基本要求。

实现效率的整体性，最重要的是做到三个结合，即个人利益与社会利益相结合；局部利益与整体利益相结合；短期目标与长远目标相结合。

个人利益与社会利益相结合就是做好社会需求的协调与管理，这里的需求管理不同于宏观经济的需求管理，而是社会整体发展的共同需求管理。在社会主义条件下，个人利益与社会利益本质上是一致的，但由于市场经济模式下市场主体利益的多元化，可能产生个人利益与社会利益的偏离，有时可能产生尖锐的矛盾。个人利益与社会利益相结合并不是强行要求个人利益与社会利益一致，社会利益是个人利益的整合，社会主义的目标是实现每个社会成员的自由发展，应当为每个人的发展创造条件。个人利益与社会利益相结合要从两个方面入手，一方面培养社会成员的自觉，树立与社会利益相协调的价值观和利益观；另一方面要改善社会治理模式，以维护每个社会成员的利益为出发点和落脚点，坚持共享发展。

局部利益与整体利益相结合就是综合考虑某些地区、某些部门、某些社会阶层的利益与社会整体利益的整合。由于生产要素的流动性还不够充分，经济发展不平衡还会持续一段时间，从而造成局部经济利益与整体社会利益的不协调。从整体性原则出发，就是充分重视造成不均衡、不协调的原因，一方面通过局部自身力量加快发展；另一方面在整体上给予支持和补贴。

短期目标与长远目标相结合就是在面对时间不同步的利益取舍时，从长远考虑，从近期着手，保持发展的连续性。社会主义共需品作为一种基本要素渗透在社会主义经济体系的整体框架内，在某种意义上共需品就是社会主义经济模式本身，而不是整体与部分的结构关系，因此对社会主义共需品的考察必须坚持整体性原则。

2. 公平的普及性

公平的普及性就是在社会主义市场经济条件下，以普及化的原则供给共需品，以满足社会共同需要为目标。由于社会主义条件下个人目标与社会目标的整体一致性，普及性的共需品供给能够协调全社会生产协作关系，实现更高水

通往共享之路
——马克思社会共同需要思想的当代阐释及运用

平的经济效率。

马克思恩格斯在《德意志意识形态》中指出:"我们首先应当确定一切人类生存的第一个前提,也就是一切历史的第一个前提,这个前提是:人们为了能够'创造历史',必须能够生活。但是为了生活,首先就需要吃喝住穿以及其他一些东西。"[①] 社会共需品的重要作用之一就是能够公平地为所有居民提供基本生活保障,并保证其生存权。当前,我国在关注社会共需品供给的原则时,最应关注的正是公平的普及性这个方面,特别是统筹城市和农村社会共需品的供给问题。因为,在我国经济高速发展的同时,社会共需品供给的差异性在我国表现的越来越突出。这不仅影响了国民福利水平的提高,也逐渐成为我国改革继续推进的"瓶颈"。

对于公平普及性原则,应当从三个方面把握:一是处理好绝对公平与相对公平的关系;二是统筹好城乡共需品均等化;三是把握好不同社会阶层对共需品需求的差别。

对于绝对公平与相对公平的关系,应当从个人需要的层次上去把握。虽然从社会整体出发,社会共同需要具有整体性和一致性,但并不表明所有人的需要是同质的,即使对于公共利益的诉求,也是各有偏好。例如,在同一个家庭中,老人、儿童及成年男女之间对于共需品和服务的要求也是不同的。在大范围内满足所有的公益需要不可能也没有必要,因此绝对公平只是具体原则,而不是社会主义共需品供给的总体原则。社会主义共需品应当实现相对公平,即在一定的社会阶段,与社会发展水平相对应的各种领域和各类人群的共需品供给都能满足其发展的需要。

统筹城乡共需品均等化,是缩小城乡差别,实现协调发展的根本要求与重要途径。城乡共需品均等化并不是绝对消除城乡共需品的差异,完全平等分配,而是根据经济社会发展要求,以满足公共利益为出发点和落脚点,促进协调和共享的发展。

在改革开放几十年的发展过程中,经济快速发展的过程也伴随着一定程度社会阶层的分化。阶层分化有个人的原因,更主要的是社会原因。社会主义制

---

① 《马克思恩格斯文集》第 1 卷,人民出版社 2009 年,第 531 页。

第6章 从社会共同需要思想到社会共需品理论：对西方公共产品理论的批判性超越

度下本不应该出现阶层分化，但在生产力水平还有很大提升空间的发展阶段，一定程度的阶层分化仍有一定的存在空间。不同阶层对共需品的要求是不同的，利益结构和社会资源动员能力也有很大悬殊。统筹不同阶层的共需品分配，重点要把握两点：一是共需品应该以最底层得到的实际利益为基础标准；二是严格防范高端阶层干预公共权力。

我国正处在发展转型背景下，具有政治集权与经济分权相结合的特点，这种状态容易导致地方上对生产性社会共需品关注较多，而民生性共需品供给不足，同时，由于过分关注经济增长，在边际生产力相对较低的农村共需品领域，往往得不到政府的充分重视。这是目前我国共需品的供给与管理在城乡空间上不协调的重要原因。社会稳定和长远发展需要协调均衡配置社会共需品，这也是社会主义的基本要求，因此关注公平的普及性具有长远意义。

3. 发展的前瞻性

发展的前瞻性是指社会主义共需品作为社会发展的必要条件，不是作为"市场失灵"的补救措施形式出现的被动供给，而是在社会发展的过程中要实现有计划、系统的有效供给，以更好地发挥其对经济发展和社会进步的牵引作用。

经济发展的内涵不仅体现在以 GDP 衡量的经济增长上，更重要的是要在实现经济增长的同时促进社会、人类的持续全面的发展。要想实现经济的快速增长、人类的全面发展、社会的和谐离不开社会共需品的供给，而效率与公平则是发展的前瞻性这一原则的具体体现。例如，公平的收入分配政策、教育、基础设施；随着经济的发展，政府社会共需品的供给结构、供给重点也发生了相应的变化以提高整体经济效率，等等。社会共需品的供给与需求是与经济发展的水平密切相关的，而且其公共性也会随着经济发展水平的变动而发生变化，从而出现政府或市场供给方式的变化。因此，政府在社会共需品的供给和管理时，应具备发展的前瞻性。

以农村社会共需品供给为例，农村社会共需品供给一般都具有基础性，而这些基础的共需品供给却是农村可持续发展的前提和保证。农业生产具有较高的不确定性，但农业在国民经济中具有基础性地位，会对整个经济发展产生重大影响。涉及农业生产的基础性共需品虽然在短期可能无法产生明显作用，但

187

对于农业产业和国民经济长期发展具有重要推动作用。从实际情况来看，当前很多地方对于水利设施、交通、电网等农业保障共需品重视程度还远远不够，只看眼前利益可能会危害长远可持续发展。可见，从发展的前瞻性的原则出发，农村的教育、水利、交通等基础设施、医疗保障是需要较为充足供给的。

把握发展的前瞻性原则，应当注意两个方面的结合，一是发展方向与发展路径相结合；二是发展目标与发展手段相结合。

发展方向与发展路径相结合就是从唯物史观出发，正确判断发展趋势，在共需品的供给实践中，自觉向历史趋势的方向聚合，构建最佳发展路径。为此首先要坚持社会主义的本质要求，在社会生产实践中把握社会主义的规律，其次通过科学的预测，揭示符合社会主义发展本质的未来趋势，在此基础上通过不断实践和认识的深化，指明发展的路径，保证社会主义发展的正确方向。

发展目标与发展手段相结合就是在社会主义共需品的供给实践中，把长远目标与具体目标结合起来，把目标要求与实际能力结合起来。首先制定目标要有科学的前瞻性；其次要保证实现目标的手段与目标要求相配合。既不能脱离实际编织乌托邦式的幻想，也不能以实际能力的限制为借口回避发展的要求。要在总体上把握发展目标，在具体实践中充分发挥各种手段的效能，确保长远目标分阶段有序实现。

6.4.2 社会主义共需品的供给模式

在社会主义市场经济条件下，共需品供给的基本内涵就其责任主体而言，主要体现的是社会主义国家本质及其职能，即政府保障人民尤其弱势群体基本生活需求，体现社会公平的社会责任。这种社会责任正是社会主义国家职能区别于资本主义的集中体现，是上层建筑适应社会主义经济基础的必然要求。

1. 社会共需品供给的动态观与阶段性

共需品本质上包含有社会性的深刻内涵，因此对共需品的把握必须坚持历史唯物主义的动态观，在把握供求的阶段性特征的基础上界定科学的供给模式。共需品供求结构、供求重点一般会随着经济的发展发生相应的变化，因此具有阶段性特征，这就要求立足经济发展阶段和水平，正确审视各种供给主体供给能力的大小，以动态视角选择共需品供给主体和模式。在经济发展处于较

第6章 从社会共同需要思想到社会共需品理论：对西方公共产品理论的批判性超越

低阶段时，社会共同需要主要反映在维护性共需品的需求上，应以政府供给形式为主。随着经济日益发展，经济性、社会性共需品的需要将出现快速增长，此时以政府为主体供给能力可能出现不足，市场可以作为必要的补充。当经济发展到较高水平阶段，三种类型的共需品都会出现数量需求的大幅增长，同时共需品结构也会出现整合与升级创新，对共需品质量的要求也会不断提高，供给主体也将进一步演化形成新的结构，在以政府为主体的基础上形成市场、非营利部门、自愿等多元供给格局。

根据供给主体和模式呈现出经济发展的动态变化，共需品的供给可以划分三个阶段，而三个阶段对应着不同的供给结构，形成了三种不同的社会共需品供给模式：

（1）社会共需品供给模式的探索性阶段。社会共需品对应于一定的生产力和生产关系，生产力的发展与生产关系结构上的调整必然带来对共需品的供给新要求，无论哪个国家其共需品的供给模式都要经历一个不断探索的阶段。比如，在我国计划经济时代，社会资源由政府统一配置，共需品也由政府统一供给，共需品的供给目的也是协调与完善计划经济的运行。但是，伴随经济体制从计划经济向市场经济转型，共需品也必须实现功能、结构和供给模式上的转变，如同市场经济转型不能一蹴而就，共需品的供给也在不断的探索中调整，以寻找到效率和公平的合适平衡点，实现多元化的民生共需品供给。

市场经济模式下，资源的重新分配会带来物价的快速上升，而资源的快速集中必然带来新一轮的贫富分化，扩大的贫富差距和物价的快速上升进而造成社会的动荡。同时，居民对社会共需品的需求呈现出多样化、层次化的趋势。此时，政府一般会采取主动供给共需品的方式来平衡社会不满，形成一种充满不确定性的社会稳定与均衡。这种共需品的供给通常采取国家财政直接拨款的方式进行，采用资金或实物形式主动提供，供给结构上以维护性共需品占绝对多数为特征，少部分用于促进经济的发展建设，而对于文化体育、环境保护等社会性事业的发展，则相对关注较少。

总体来说，这一时期的供给模式大体是与当时的经济阶段与发展环境相符合的，其阶段也属于共需品供给发展的必由之路。但在发展过程中，会造成社会共需品供给的整体不足，主要保障维护性社会共需品的供给，而经济性和社会性共需品因机制和能力的限制，供给较维护性社会共需品更为短缺，且会发生社会共需品的地域分布不均等问题。

（2）社会共需品供给模式的完善性阶段。在市场经济模式逐渐巩固的经济阶段，民生共需品的供给有了很大发展。一方面，传统的"头痛医头脚痛医脚"的共需品供给思路开始随着市场经济不足的全面暴露而得以制度化和规范化；另一方面，市场经济的发展使得人们有了更多的发展需求，经济性、社会性共需品的供给开始得到更强有力的重视，最终带来整个共需品结构的全面改善。

在这一阶段，各种共需品的供给逐渐走出"因时而变"的困境，不再因为某一年的具体情况而特意去规定共需品的供给规模，而是有计划地在总量增加的基础上调整某一具体支出的增幅，同时，也会根据当年的自然灾害等对一些不足的共需品加以补充，最重要的则是以各种政府文件和法律形式对这种供给规模加以固定。

此外，由于人民生活水平的提高以及环境污染的加剧，在维护性共需品规模的保证下，经济性共需品和社会性共需品规模会有较大幅度的增长，旨在通过解决经济发展问题实现社会的平衡与稳定的共需品更加受到重视。例如，交通运输与农业补助这类事关社会全局的支出项目——交通运输支出补贴对于出行的影响毋庸置疑，但是其在货运上的补助更是影响了全国的消费品价格；农业补助则解决了农业供给价格与市场实际价格的不统一问题，使得农产品价格相对于市民来说更容易接受，也使得农民收入更容易被提高。虽然农产品补助属于之前已经存在的项目，但是在新的阶段，这种补助支出不再有之前的大幅波动，相比而言更加稳定。

目前，许多有代表性的发展中国家均处于社会共需品供给的完善性阶段。我国政府正不断通过对社会共需品体系及制度的发展和完善，努力从社会公正的层面，以人人共享、普遍受益的原则作为机制创新的依据，来完善我国社会共需品的利益共享、供给决策、供给监督等制度，以提高社会共需品的有效供给。在完善阶段，政府作为供给责任的主体，应发挥主导作用，促进社会共需品供给质量和效率的不断提高并以公平合理的方式分配给全体居民。

（3）社会共需品供给模式的稳定性阶段。与前两阶段相比，稳定性阶段有

第6章 从社会共同需要思想到社会共需品理论：对西方公共产品理论的批判性超越

着各种各样的不同共需品供给结构，但是有一个比较共同而明确的特点，即稳定。也就是多年财政支出科目的稳定与共需品供给规模的稳定。目前各发达国家的共需品供给结构和供给规模也处于这一阶段上。

在稳定性阶段，由于各国信奉经济理念的不同以及国情的不同，共需品的供给结构在之前经济性、社会性共需品发展的基础上重新调整并在调整后保持稳定，以美国和瑞典为例，信奉自由主义的美国始终坚持着对贫穷人士的补助，但是这种补助本身不足以帮助他们成为中产阶级，这使得美国维护性共需品比例占据绝对优势；而瑞典则信奉全民福利国家，这也使得他们的社会性共需品在结构上更有优势。关于稳定阶段的各发达国家共需品供给模式分析，详见第8章，即我国政府财政共需品供给的国际比较。

对于我国而言，如果进入社会共需品供给模式的稳定性阶段，则要合理调整政府和市场在社会共需品供给中的关系，要契合居民社会共需品需求，并使政府主导下形成的多元主体的社会共需品供给合作体系能够稳定发挥作用。此时，协整的社会共需品的供需关系及供给模式能够满足居民的社会共需品需求并全面促进社会福利及经济发展。

2. 社会主义共需品的供给

社会主义市场经济条件下共需品供给的复杂性在于它是一种社会目标和经济目标的交织、耦合。作为社会目标，它主要体现的是一种维护社会发展与基本制度的国家责任。作为经济目标，需要考虑的主要是资源配置效率问题，即如何能利用有限的经济资源实现共需品更多、更好的供给。在供给上，市场机制解决的仅仅是资源配置效率问题，即实现供给水平的最优，满足全部市场有效需求。而由此所衍生的社会低收入群体"买不起房""看不起病""上不起学"的问题则属于社会问题，而解决社会问题有赖于依靠履行国家职能的政府来解决。在社会主义市场经济条件下，高效实现共需品供给的国家责任所要求履行的政府职能，内在的决定于不同共需品的具体特点。由于法律、经济或者技术的原因，不同的共需品在市场经济条件下的生产、消费形式上存在根本不同的经济特性。因此，为了同时实现高效配置资源的经济目标和满足社会需要的国家责任，应当充分考虑社会主义生产的目的性、社会主义共需品供给的系统性和所要求政府职能的适应性。

191

通往共享之路
——马克思社会共同需要思想的当代阐释及运用

在市场经济与社会主义的结合中，资本逐利本性引致的社会两极分化是市场经济运行带来的主要危险。而社会共需品的有效供给能够对驾驭、节制资本和促进共同富裕、实现人的全面自由发展发挥重要作用。因此，社会主义共需品的供给不同于西方公共产品的供给。具体而言，社会主义市场经济要以经济政策驾驭资本，以社会政策节制资本，从社会共同需要出发供给社会共需品，以服务于社会主义生产、交换、分配与消费的过程，以实现"人的全面自由发展"目标。如图6-1所示。

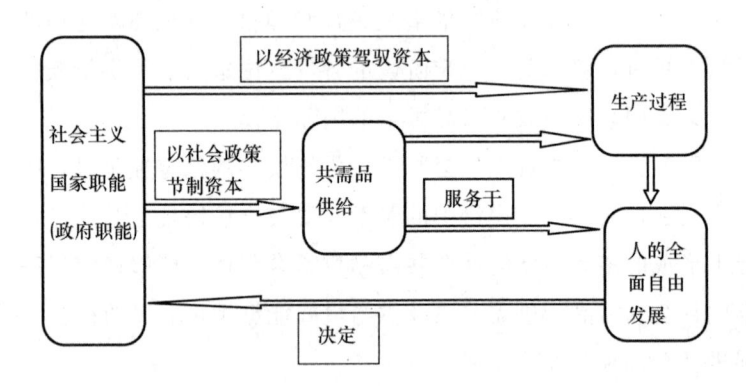

图6-1 社会主义共需品的供给

因此，在社会主义市场经济条件下，市场机制作为一种相对高效的资源配置方式仅仅是实现社会主义发展目标的一种手段或工具而不是目的，这就必然要对资本进行有效的驾驭和节制。在社会主义公有制为主体的前提下，要通过一系列的经济和社会政策，驾驭和节制资本，取其长，抑其短，使其服务于社会主义的生产目的。在这个意义上，社会主义共需品供给本身就是节制和驾驭资本的一种有效手段之一。

从上述社会主义市场经济条件下共需品供给的思考出发，社会主义共需品实现有效供给需加强两方面的认识：一是社会主义共需品的社会主义本质属性；二是社会主义共需品供给的政府主导原则。

首先，社会主义共需品的本质属性是在社会主义市场经济条件下，以满足社会发展共同需要、以实现共同富裕为目标的社会产品划分模式。社会主义最终要实现人的全面自由发展，每个人的发展成为其他人发展的条件，也就是所

第6章 从社会共同需要思想到社会共需品理论：对西方公共产品理论的批判性超越

有个人需要都成为社会共同需要。这是个人利益与社会利益实现统一的总趋势，是在较高水平的社会生产力和社会主义生产关系基础上形成的历史发展范畴，是社会主义共需品的扩大模式。在现阶段，我国还处于社会主义初级阶段，生产力与生产关系协调促进作用还没有充分发挥出来，因此生产力水平上升的空间还很大，决定了生产关系和上层建筑还应当在生产力发展的基础上进行进一步的调整。为了解放和发展生产力，我国在社会主义制度内引入了市场经济，以利益主体的多元化刺激个人利益要求的不均衡满足，从而利用市场机制配置资源，提高社会生产效率。但是市场带来效率的同时是对公平的相对忽视，利益分配的不均衡导致社会发展出现各种不平衡，共需品是这种对公平的忽视和不均衡分配后果的集中体现。在此基础上，共需品与一般经济物品的划分在概念上出现了与西方公共产品概念的混淆，社会主义共需品也常常以公共产品的表象形式被讨论和界定。但是，公共产品实际上无法反映社会共需品的特性，尤其是社会主义共需品的本质属性。如果从公共产品的概念出发，则共需品就成为社会主义市场经济条件下，附属于市场功能的一种特定类型的产品，对这种产品的供给和配置是为了未来市场机制更有效的发挥作用，从而完善市场经济模式。但实际上，应该颠倒过来，市场机制并不反映社会主义本质，而社会主义共需品才真正反映社会主义本质。因此市场机制的引入应当是被看做实现公共利益、更好供给社会主义共需品的一种模式，换句话说，市场是从属于社会主义共需品供给的，只有这样才能保证社会主义发展方向不发生偏离。

其次，社会主义共需品的供给应坚持政府主导原则，但要转变政府职能，加强监督。在共需品供给主体的选择上，政府、私人企业（市场）、社会组织都有各自的优势，共需品本身也存在动态界定边界，受到技术、制度、文化、生产组织形式等多方面影响。但是从社会主义共需品的本质出发，必须坚持政府为主导的供给模式。主要原因有三个方面：一是政府公共权力行使的职责所在；二是社会主义共需品的特征使然；三是政府可用资源的充分性和手段的多样性。但是认识政府主导作用的关键在于坚持政府主导性。主导性的含义是在一定的数量优势基础上发挥系统核心作用，也就是整个共需品供给系统的核心中枢应当是政府主导，政府可以不追求共需品供给数量上的绝对优势，但要对

| **通往共享之路**
　　——马克思社会共同需要思想的当代阐释及运用

共需品的当前调控和未来发展做好规划，对其他供给主体的供给模式、数量、结构实现有效调控。市场不能决定共需品的供给，但共需品的供给模式要决定市场结构，这是未来实现共建共享社会的重要条件。另一个重要问题就是政府职能的转变，不是变得更适应市场经济的要求，而是要更适应社会主义共需品供给的要求，同时一切政府所追求的行政高效率和纪律要求也是转变政府职能的必然要求。换句话说，实现政府主导，要让政府比市场更有效率，实现更大的公共利益，而这种要求只有在社会主义条件下才能实现。

　　总之，社会共需品供给主体与模式的选择应基于现实社会经济条件而呈现出动态变化，不能绝对、孤立地看待共需品供给主体与模式，仅仅认为政府供给共需品是为了弥补市场失灵，使共需品成为市场附属物。因此，在共需品供给主体和模式的选择上，应该坚持供求双层约束下的经济发展动态观。供求双层约束下的经济发展动态观认为，共需品供求总量、内容、类型和结构是受经济发展水平和发展阶段约束的，其供给主体和模式随着经济发展水平和阶段的不同呈现出动态变化，只不过在不同经济发展水平和阶段上，哪个供给主体对于哪种社会共需品供给更占主导地位而已。社会共需品供给主体有政府、市场、非营利部门等多种主体，也就形成以政府为主导的供给模式，或是多元参与有所侧重的供给模式。

第四篇 共享之路：
民生型政府建设

　　从马克思主义的社会共同需要思想到社会共需品（以下简称"共需品"）理论的提出，可以看出，在马克思主义理论体系中，政府的活动是与国家的本质保持一致的，但是任何政府维护阶级统治的必要前提就是必须执行包含一切社会性质所产生的各种公共事务的职能，无疑这就是当前与民生建设密切相关的领域。民生作为民众社会共同需要最为集中体现的领域，必须要以政府为主导加以建设，积极实现共需品的供给。

　　我国作为社会主义国家，以人民为主体，以为人民服务为宗旨，民生建设问题更应该成为政府建设的重中之重，特别是构建民生型政府不仅是当代社会主义实践进一步发展的内在要求，也是不断向共建共享迈进的有效途径和保障。而我国政府民生责任履行的根本制度保障在于财政民生支出的实现和发展。就具体内容而言，不断扩大民生项目财政支出的规模、提高民生项目占财政支出的比例、优化民生项目财政支出的结构是构建民生型政府的必要条件。

但是，从发展的角度来看，客观上政府的财政民生支出的长期演变与经济发展的阶段性是密切相关的，这可以从世界范围内主要国家的实践经验得以证实，也正是本书提出共需品供给经济发展动态观的核心观点。因此，这一篇，首先从政府财政民生支出和经济发展阶段的相关理论与实证研究出发，对我国经济发展阶段进行总体评判，然后以此为基础，依据本书中提出的共需品维护性、经济性与社会性三个层次分类，结合我国政府财政民生项目支出的统计方法，构建政府财政民生共需品支出体系，系统地对改革开放以来我国政府财政民生共需品支出的情况进行考察，然后通过国际比较和供给绩效的全面分析，指出我国政府财政民生共需品支出存在的主要问题，并立足于共享探寻民生型政府建设的政策方向和路径。

第7章 经济发展阶段与政府财政民生支出相关性评判

经济发展阶段与政府财政民生支出的相关性是普遍的客观规律，但是在不同的国家和地区以及同一国家的不同经济发展阶段，伴随经济社会发展的动态演变，其客观表现存在极大的不同。近代以来，从世界主要国家政府财政民生支出与经济发展尤其是工业化发展的阶段性特征来看，总体上则是存在着某种相对稳定的量化关系。本章首先通过回溯和梳理、比较世界范围内不同类型的代表性国家在不同工业化发展阶段上的政府财政民生支出的变化历史，总结和提炼有关政府财政民生支出变化与经济发展阶段关系的统计变化趋势，为后面实证分析我国政府财政民生共需品供给建立参照系和评判标准。

7.1 经济发展阶段与政府财政民生支出的理论与实践考察

在马克思主义的经典著作中，关于财政民生支出与经济发展阶段相适应的思想其实已有相关的论述。但作为现代财政理论研究的独立理论体系则是在19世纪80年代才开始出现的。

7.1.1 经济发展阶段与政府财政民生支出相关理论的回顾

1. 马克思有关经济发展阶段与财政民生支出的思想

在马克思主义关于社会发展的经典论述中，虽然没有具体的关于经济发展阶段与财政公共支出关系的直接论述，但是马克思在关于人类社会共同需要产生的历史动因及其供给的论述中，蕴含了社会共同需要的内涵及其形式内生决定于社会生产力发展水平及其社会生产关系的深刻思想。只不过，马克思所阐述的社会共同需要是在人类社会发展的宏观历史维度上更为一般化的普遍规

通往共享之路
——马克思社会共同需要思想的当代阐释及运用

律,远远超出了财政理论的历史和分析范畴。

马克思认为人类的社会历史活动产生于人类的需要。人们必须能够生活,之后才能够进行更多的有目的的活动,即"创造历史"。"但是为了生活,首先就需要吃喝住穿以及其他一些东西。因此第一个历史活动就是生产满足这些需要的资料,即生产物质生活本身。"① 也就是说,生存需要是推动人类进行生产活动,进而形成生产力与生产关系矛盾运动的初始动因。在人类社会的发展历史上,个人需要与社会需要的辩证统一关系严格受限于生产力的发展水平,是特定社会生产关系的集中体现。

马克思认为,自人类社会产生以来,无论任何社会形态都存在着维持社会存在与发展的社会共同需要。随着社会生产力的发展所衍生出的社会分工的出现,物质产品的相对丰富促使人类社会产生了个人需要与社会需要的矛盾。马克思还提出了由一定社会生产力水平决定的社会共同需要供给主体的选择依据。这一思想体现在马克思对比西方和东方供给用水的论述中,他指出"节约用水和共同用水是基本的要求,这种要求,在西方,例如在弗兰德和意大利,曾使私人企业家结成自愿的联合;但在东方,由于文明程度太低,幅员太大,不能产生自愿的联合,因而需要中央集权的政府进行干预。所以亚洲的一切政府都不能不执行一种经济职能,即举办公共工程的职能"。②

马克思同时也注意到了,随着生产力的发展,需要由国家统一管理的社会公共事务越来越多,因此,国家职能"包括由一切社会的性质产生的各种公共事务"③。这就要求国家通过赋税、国债等方式筹集资金,他指出国家应该通过从社会分配中占有一部分国民收入来承担供给责任,"为了维持这种公共权力,就需要公民缴纳费用——捐税"。④

显然,马克思在这里的论述已经清楚的内含了国家职能中的公共事务支出责任也即政府财政民生支出要与经济发展阶段所决定的社会共同需要相匹配的基本思想。

---

① 《马克思恩格斯文集》第1卷,人民出版社2009年版,第531页。
② 《马克思恩格斯选集》第1卷,人民出版社1995年版,第762页。
③ 《马克思恩格斯文集》第7卷,人民出版社2009年版,第431页。
④ 《马克思恩格斯文集》第4卷,人民出版社2009年版,第190页。

2. "格瓦纳法则"及其理论解释

历史上相对系统、全面的研究财政公共支出动态演进特征的学者是19世纪80年代的德国著名财政学家瓦格纳。瓦格纳利用美国、日本等许多国家公共支出历史资料，在结构性解析的基础上，得出了一个显著的趋势性经验论断，即随着国民收入的增长，在长期内，政府财政支出会以更快的速度增长，即财政支出的相对增长。这一经验性论断所表达的关于长期内政府财政支出与国民收入的动态关系，被后人称为"瓦格纳法则"。

这种财政支出相对增长的趋势是由政治和经济两个方面的基本因素决定的。瓦格纳认为出现这种趋势的政治因素是，随着经济工业化发展水平的提高，社会关系的存在形态及其表现形式逐渐出现多元性，为调节和管理这种日趋复杂的社会关系必然要求建立更加庞大的司法组织，以满足日益多元的商业法律和契约需求，这样就需要增加政府公共支出，把更多的资源用于提供治安的和法律的设施，此为政治因素。

衍生于工业化发展的人口聚集，即城市化的发展是导致这一趋势出现的经济因素。为解决人口的城市化所产生的外部拥挤性等问题，需要强化公共部门的公共管理职能。此外，随着社会经济的发展，社会对于教育、文化、保健与福利服务的社会需求具有较大的收入弹性，即随着经济发展和人均收入水平的提高，社会对上述项目的消费需求的增长将会快于GDP的增长。瓦格纳的公共支出理论为许多国家的经济发展事实所证实。

虽然瓦格纳并没有明确提出财政民生支出的概念，但从其内涵来看，与民生相关的教育、医疗、社会保障等财政民生支出显然构成其财政公共支出的主体。之后的一些经济学者，在瓦格纳的研究框架内，进一步研究后得出的结论表明，在经济发展到一定阶段后，一国的医疗、教育等社会性公共支出构成财政支出的主体。

3. 经济发展阶段与公共支出结构调整的理论

在农业文明时代以及进入工业化早期阶段，西方国家的政府公共支出的范围除国防外，主要是限定在道路、交通、水利等基础设施领域，也即马克思所界定的直接服务于社会生产活动需要的"公共工程"。公共事务的支出，如救灾、社会保障等具有再分配效应的政策基本上都是临时性的，并没有形成制度

通往共享之路
——马克思社会共同需要思想的当代阐释及运用

规范。

现代社会保障理念被认为初步形成于 19 世纪末，直到 20 世纪 50 年代，美国经济学家马斯格雷夫在《财政理论与实践》中正式把收入再分配职能划入政府的基本职能范畴，并逐渐被当时西方主要国家所接受。自此，民生导向的公共财政社会性支出迅速增加。公共支出增长带来的结果是政府服务的扩展及基本社会保险体系的形成。到 20 世纪 80 年代，形成了所谓的"福利国家"。

在西方财政理论中，对于公共支出结构的长期演变趋势与经济发展的阶段性关系之间存在的正相关关系，虽然瓦格纳较早的研究了这种趋势，但是他并没有在一个相对规范的财政分析的基本框架内，对二者长期变动的数量关系进行深入研究。

最早针对二者的数量相关性展开规范研究的学者是马斯格雷夫和罗斯托。他们提出了公共支出结构发展模型，描述二者长期演变的动态数量关系。具体的，他们以生产的动态理论为基础，围绕经济起飞的动态机制，来分析不同发展阶段的基本特征。在公共支出结构发展模型中，他们将经济发展划分为五个阶段，即传统社会、为起飞创造条件阶段、起飞阶段、成熟阶段、高消费时代。[①]

在经济发展早期，即经济起飞之前，由于较为严重的市场缺陷使得政府投资在总投资中占有较高的比重。在这一阶段，公共部门在提供最基本的经济基础设施，特别是道路、供水、电力和通信基础设施方面发挥着不可替代的基础作用，在很大程度上替代了私人投资。

在经济发展的中期阶段，随着市场机制的逐步完善，民间私人部门投资逐渐成长，因此总投资占 GNP 的比重继续上升，但政府公共投资占 GNP 的比重会下降，逐步让位于私人资本。

马斯格雷夫认为，在工业化发展的整个过程中，GDP 中总投资的比重是趋于上升的，但政府公共投资占 GDP 的比重却会下降。罗斯托则指出，一旦经济的工业化发展达到成熟阶段，财政支出将从关于基础设施的支出转移到对于教育、保健与福利服务的支出。而在大众消费阶段，进行收入再分配的政策性支

[①] 刘京焕等：《财政学原理》，高等教育出版社 2011 年版。

出的增加会大大超过其他财政支出项目，快于GDP增加速度。

7.1.2 发达国家经济发展阶段与政府财政民生支出的历史考察

1. 美国财政民生支出与工业化中期阶段的考察

美国经济发展阶段的划分通常被认为，1870～1910年为美国的工业化初期阶段；1910～1940年为工业化中期阶段，其中1910～1920年为工业化初期向工业化中期过渡的时期，美国在工业化中期阶段的财政民生支出情况见表7-1；1940～1970年为基本完成工业化的后期阶段；1970～1992年为后工业化阶段。

表7-1　　1933～1940年美国联邦政府财政社会福利支出　　单位：百万美元

财政年度	合计	社会保险	公共救济	医疗卫生	抚恤金	教育	住房	其他社会福利	对地方政府社会福利转移支付	在社会福利总支出中所占比重（%）
1933	1339	81	345	52	819	41	—	2	25	30.57
1934	2771	95	2004	48	530	93	—	2	24	47.93
1935	3207	119	2374	50	598	53	13	2	28	49.40
1936	6506	133	2310	55	3826	139	42	3	107	64.94
1937	3788	193	2494	70	880	143	3	4	230	51.13
1938	3255	295	2075	73	615	188	4	5	365	45.68
1939	3987	358	2871	79	596	73	3	7	446	48.12
1940	3443	394	2243	97	620	75	4	11	531	45.19

资料来源：孙春雷：《我国民生财政研究》，财政部财政科学研究所博士学位论文，2015年。

美国工业化的中期阶段恰逢"大萧条"之后的罗斯福新政时期。基于凯恩斯主义的以财政政策为主导的宏观经济干预，开启了现代意义上的美国联邦社会福利体系的建设。1935年《社会保障法》的通过，使美国联邦政府第一次真正承担起提供社会保障的国家责任，建立起了美国的现代社会保障体系。

由表7-1数据可知，美国在工业化中期阶段最大的财政支出是用于社会福利支出的部分，其比重从1933年的30.57%三年内猛增到至1936年的64.94%，之后，虽略有下降，但1939年仍然高达48.12%。其中，规模较大的是公共救济和抚恤金，增长最迅速的部分是社会保险支出和医疗卫生支出。1929年，联邦、州和地方政府的社会福利支出总额约为2.5亿美元，其中不包括退伍军人和政府退休人员的退休金，而1939年这一数字在剔除了价格因素之后，依然高达17.5亿美元，十年间支出增长了7倍[①]。

2. 英国财政民生支出与经济发展阶段的考察

英国是世界上第一次工业革命后最早完成工业化的国家，其财政民生支出的实践也早于其他国家。早在17世纪英国政府财政就具有了初步的转移支付职能。进入20世纪后，英国的工业化水平始终居于世界前列，到20世纪八九十年代基本与欧美同步进入后工业化时代。

经过漫长的一系列社会福利政策改革，尤其"二战"后至20世纪末，通过养老金改革、失业保险制度改革、国民医疗保健制度的改革以及住房和教育制度的改革，英国的财政民生支出体系已经相对比较完备、健全和稳定，属于典型的"福利国家"。其近二三十年来的财政民生支出变化见表7-2。

表7-2 近二三十年英国财政民生支出结构的变化 单位:%

支出项目	1988~1989年	1998~1999年	2010~2011年
其他支出	7.8	8.3	9.5
农业、渔业、食品、森林业支出	1	1.3	0.8
贸易、工业、能源、就业与环境支出	6.9	3.5	3.5
住房	1.9	1.7	2
公债利息	10.6	8.9	6.4
公共秩序与安全	4.7	5.4	4.9
国防	10.2	7.4	5.6
交通	3.3	2.4	3.3
教育	12.1	12.1	13.1
医疗卫生	11.7	14.2	17.5
社会保障	29.8	34.8	33.5

资料来源：孙春雷：《我国民生财政研究》，财政部财政科学研究所博士学位论文，2015年。

[①] 赫伯·特斯坦著，金清、郝黎莉译：《美国总统经济史——从罗斯福到克林顿》，吉林人民出版社1997年版，第97页。

总体来看，英国近二三十年来财政支出各项目所占比重相对比较稳定，教育、医疗、社会保障、交通和住房等民生支出占财政支出结构的比例在1988～1989财政年度为58.8%；1998～1999财政年度为65.2%；2010～2011财政年度为69.4%。就结构来看，二十多年时间内的变化集中表现为社会保障项目支出和医疗卫生支出较大幅度的变化上。其中，仅社会保障支出一项长期保持在政府财政支出结构的1/3以上。再结合近三十年来英国经济的成长及国民收入水平的提高，显然，格瓦纳提出的民生财政支出需求，尤其是基础性的社会保障、医疗服务等民生需求相对收入的高弹性是完全成立的。

3. 日本财政民生支出与经济发展阶段的考察

日本是亚洲第一个走上工业化道路的国家。19世纪末至20世纪初是日本工业化发展的初期，这一时期日本的工业得到较快发展并奠定了一定基础。但第二次世界大战使日本工业遭受重创。日本工业实质性快速发展是在"二战"后开始的。战后二十多年的时间内，日本GDP的年均增率一直保持在7%以上，是日本经济快速发展的重要时期，到70年代初，日本重化工业在制造业中的比重已经超过60%，完成了重化工业化的发展阶段，进入后工业化时代。进入20世纪90年代，日本则陷入长期的经济衰退之中，其政府财政政策的经济与社会功能逐步趋于多元化。

囿于统计数据的局限，我们没能获取日本相对详细的财政民生支出的历史数据资料。但是根据日本官方公布的统计资料的指标解释，政府财政的消费性支出主要是指公共消费性支出，在内容上主要包括教育、医疗、社会保障、转移支付等项目，当然也包括国防建设等其他公共支出项目。但是，毫无疑问，在公共支出中涉及民生的基本支出项目构成其政府财政消费性支出的主体。其中的生产性支出则主要指政府直接用于固定资产投资的支出。

由表7-3数据可知，日本在完成重化工业发展阶段，刚刚进入工业化发展的后期阶段后，以民生支出为主体的政府消费性支出占财政支出的比重总体上始终大于生产性支出占财政支出的比重。其中，一直到工业化完成的70年代末至80年代初，消费性支出占财政支出比例的平均水平为52.8%，相对重化工业化基本完成的70年代初，财政支出结构基本稳定。

表7-3　　　　　　　1969~2011年日本财政支出基本结构

年份	财政总支出（10亿元）	消费性支出（10亿元）	比例（%）	生产性支出（10亿元）	比例（%）
1969	31987.4	18057.6	56.4	13929.8	43.6
1970	34272.2	18926.2	55.2	15346.0	44.8
1971	37395.9	19845.7	53.2	17550.2	46.8
1972	41692.2	20831.1	50.0	20861.1	50.0
1973	44016.6	21957.1	49.7	22059.5	50.3
1974	41565.5	21864.6	52.5	19700.9	47.5
1975	45876.1	24617.7	53.8	21258.4	46.2
1976	47444.6	25658.8	54.1	21785.8	45.9
1977	50663.4	26729.9	52.5	23933.5	47.5
1978	55564.8	28122.3	50.7	27442.5	49.3
1979	57063.9	29304.1	51.2	27759.8	48.8
1980	56215.8	30216.0	53.9	25999.8	46.1
1981	58431.0	31574.7	53.8	26856.3	46.2
1982	58682.7	32494.1	55.3	26188.6	44.7
1983	58932.8	33321.2	56.5	25611.6	43.5
1984	59334.8	34104.2	57.8	25230.6	42.2
1985	57854.6	34202.4	59.2	23652.2	40.8
1986	60538.2	35961.5	59.3	24576.7	40.7
1987	62316.6	36523.5	58.6	25793.1	41.4
1988	64102.0	37375.2	58.2	26726.8	41.8
1989	64844.9	38112.9	58.5	26732.0	41.5
1990	66903.7	38681.0	58.1	28222.7	41.9
1991	68778.9	39451.6	57.1	29327.3	42.9
1992	73969.8	40224.1	54.3	33745.7	45.7
1993	80148.2	41170.1	51.4	38978.1	48.6
1994	109025.1	67109.1	62.8	41916.0	37.2
1995	111595.0	69991.8	64.2	41603.2	35.8
1996	115531.2	72069.7	63.7	43461.6	36.3
1997	112818.7	72620.4	65.5	40198.3	34.5
1998	111652.5	73502.7	67.2	93814.9	32.8

续表

年份	财政总支出 （10亿元）	消费性支出 （10亿元）	比例 （%）	生产性支出 （10亿元）	比例 （%）
1999	115844.0	76170.6	66.9	39673.4	33.1
2000	115902.5	79877.0	70.0	36025.5	30.0
2001	117968.0	83451.0	72.0	34517.0	28.0
2002	118409.2	85676.8	73.6	32732.4	26.4
2003	117052.6	87260.8	75.6	29791.8	24.4
2004	116183.8	88602.1	77.4	27581.7	22.6
2005	114162.9	89314.8	79.2	24848.0	20.8
2006	112925.2	89339.0	80.0	23586.2	20.0
2007	112477.4	90323.8	81.3	22153.6	18.7
2008	110811.1	90231.3	82.2	20579.8	17.8
2009	114061.3	92148.4	81.5	21912.9	18.5
2010	115975.2	93868.2	81.9	22107.0	18.1
2011	115554.6	95121.8	83.1	20432.8	16.9

资料来源：夏子敬：《日本财政支出及其对经济增长的影响分析》，吉林大学博士学位论文，2014年。

一直到20世纪90年代中期，经济进入长期衰退期后所诱发的一系列社会矛盾和问题，促使日本的财政消费性支出开始大规模扩张，进入21世纪后政府财政消费性支出占财政支出的比例历史性逐渐突破80%。

7.1.3 发展中国家经济发展阶段与政府财政民生支出的历史考察

1. OECD相对欠发达国家财政民生支出与经济发展阶段的考察

以美国、日本、加拿大、澳大利亚，以及欧洲等发达国家为主导的经济合作与发展组织（OECD）各成员方基本上都属于已经完成工业化发展阶段的经济强国。但由于各种历史现实因素，随着OECD组织的扩张，苏联、南斯拉夫，以及中东欧、南美的一些发展中国家也成为OECD组织成员方，主要包括：波兰、捷克、斯洛伐克、斯洛文尼亚、爱沙尼亚、土耳其、墨西哥、智利等国家。这些国家的工业化发展程度总体上尚处于中期或中后期阶段。

从上述几个欧洲国家的情况来看，捷克和斯洛文尼亚由于国家较小和其他的政治、资源和区位等经济因素和历史原因，其经济发展的工业化程度明显优于欧洲的波兰、斯洛伐克和爱沙尼亚等国家，已经非常接近发达国家的平均水平，或者说已经基本进入后工业化发展阶段；而波兰和爱沙尼亚等原计划经济国家和斯洛伐克的工业化发展水平则受到各种历史、现实因素的制约，相对工业化程度较低，基本上属于工业化发展的中期阶段。

美洲的墨西哥和智利虽然也同属于发展中国家，但发展程度所存在的差异更大，远远超过了上述欧洲各国家之间的水平差异。墨西哥受益于北美自由贸易区的区域协同发展优势，其发展水平长期位于发展中国家的前列。而智利由于资源和人口较少的优势，人均收入水平较高，但其工业化的发展阶段整体上正处于以原材料为基础的重化工业发展的前中期阶段，其制造业的科技含量和附加值相对较低。

由表7-4数据可知，通过横向的同期财政民生支出比例的比较，可以很清晰地观察到经济发展阶段的差异与财政民生支出比例差异之间的内在联系。在2002~2012年总共11年的财政年度内，有关国家的民生财政支出结构总体上都处于非常平稳的水平，不同国家之间的内在差异基本上主要由经济发展阶段的水平差异所决定。其中，捷克和斯洛文尼亚的民生财政支出比例的平均水平，在样本期间已经超过了60%；波兰和爱沙尼亚的民生财政支出比例的平均水平都在50%以上、60%以下，水平比较接近；爱沙尼亚的平均水平在55%以上，相对较高。波兰的财政民生支出比例的平均水平则在50%以上、低于55%；斯洛伐克的民生财政支出水平占财政总支出的比例则在40%以上、45%以下。

表7-4　　　　　OECD相对欠发达国家民生财政支出比例　　　　单位:%

年份	波兰	捷克	斯洛伐克	斯洛文尼亚	爱沙尼亚	墨西哥	智利
2002	59.2	58.1	40.9	60.2	54.4	26.6	11.0
2003	57.5	51.8	49.8	59.9	54.9	29.6	11.5
2004	56.6	58.2	43.4	60.7	57.6	31.6	10.7
2005	56.4	58.0	43.6	62.3	56.1	28.5	10.3
2006	55.6	60.6	48.9	60.7	54.9	26.7	9.6

续表

年份	波兰	捷克	斯洛伐克	斯洛文尼亚	爱沙尼亚	墨西哥	智利
2007	54.1	62.4	40.9	58.9	55.4	26.5	9.6
2008	55.0	62.3	39.9	60.5	58.0	24.6	10.7
2009	53.7	60.6	37.5	61.3	61.4	25.6	11.6
2010	52.6	62.2	43.0	61.1	59.1	25.6	11.2
2011	51.2	62.8	42.3	60.3	57.4	25.1	11.2
2012	50.5	64.5	40.4	62.6	58.5	—	11.9

注：根据有关国家的财政管理体制，我们选择的民生支出的计算口径主要包括：医疗卫生、公共教育、社会保护、住房和社区设施、文化娱乐、环境保护几个方面政府财政开支占全部财政支出的比例。其中，墨西哥和智利的数据仅包括医疗卫生和公共教育两项支出占总支出的比重。

资料来源：数据均源自 Wind 数据库。

总之，从 OECD 相对欠发达国家的情况来看，这些国家之间的政治、社会文化等综合条件因素的差异相对较小，其财政民生支出与经济发展阶段之间的梯度相关性相对是非常清楚的。

2. 印度与巴西等发展中大国财政民生支出与经济发展阶段的考察

截至 2007 年，以购买力平价（PPP）计算的印度经济总量已经跃居亚洲第三大经济体。在世界范围内，印度经济规模已经是世界第 12 大经济体。但是，印度人口庞大，其人均收入（2007 年估计数字）仅为 4182 美元（以 PPP 计算）或 964 美元（名义人均收入）。总体而言，印度的工业化程度受限于多种历史、人文和自然因素的影响，基本上还处于工业化发展的初期阶段，截至目前印度还没有形成自己相对完整的重化工业体系，以煤炭、石油、钢材、发电量等基础工业产品的生产能力指标来看，其工业化程度相对落后于中国至少 20~30 年的水平。

同样作为发展中大国的巴西是目前拉丁美洲工业体系最为健全的国家，早在 20 世纪初，巴西即开始了其工业化进程。20 世纪 50 年代巴西通过推行"进口替代"经济发展战略，实现了经济起飞，初步建立了较为完整的工业体系。之后的三十多年的时间，巴西深陷"中等收入陷阱"，长期的国际收支失衡，使得巴西经济的发展高度依赖外部投资，货币汇率极不稳定，深受高通胀的困扰，其整体的工业化程度基本处在中后期阶段。

囿于数据的可获得性，我们并没有得到巴西和印度的财政整体支出结构的历史数据，有关比例指标是两国部分民生支出占 GDP 的比例指标。由表 7-5 数据可知，就经济发展阶段或者工业化发展程度而言，印度整体上的工业化程度大致和中国 80 年代中后期的水平比较接近，其民生类财政支出占国内生产总值的比重与中国同期水平大致相当。而巴西现阶段的民生类财政支出水平则远高于中国，其公共教育、医疗卫生和研发三项民生财政投入的水平就占到了 15% 以上。就财政民生支出的基本结构来看，巴西的民生财政支出的比例也是远高于中国的即期水平。

表 7-5　　　　印度、巴西的民生财政支出占 GDP 比例　　　　单位:%

年份	巴西	印度
2000	12.21	1.38
2001	12.22	1.45
2002	11.96	1.45
2003	12.58	1.32
2004	12.04	1.28
2005	13.67	1.35
2006	14.43	1.44
2007	14.65	1.32
2008	14.98	1.66
2009	15.63	1.71
2010	15.99	1.58
2011	16.37	1.52
2012	17.02	—

资料来源：Wind 数据库及世界银行数据。其中，印度民生支出占 GDP 比例是根据 Wind 数据库有关印度的财政支出数据和世界银行公布的印度 GDP 数据估算得到。巴西的民生财政支出主要包括：公共教育、医疗卫生和研发投入三项内容；印度的民生财政支出的内容包括：社会服务、公共教育、文化体育、医疗卫生、劳动就业和转移支付。

7.1.4　政府财政民生支出与经济发展阶段的相关性评判

综合英、美、日等发达国家的财政民生支出与经济发展阶段的纵向历史关系，以及 OECD 相对欠发达国家的阶段性差异，再横向对比印度等发展中国家现阶段的财政民生支出水平及其近期演变,尽管横向地看,在相同或近似发展阶段上,不同国家的财政民生支出比例存在普遍的差异,但从大的历史跨度来看,总体上,瓦格纳法则所描述的关于政府公共财政支出与经济发展的基本规律或者说趋势,毫无疑问是成立的。只不过随着现代政治文明的进步,在现代社会,民生作为国家或政府的基本责任或职能突出地得到了强调。

再进一步考察不同发展阶段上不同国家的财政民生支出的具体数据,尤其是现阶段发展中国家的具体情况,我们基本可以得出一个大致的经验性趋势判断:在一个国家工业化程度进入中期阶段以后,能够满足社会需要的社会保障、医疗、教育、环境等财政民生支出的相对规模大致保持在整个财政支出的30%~50%的水平上,而在后工业化发展阶段,这一比例一般在50%~60%。当然,这一判断所隐含的一个前提是:政府的财政民生支出的制度体系是相对公平、完备的,可以惠及绝大多数社会群体。

在我国有关学者的研究中,也有相同或类似的结论。如早期的何振一(1991)、近期的肖宇亮(2013)、闫婷(2013)、孙春雷(2015)等学者的研究,尽管切入角度以及关注焦点存在不同,但在民生财政支出的相对规模或水平上都持有近似观点,即都认为随着社会经济的发展,客观上以教育、医疗等社会保障为核心内容的社会公共消费需求呈上涨趋势,同时鉴于上述社会共同需要的经济特性,决定了这类产品的供给需要以政府为主导的供给模式,等等。

7.2 中国经济发展阶段的国际比较评判

根据前述经济发展阶段与财政民生支出关系的理论和实践考察,二者的长期动态发展关系清晰地展示了二者内生的逻辑发展机制。一个国家的民生财政支出与经济发展阶段存在紧密联系的逻辑基础在于:一方面,主要依赖于国家财政支出的民生需求的层次与规模,随着经济发展阶段的演进,整体上存在非线性递增趋势;另一方面,财政民生支出的基本功能,随着社会经济的发展具有多元属性,也就是说,与社会经济发展阶段相适应的财政民生支出结构及其规模,对于促进经济发展、社会稳定的良性循环具有不可替代的基础性作用。

这也就意味着，在不同的经济发展阶段，存在着一个相对稳定的最优财政民生支出的结构与规模。因此，在具体探讨我国财政民生支出改革的方向与路径问题之前，首先，明确我国经济发展的总体阶段，无疑是进行改革目标设置的基础前提。

7.2.1 中国工业化发展阶段的国际比较评判

工业化的具体含义是指在国民经济产业结构中，第二产业在国民生产总值中所占比重及其就业人数比例两个核心指标。随着工业化程度的深入，第二产业在国民生产总值中的比重逐步提高，相应的第二产业中就业的劳动人口占总劳动人口的比例持续上升。国际上普遍的工业化阶段的划分通常分为初期、中期和后期三个阶段。

1. 与美国的比较评判

我们将第二产业与第三产业占 GDP 比重及相应的就业人数比例等四个指标作为反映工业化程度的指标，进行中美两国的比较分析，见表 7-6。

表 7-6　　　　　　2013 年中国与美国同数值的时期对照

指标	中国年份	中国数值	美国数值	美国年份
第二产业占 GDP 比重	2013	43.9	38	1950~1960
第二产业就业人数比例	2013	30.1	30	1900
第三产业 GDP 比重	2013	46.1	32~58	1820~1870
第三产业就业人数比例	2013	38.5	32	1900

资料来源：《中国统计年鉴（2014）》和《2005 中国现代化报告》。

根据前述美国经济发展阶段的划分，即 1870~1910 年工业化初期阶段；1910~1940 年工业化中期阶段，其中 1910~1920 年为工业化初期向工业化中期过渡的时期；1940~1970 年为基本完成工业化的后期阶段；1970~1992 年为后工业化阶段。

由表 7-6 数据可知，中国第二产业占 GDP 比重对应于美国 1950~1960 年的水平，也即美国工业化后期阶段的水平。第二产业的就业比例指标则仅仅对应于美国工业化初期阶段的水平。第三产业的情况更不理想，第三产业的产值比重仅仅相当于美国工业化之前的水平,就业比例指标也仅仅对应于美国工业化初期的水平。

因此,我们认为中国现阶段经济发展刚刚进入工业化中期阶段,或者更准确地说整体上正处于工业初期阶段向中期阶段的转换过渡阶段。

2. 与美英德的比较评判

表7-7反映了中国2013年的三次产业的产出结构和美、英、德三国分别初步完成工业化时三次产业对国民收入的相对贡献。若以此为标准评判中国经济发展的阶段,中国已经基本初步完成了工业化,或者说现阶段处于工业化完成的初期阶段。

表7-7　　　　　　　　　　　　三次产业结构比较

	中国 2013年	英国 1841年	德国 1805~1914年	美国 20世纪20年代
三次产业结构	10:44:46	22:34:44	18:39:43	12:40:48

资料来源:《中国统计年鉴(2014)》;英、德、美三次产业结构资料参见赵伟:《当前中国社会经济发展阶段——三个视点的判断》,载于《社会科学战线》2007年第5期。

3. 与发展中国家的比较评判

中国学者徐康宁和王剑(2005)等比较和研究了中国与韩国、巴西、墨西哥、印度、马来西亚等工业化发展程度与中国大致同步的发展中国家的工业化现状。在研究中,他们重点考察了这些国家制造业内部行业结构等方面的细分指标。囿于最新数据的可得性,此处采用他们的研究结论。他们的主要研究结论表明,首先,以制造业内部行业结构来衡量,中国重化工工业占制造业的比例高于同期的巴西和墨西哥,但低于韩国和马来西亚;其次,从制造业内部产业结构的演变历史来看,五国制造业结构演变的共同特征都是重化工业比重逐渐上升,最终成为整个工业体系的主导部门,而轻纺工业等的比例逐渐下降;最后,以工业制成品生产的比较优势来衡量,中国在劳动密集型轻工业产品的生产上所具有的比较优势非常明显,而资本密集型重化工业品的比较优势则相对较弱,在程度上比较接近于墨西哥和巴西水平,略强于马来西亚,但是中国重化工业品占世界市场的份额远高于这些国家,这一点主要是由中国经济起飞阶段也即改革开放后，中国的技术、资源条件在整个国际分工体系当中的相对位置所决定的，当然，这还取决于中国三十多年来外向型的经济发展战略选择。

根据上述分析再结合考虑中国工业化发展的内部差异（包括区域差异、行业差异等），可以基本得出结论：中国的工业化已经进入重化工业发展阶段，在相当长的一段时期内，重化工业主导工业结构和国民经济增长的格局不会发生明显改变，即中国正处于工业化中期阶段，还没有基本完成工业化。这一结论与近期中国有关学者的研究结论是基本一致的，如李晓西（2007）、王宜勇（2009）等学者的相关研究都持相同或近似的观点。

综合上述三个层面的国际比较分析，我们认为中国刚刚进入工业化发展的中期阶段，无论是程度、水平还是质量都亟须继续提升，距离最终完成工业化进程还有很长的路要走。

7.2.2 中国城镇化发展阶段的国际比较评判

城镇化的急剧发展在某种程度上正是工业化发展的一种空间伴生状态，其本质原因主要决定于工业生产活动的规模经济属性及其外溢特征。因此，城镇化的发展水平是综合反映工业化发展水平的一个重要监测或检验指标，尤其在涉及工业化时代的政府财政民生支出趋势性分析的时候更要考察城镇化发展程度，这是因为在工业化进程中引致的经济空间布局的城镇化集聚，是催生或诱发财政民生需要增长的重要原因。因此，综合比较中国与国际社会城镇化发展水平及其状态的差异，也是检验、判断中国工业化发展真实阶段的一个重要参照或依据。

根据国际社会公认的城镇化界定和衡量的统一标准，城镇化的基本含义主要指的是人口的经济分布结构，其背后的主要支撑是以产业空间分布形态的演变或集聚为基础的产业结构的调整。因此，为便于整体比较中国城镇化发展与国际社会的综合差异，在关于城市化的指标选择上，我们选择"城市人口总量"作为数量指标，同时我们选择"城市人口占总人口的比重"和"第二、第三产业就业量占总就业量的比重"两个质量指标作为国际比较的标准。

由表7-8数据可知，一方面城市人口总量已经居世界第一位，另一方面城市人口在总人口中的比例却排在世界的 107 位，说明中国当前阶段的城市化发展程度还存在巨大的提升空间，距离工业化完成阶段 70% 以上的城市化人口结构还有很大的差距。这也从另一方面充分证明了中国经济发展的工业化水平仅仅处于中期发展阶段的基本现状。

表 7-8　　　　　　　　　　中国城镇化指标及其国际比较

测量指标	世界总量	中国	中国与世界的比例（%）	中国在世界上的排位
城市人口总量（百万）	3015.7	498	0.17	1
城市人口占总人口比重	49	39		107
第二三产业就业量占总就业量的比重（%）		50		32
综合				70

资料来源：李晓西：《中国经济的发展阶段研究》，载于《中央财经大学学报》2007 年第 3 期。

另外，从具体的实际情况来看，世界上主要发达国家的城市化发展在工业化起步阶段开始进入加速期，到工业化中期阶段的水平上，就产业结构来看，第二三产业占国民经济的产出比例平均已经超过 50% 的平均水平，人口的城市化比率则普遍达到 60%~70% 的平均水平。

反观我国现阶段城市化发展的基本情况，从产业分布及其构成来看，中国第二三产业在经济结构中所占比例为 50%，在世界的排名为 32 位，显然相对于目前已经居于世界第二位的经济总量来说，以第二三产业为主的城市经济的相对规模低于世界的总体平均水平，这与工业化发展程度是密切相关的。如果再考虑到基于二元经济结构的资源过度向城市投入的中国国情，工业化进程中非均衡发展的问题相对更加突出。从世界主要工业化国家的发展历程来看，中国在工业化发展的中后期阶段需要积极应对的经济社会的结构性问题比世界其他国家都要困难，完全完成工业化需要进一步解决的问题与障碍还有很多。

显然，中国的城市化发展水平比较而言，相对落后于中国工业化发展的水平与阶段。这是中国社会经济发展整体内部结构非均衡的一种直观体现，很大程度上是由于衍生于传统计划经济体制的一系列社会经济管理体制使得城乡之间、地区之间等多个层面和维度上存在巨大的制约社会经济协调均衡发展的制度性壁垒导致的。比如，使得城乡二元结构长期存在的户籍制度，以及以此为基础的社会保障体系的制度性差异及歧视的长期存在等。

总之，作为工业化发展伴生产物或现象的城市化是度量一个国家整体工业化发展程度的一个重要参量。中国城市化水平的相对滞后，一方面说明了改革开放前推动工业化发展的赶超战略，长期形成的一系列制度性问题，已经成为制约经济的工业化进程均衡协调发展的不利条件，并由此衍生出了巨大的社会经济非均衡发展的结构性矛盾和冲突；另一方面，城市化进程的相对落后，也充分说明了中国工业化发展水平的局限，这种局限主要体现为城乡和地区之间的工业化发展差异这一特定的结构性问题。

第8章 我国政府财政民生共需品供给的历史考察与国际比较

我们通过分析比较其他国家的发展经验,基本得出了经济发展阶段与政府财政民生支出的相关性关系。对我国经济发展阶段的国际评判,则表明当前我国正处于或者说刚刚进入工业化的中期阶段,那么,我国政府财政民生共需品供给处于一个什么样的水平,与国际发达国家、发展中国家相比是怎样一个水平,等等,这些问题的回答都需要对我国政府财政民生共需品的供给进行历史考察,并系统地对各类民生共需品的供给进行国际比较与分析,从而较为客观地对我国政府财政民生共需品供给的历史和现状做出判断。

此外,在我国政府财政民生投入逐渐加大的背景下,如何随着市场化改革的深入,探寻财政民生支出体系中存在的主要问题,提高财政民生支出的绩效水平,无疑是我国社会主义市场经济条件下实现人民共享发展成果的重要课题。

因此,本章通过系统梳理我国自1992年开始向市场经济转型以来,政府财政民生共需品供给状况及制度演变的历史发展进程,在纵向总结历史经验的基础上,同时结合美国、瑞典、巴西等多国政府财政民生共需品供给的横向对比,探讨我国政府财政民生共需品供给所存在的基本问题及其症结所在。

8.1 我国政府财政民生共需品供给的历史考察

作为以人民为主体的社会主义国家,我国从"一五"计划开始,国家财政便将有限的建设资金着重投入诸如水利建设等生产性民生支出领域,以民生共需品供给为主体的基本民生财政支出体系开始建立。从新中国成立开始到改革

| **通往共享之路**
——马克思社会共同需要思想的当代阐释及运用

开放,特别是1992年邓小平南方谈话后,党的十四大确立了建设社会主义市场经济体制的改革目标。

随着社会主义市场经济体制的初步建立,尤其是1994年的分税制改革后,我国的财政体制及其支出管理体系发生了翻天覆地的变化。历史地看,我国民生领域的财政支出,其绝对规模和水平一直稳步提高。但由于发展起点低,底子薄,人口众多,且城乡间、区域间发展极不平衡,导致整体上的财政民生支出比例长期偏低,截至目前都没有完成建立现代社会保障体系的历史责任。尽管长期以来国家不断加大民生领域的财政投入力度,但由于历史欠账太多,以及我国财政民生支出体系存在的一系列体制、机制问题,财政民生投入的水平始终不能满足人民日益增长的需求。

进入21世纪以来,党和政府逐渐把民生问题作为国家的头等大事列入日程。2007年,胡锦涛总书记在党的十七大报告中系统的强调了民生问题的重要性,强调要通过各种手段系统解决民生问题。财政民生开始进入新的历史阶段,社会保障与就业、医疗保障、教育等方面的财政支出开始单独列出,并作为重点成为政府工作报告的主题,"让全体人民共享改革和发展成果"的承诺开始有步骤的具体实施。

2011年《国民经济和社会发展第十二个五年规划纲要》提出了完善社会保障、医疗卫生、教育、就业和住房保障的制度安排。2012年党的十八大进一步强调要把民生放在"更加突出的位置"。特别是党的十八大以来,习近平总书记的各类讲话,更是围绕民生问题这一中心,对民生问题的重要性进行了系统的阐述,包括"人民对美好生活的向往,就是我们的奋斗目标"的理论指导;"社会政策要托底"的宏观经济思路;"促进社会公平正义"的注意事项,等等。整个民生理论呈现出几个重要特点:(1)理念更加自觉;(2)目标更加明确;(3)思路更加清晰明确;(4)更加注重改革和制度建设;(5)更加注重社会公平正义。[①]党的民生理论的不断完善,对于我国政府财政民生体系建设有着重大意义。

---

① 中共中央文献研究室《中国特色社会主义社会建设道路》课题组:《十八大以来习近平关于民生建设的新思想新举措》,载于《党的文献》2015年第3期。

第8章 我国政府财政民生共需品供给的历史考察与国际比较

关于财政民生阶段的划分,理论上一般都是以民生价值取向的特定民生支出指标体系的确立为基础的。纵观1992年以来我国财政制度及其管理体系的演变历程,我国政府财政民生支出的基本格局大致经历了两个相对不同的发展阶段:1992~2006年以农村建设和科教文卫为主的探索性财政民生阶段;2007~2009年开始的全面改革、调整,以理顺关系为基调的过渡及2009年至今的财政民生完善性阶段。

8.1.1 政府财政民生共需品支出指标体系构建

从共需品维护性、经济性、社会性三个层次分类出发,本书构建的财政民生共需品支出指标体系,是基于共需品的基本特征与其在经济社会运行中所发挥功能的综合考虑,依据社会共同需要、利益共享和维护促进社会经济制度发展完善程度的不同,并结合我国当前财政民生支出项目的统计口径与实际的支出情况,对已有的财政民生支出项目进行的结构性划分。通过构建出的财政民生共需品的支出指标体系,对我国财政民生支出项目进行全新的考察。

需要说明,第6章中按照共需品的供给所满足需要的层次及其社会经济属性,将共需品划分为三个不同的相对层次:维护性、经济性和社会性。但是这种共需品层次分类结构的划分并没有严格的理论界限,在某种程度上,这种划分仅仅是针对某一经济社会发展阶段所决定的共需品需要的水平与类别,并从共需品供给的实际规模及其满足社会共同需要的程度和相应财政支出项目的相对属性进行的一种分类。

具体来看,我国官方出版的《中国财政年鉴》关于财政支出科目的指标解释,以及自20世纪90年代以来我国财政支出管理体系的演变,就财政民生支出的具体内容来看,存在统计口径上的变化。具体地,在2006年之前我国财政支出的科目类别相对笼统,支出指标体系相对简单,其中民生相关支出的科目及其按照民生共需品层次的划分见表8-1;自2007年起,我国财政支出管理体系逐渐规范化、精确化,财政支出的科目设置越来越详细,其中民生财政支出的具体科目按照共需品层次的划分见表8-2。

表 8-1　　　　　　1992~2006 年财政民生共需品支出指标体系

共需品层次	民生项目	具体项目层次	具体项目
维护性	社会保障与就业	维护性	社会保障补助支出
			抚恤和社会福利救济费
经济性	政策性补贴支出	经济性	棉、粮、油价格补贴
			平抑物价和储备糖等补贴
			肉食价格补贴
			其他价格补贴
	支援农业生产支出和各项农业事业费	经济性	农、林、水利和气象事业费支出
			农业综合开发
			支援农村生产支出
		社会性	农村发展专项资金支出
社会性	文教卫生支出及教育附加费支出	维护性	医疗卫生支出
			教育支出
		社会性	文体广播事业费
			教育附加费支出

注：社会保障补助支出始于 1998 年，2003 年以后取消了支援农村生产支出和农村发展专项资金支出两项，增添农业综合开发一项。

资料来源：《中国财政年鉴》（1993~2007 年），中国财政杂志社。

表 8-2　　　　　　2007~2013 年财政民生共需品支出指标体系

共需品层次	民生项目	具体项目层次	具体项目
维护性	住房保障	维护性	保障性安居工程
		经济性	住房改革支出
			城乡社区住宅
	社会保障和就业	维护性	城市居民最低生活保障
			农村居民最低生活保障
			残疾人事业
			抚恤
			退役安置
		经济性	就业补助
			企业改革补助
		社会性	社会福利

218

续表

共需品层次	民生项目	具体项目层次	具体项目
维护性	医疗卫生	维护性	医疗保障
			公共卫生
			基层医疗卫生机构
			公立医院
		经济性	中医药
		社会性	其他医疗卫生支出
	教育	维护性	普通教育
		经济性	职业教育
			成人教育
		社会性	广播电视教育
			留学教育
			特殊教育
经济性	公共交通	维护性	邮政业支出
		经济性	公路水路运输
			铁路运输
			民用航空运输
			石油价改对交通运输的补贴
			车辆购置税支出
	农林水事务	维护性	扶贫
		经济性	农业
			林业
			水利
			农业综合开发
		社会性	南水北调
			农村综合改革
社会性	文化体育	维护性	文化
			其他文化体育与传媒支出
		经济性	体育
			新闻出版
		社会性	文物

续表

共需品层次	民生项目	具体项目层次	具体项目
社会性	环境保护	维护性	环境保护管理事务
			环境监测与检查
			自然生态保护
		经济性	可再生能源
			能源节约利用
			资源综合利用
		社会性	污染防治
			天然林保护
			退耕还林
			风沙荒漠治理
			退牧还草
			已垦草原退耕还草
			污染减排

注：2007年以前不存在住房保障支出，2007～2009年过渡阶段只有保障性安居工程一项支出，不存在住房改革和城乡社区住宅支出。其余非住房保障项目与2007年以前同类项目相比均有较大幅度调整，同时新增住房保障、交通运输、环境保护等项目，故单独列出。

资料来源：《中国财政年鉴》（2008～2014年），中国财政杂志社。

从表8-1和表8-2中可以看出，我国政府财政民生支出项目进行了双层次的共需品维护性、经济性与社会性的分类划分，即不同财政民生支出项目的维护性、经济性与社会性分类划分；同一个财政民生项目中具体财政支出项目的维护性、经济性与社会性分类划分。之所以进行这种划分，是立足于我国社会经济发展阶段的变化和居民对民生共需品需要水平及层次的变化。改革开放后至21世纪初，我国民生共需品的主要供需仍集中在保障居民基本生活的层面上，以社会保障为主的维护性共需品的财政民生支出是居民维持其基本生活的保障性措施；而当时的政策性补贴及农业支出则具有更多的保障居民生活的同时促进经济发展的作用；文教和卫生事业作为社会性共需品是以提高居民生活水平为出发点的。但是随着时代的发展，社会经济有了长足发展，政府和居民对于共需品的层次分类有了新的要求和认识。例如，文教卫生及住房保障变为保障居民基本生活的维护性共需品；居民对于

第8章 我国政府财政民生共需品供给的历史考察与国际比较

环境保护及文化体育事业的需求不断增多,促使政府将其纳入社会性共需品层次中。

此外,针对当前我国财政统计口径中财政民生支出大项目中又包含具体财政民生支出项目的问题,笔者认为,这是由当前财政科目编制习惯造成的。当前我国财政支出科目的划分更多的是将用途相似的部分划为同一类支出,却并没有注意到这类支出服务的人群以及不同的人对于该类支出的不同需要。以教育为例,对于全体公民来说,义务教育是人生活生存必不可少的部分,而留学教育则是少数精英学生做出的选择,因而笼统地归结为教育类支出并不能阐释出该类民生共需品的性质。但是,这种留学教育类支出毕竟只占教育类支出的一小部分,属于矛盾的次要方面,因而不影响整个教育类支出的维护性特征。特别要说明的,后续我们进行的财政民生支出国际比较的研究中,由于国外代表性国家的财政民生支出统计中具体财政支出项目并不可考,故只能根据财政民生支出大项进行共需品的分类。尽管中国和国外代表性国家有关财政民生共需品分类存在着两种不同的划分方式,但是这并不妨碍我们进行研究和由此得出的结论。

在表8-1的民生共需品支出指标体系中,由于2007年以前的财政支出尚未有明细的财政支出项目公开,故不能具体认识科教文卫事业的支出,只能笼统地从整体资金的主要功能来区分其层次。在2007年以后,即表8-2所示的指标体系中,共需品的划分层次发生了比较大的变动,对此做以下说明:在民生项目中,有部分项目或者某一层级的项目是通过市场化运作来实现的,如公立医院等。但是这种项目的建立和基本经费是靠政府公共财政投入来保障的,同时又通过公共投入建立的基础进行市场化和产业化运营,从理论上来讲,这些领域的公共投入属于共需品范畴,并应当根据具体作用划分到合适的层级。以公立医院为例,公立医院对于维护民众健康是不可或缺的,其存在并不以利润为第一要义,应当归属于维护性共需品。

因此,根据2007年以后我国财政支出指标体系的变化及其指标解释,在考虑我国实际的基础上,将国家财政对于住房保障、交通、环境保护的民生支出按照共需品的层次纳入民生支出指标体系中。同时将表8-1中的科教文卫支出拆分为教育支出、文化支出、医疗卫生支出,其中,教育和医疗卫生属于维护性支出，文化属于社会性支出。

但是一个国家的基础设施，如公路、铁路、航运、航空等与民众出行密切相关，尽管这些基础设施大多属于准公共产品或已经达到成熟的市场化经营，政府的财政投入原则上不再是公共投入，但是从共需品的角度看，其仍然属于政府用于改善民生的一部分，由于当前民众出行手段多样，故其不应被视为简单的维护性支出，而应当视为对于经济建设有促进作用的经济性支出。

以上述构建的财政民生共需品支出指标体系为依据，对我国1992～2013年财政民生共需品的结构、规模与比例进行实际考察，将有助于我们把共需品理论与现实更好地结合起来，系统整体地把握我国财政民生共需品供给的历史与现实情况。

8.1.2 政府财政民生共需品不同发展阶段供给状况的考察

1. 财政民生共需品供给的探索性阶段

1992～2006年，我国财政民生共需品供给[①]主要呈现以下两个特点：规模方面，财政民生共需品总量迅速增加；结构方面，财政民生共需品中维护性共需品比例不断提高，但是总体上这一时期的民生支出规模及结构还处于探索性财政民生支出的发展阶段。

（1）财政民生共需品供给的规模。

1992年是我国的市场经济起步元年，邓小平南方谈话及之后的党的十四大确立的社会主义市场经济体制，标志着我国进入新的经济发展阶段。1992～2006年的财政民生共需品支出发展情况也反映着我国市场经济建设的探索之路。

表8-3数据显示，我国财政支出中民生部分总量呈现出逐年增长的态势，且年均增长幅度均在10%以上，个别年份增长率甚至超过了20%。若以财政民生支出占总财政支出的比例来看，财政民生支出占总财政支出的30%左右，只在个别年份（2005年、2006年）突破了30%。

[①] 为确保数据的客观真实，以下数据均采用财政决算数字。

表 8-3　　　　　　1992～2006 年我国历年财政民生支出状况　　　　单位：亿元，%

年份	财政民生支出	总财政支出	民生支出占总财政支出比重	财政民生支出增长速度
1992	1371.13	4389.68	31.24	
1993	1630.34	5287.42	30.83	18.90
1994	1988.84	6393.35	31.11	21.99
1995	2346.4	7791.96	30.11	17.98
1996	2690.98	9375.27	28.70	14.69
1997	3028.05	11127.96	27.21	12.53
1998	3656.14	13186.88	27.73	20.74
1999	4129.5	15159.11	27.24	12.95
2000	5226.65	17575.33	29.74	26.57
2001	5996.88	20990.04	28.57	14.74
2002	7020.21	24582.64	28.56	17.06
2003	7920.76	27868.78	28.56	12.83
2004	9644.17	33267.82	28.99	21.76
2005	11355.09	33930.28	33.47	17.74
2006	13911.71	40422.73	34.42	22.52

资料来源：《中国财政年鉴》（1993～2007 年），中国财政杂志社。

如何看待这种相对较低的比例，正如第 7 章中我们所论证的当时我国工业化发展正处于起步阶段，经济发展水平使得政府财力有限，而且政府财政的主要支出并不集中在民生方面，因此，财政民生支出占总财政支出的比例低于 30% 的水平也基本正常，是与我国经济发展阶段和经济发展水平相适应的。

鉴于我国财政民生支出数据及统计口径的复杂性，以及为了更全面地反映出财政民生支出规模的总体状况，下面我们将进一步从具体财政民生支出项目出发，以基于维护性、经济性、社会性三个层面构建的财政民生共需品支出指标体系为依据（见表 8-1），研究 1992～2006 年具体财政民生支出项目所体现出的共需品供给规模的基本特征。

第一，社会保障和就业项目。改革开放以后，我国城乡的社会保障运行曾经长期沿袭计划经济下的运行模式。在城镇中，主要由国有、集体企业负责所属职工及其家属的养老、医疗、就业、住房等保障；在农村中，主要依靠集体经济和家庭提供各项社会保障服务。在这种背景下，各级政府直接支出的社会保障费用仅限于各项抚恤、社会福利和救济支出，以及行政事业单位的离退休费用。具体的社会保障与就业类的财政民生共需品支出见表8-4。

表8-4　　　1992~2006年社会保障与就业财政民生共需品支出规模　　　单位：亿元

年份	维护性		总计
	社会保障补助支出	抚恤和社会福利救济费	
1992	0	66.45	66.45
1993	0	75.27	75.27
1994	0	95.14	95.14
1995	0	115.46	115.46
1996	0	128.03	128.03
1997	0	142.14	142.14
1998	150.01	171.26	321.27
1999	343.64	179.88	523.52
2000	525.97	213.03	739
2001	786.22	266.68	1052.9
2002	1017.23	372.97	1390.2
2003	1262.16	498.82	1760.98
2004	1524.5	563.46	2087.96
2005	1817.64	716.39	2534.03
2006	2123.9	907.68	3031.58

资料来源：《中国财政年鉴》（1993~2007年），中国财政杂志社。

从表8-4中可以看出，社会保障补助支出、社会福利救济费支出均呈现逐年快速递增的态势，规模也从小到大，从无到有，社会福利救济费在15年间增加了10倍以上，而整体支出总额是1992年的近50倍。不过这两类支出均属于维护性共需品，虽然支出比例已经很高，但考虑到我国的人口规模以及社会发展的现实需要仍有较大的增长空间。

第二，支援农业生产支出和各项农业事业费项目。支援农业生产支出和各

第8章　我国政府财政民生共需品供给的历史考察与国际比较

项农业事业费是我国政府对农业及其相关行业进行投入的财政支出项目。我国历来有重视农业的传统,这一阶段也不例外。农业类财政民生共需品的具体支出见表8-5。

表8-5　　1992~2006年支援农业生产支出和各项农业事业费
财政民生共需品支出规模　　　　　　　单位:亿元

年份	经济性 农、林、水利等事业费支出	农业综合开发支出	支援农村生产支出	社会性 农村发展专项资金支出	总计
1992	120.79	0	100.06	48.19	269.04
1993	139.94	0	183.48	57.22	380.64
1994	181.23	0	156.65	61.82	399.7
1995	209.6	0	220.62	67.27	497.49
1996	251.3	0	177.33	81.44	510.07
1997	271.91	0	202.51	86.35	560.77
1998	323.78	0	205.99	96.25	626.02
1999	357.72	0	213.43	106.71	677.46
2000	426.51	0	229.38	111	766.89
2001	536.24	0	249.12	132.6	917.96
2002	692.67	0	261.8	148.23	1102.7
2003	979.18	155.68	0	0	1134.86
2004	1528.09	165.7	0	0	1693.79
2005	1607.47	184.93	0	0	1792.4
2006	1956.85	204.5	0	0	2161.35

资料来源:《中国财政年鉴》(1993~2007年),中国财政杂志社。

从表8-5数据我们可以看出,尽管经历了财政支出结构方面的调整,但是我国用于支援农业生产支出和各项农业费支出总体上依然保持着持续性的增长,共需品规模有所增加,然而在增速方面,这一部分支出的增长速度(约增长8倍)明显落后于社会保障项目的财政支出增长速度,也落后于同期财政民生共需品整体的增长速度(约增长10倍),这表明其未能充分发挥它的经济性

225

共需品的作用。我国政府关注到它对经济发展的重要性后,2004年党中央一号文件开始聚焦农业发展和农村建设,对该类共需品的投入迅速增长。

第三,文教卫生支出及教育附加费项目。文教卫生事业一方面是保障民生基本需求的维护性共需品,另一方面又是提高居民生活质量、促进国家社会经济发展,服务于社会的社会性共需品。在这一阶段被笼统合并统计,说明在当时我国财政科目并没有意识到这类支出对于不同人群的不同作用,具体支出见表8-6。

表8-6　　　　　　1992~2006年文教卫生支出及教育附加费
财政民生共需品支出规模　　　　　单位:亿元

年份	维护性		社会性		总计
	医疗卫生支出	教育支出	文体广播事业费支出	教育附加费支出	
1992	167.23	452.52	67.55	26.7	714
1993	201.77	558.21	75.69	39.46	875.13
1994	257.29	772.78	93.9	55.56	1179.53
1995	297.31	891.5	105.55	74.2	1368.56
1996	348.86	1038.37	121.29	90.45	1598.97
1997	390.71	1145.03	139.87	97.57	1773.18
1998	414.85	1338.06	141.19	102.63	1996.73
1999	445.68	1522.61	150.62	111.57	2230.48
2000	489.71	1764.64	293.5	130.63	2678.48
2001	569.3	2208.13	360.51	146.57	3284.51
2002	635.04	2644.98	429.21	173.01	3882.24
2003	778.05	2937.34	489.33	202.92	4407.64
2004	854.64	3365.94	587.14	258.9	5066.62
2005	1036.81	3974.83	703.4	315.15	6030.19
2006	1320.23	4780.41	841.98	388.64	7331.26

资料来源:《中国财政年鉴》(1993~2007年),中国财政杂志社。

第8章 我国政府财政民生共需品供给的历史考察与国际比较

由表 8-6 可以看出，文教卫生事业支出保持了相对稳定的持续增长，而对增值税等税种征收的教育附加费支出也是逐年上升的。增长速度方面，文教卫生事业增速（增长约 10 倍）基本与同期财政支出增长速度相同，略快于支农支出增长速度，低于社会保障支出增长速度。但是医疗卫生支出的增速较教育支出相对缓慢，这在一定程度上体现出当时的医疗市场化改革倾向导致政府对医疗卫生方面重视的程度不足。

第四，政策性补贴项目。一般来说，政策性补贴是为了缓解人民生活负担而对消费者进行转移支付的资金，其根本目的不在于保障人民生活而在于改善人民生活。但是，与其他国家不同，中国的政策性补贴投入并非用于发放给人民进行对物价上涨的补贴，而是从源头开始，通过给予生产者补贴，使农民收入增加的同时，对粮、棉、油为主体的农产品价格保持相对的稳定。这就使得政策性补贴在我国有了促进粮食生产、农民增收、经济发展的主要作用，于是它应当被归入经济性共需品。各类具体的政策性补贴财政民生共需品支出规模见表 8-7。

表 8-7　　　1992~2006 年政策性补贴财政民生共需品支出规模　　　单位：亿元

年份	棉、粮、油价格补贴	平抑物价和储备糖等补贴	肉食价格补贴	其他价格补贴	总计
	经济性				
1992					321.64
1993					299.3
1994					314.47
1995					364.89
1996					453.91
1997	413.67	43.2	28.25	66.84	551.96
1998	565.04	28.1	26.09	92.89	712.12
1999	492.29	14.25	20.55	170.55	697.64
2000	758.74	17.71	19.39	246.44	1042.28
2001	605.44	16.74	4.55	114.78	741.51
2002	535.24	5.32	1.6	102.91	645.07

续表

年份	经济性				总计
	棉、粮、油价格补贴	平抑物价和储备糖等补贴	肉食价格补贴	其他价格补贴	
2003	550.15	5.15	1.28	60.7	617.28
2004	660.41	5.22	1.28	128.89	795.8
2005	577.91	4.69	0.93	414.94	998.47
2006	768.67	8.48	0.94	609.43	1387.52

注：1992~1996年的政策性补贴没有细分类，仅有补贴总计数据。
资料来源：《中国财政年鉴》（1993~2007年），中国财政杂志社。

从表8-7中可以看出，与社会保障支出的快速增加、文教卫生支出的稳定增长、支农支出略显慢速的增长相比，政策性补贴共需品的数据有很强的波动性。1993年、1999年、2001年、2002年、2003年政策性补贴均较之前有所下降。而2006年的数据与1992年相比，增长速度更是只有4倍，与增速较慢的支农支出相比也大为不如以前。

造成这一现象的原因，主要在于社会主义计划经济体制向市场经济体制的转轨，一方面市场在资源配置中逐渐起基础作用，政策性补贴项目本身不存在较大的增长空间；另一方面，每年的政策性补贴与当年的经济形势（包括失业率、通货膨胀率等）有比较明显的关系，因而支出存在波动的现实需要。

第五，共需品三个层次的供给总规模及其总体特征。对探索性阶段各项财政民生共需品三个层次分类的总体规模及其反映出的特征进行考察，见表8-8与表8-9。

表8-8 1992~2006年各层次财政民生共需品支出规模 单位：亿元

年份	维护性	经济性	社会性	总计
1992	686.2	542.49	142.44	1371.13
1993	835.25	622.72	172.37	1630.34
1994	1125.21	652.35	211.28	1988.84
1995	1304.27	795.11	247.02	2346.4

续表

年份	维护性	经济性	社会性	总计
1996	1515.26	882.54	293.18	2690.98
1997	1677.88	1026.38	323.79	3028.05
1998	2074.18	1241.89	340.07	3656.14
1999	2491.81	1268.79	368.9	4129.5
2000	2993.35	1698.17	535.13	5226.65
2001	3830.33	1526.87	639.68	5996.88
2002	4670.22	1599.54	750.45	7020.21
2003	5476.37	1752.14	692.25	7920.76
2004	6308.54	2489.59	846.04	9644.17
2005	7545.67	2790.87	1018.55	11355.09
2006	9132.22	3548.87	1230.62	13911.71

资料来源：《中国财政年鉴》（1993～2007年），中国财政杂志社。

表8-9　1993～2006年各层次财政民生共需品支出规模增长速度　　单位：%

年份	维护性	经济性	社会性	总计
1993	21.72	14.79	21.01	18.90
1994	34.72	4.76	22.57	21.99
1995	15.91	21.88	16.92	17.98
1996	16.18	11.00	18.69	14.69
1997	10.73	16.30	10.44	12.53
1998	23.62	21.00	5.03	20.74
1999	20.13	2.17	8.48	12.95
2000	20.13	33.84	45.06	26.57
2001	27.96	-10.09	19.54	14.74
2002	21.93	4.76	17.32	17.06
2003	17.26	9.54	-7.76	12.83
2004	15.20	42.09	22.22	21.76
2005	19.61	12.10	20.39	17.74
2006	21.03	27.16	20.82	22.52

资料来源：《中国财政年鉴》（1993～2007年），中国财政杂志社。

从表 8-8 和表 8-9 数据可以看出，1992~2006 年的财政民生共需品支出规模，具有以下几个方面的基本特征。

首先，无论是在绝对支出规模上，还是在增长速度上，维护性共需品总量一直持续增加，而且每年增长速度均在 10% 以上，个别年份达到 20% 甚至 30% 以上，维护性共需品财政支出始终居于同期我国财政民生支出的主体。这是我国民生共需品供给在此期间的基本特征。

其次，经济性共需品总量在 2001 年经历了负增长，原因在于当年政策性补贴共需品数量的大幅下降，其余年份均较前一年保持数量上的增加，增速则极为不规律，但大多在 20% 以内，个别年份出现极为罕见的快速增长，这与同期内我国宏观经济形势的变化及其产业格局的调整密切相关，也是我国宏观经济管理在财政民生领域的具体体现。

最后，社会性共需品总量在 1992~2006 年的 15 年保持了 10% 以上相对稳定的快速增长，2000 年增幅达到 45.06%，造成这一现象的原因一方面在于原有的社会性共需品数量严重不足，总量迅速上升就使得增长速度显得十分迅速，另一方面反映了随着社会经济的发展和进步，人民群众文化、体育及娱乐性公共消费需要的爆发式增长。但是也在个别年份出现了增速的下调（1998 年和 1999 年），2003 年甚至出现了负增长，造成这一负增长的原因不在于共需品供给的减少，而在于原有的农村发展专项资金的取消与转型。

（2）财政民生共需品供给的结构。

在之前的理论阐述中，我们抛开传统的财政视角，以共需品视角对财政民生支出中的各个具体项目进行了重新划分与合并。从这一思路出发，在共需品三个层次的类别上其实都存在着以社会共同需要满足程度为基础的共需品供给的结构性划分。因此，我们将从共需品三个层次分类的角度，对我国具体财政民生支出项目进行结构上的考察。

第一，社会保障与就业项目。根据表 8-4 社会保障与就业项目的财政支出情况可以看出，由于社会保障与就业对人民生活的基础性作用，社会保障补助支出、抚恤和社会福利救济费用均对应于共需品中的维护性层次，因而，该部分共需品结构中维护性共需品占比为 100%。

我国 1992~2006 年的社会保障和就业的财政支出在某种程度上只是维持

第8章　我国政府财政民生共需品供给的历史考察与国际比较

社会基本稳定的最低限度的支出，可以说基本上是从满足社会现实最基本的需要出发而进行的支出。但是，这种支出存在的目的便在于此，它以保障人民基本生活为目标，并发挥着自己应有的作用。

第二，支援农业生产支出和各项农业事业费项目。由表8-5中支援农业生产支出和各项农业事业费项目的支出规模，我们可以得出该项目财政民生共需品的支出结构，具体见表8-10。

表8-10　　　支援农业生产支出和各项农业事业费项目
财政民生共需品结构　　　　　单位：亿元，%

年份	经济性支出总计	经济性占比	社会性支出总计	社会性占比	总计
1992	220.85	82.09	48.19	17.91	269.04
1993	323.42	84.97	57.22	15.03	380.64
1994	337.88	84.53	61.82	15.47	399.70
1995	430.22	86.48	67.27	13.52	497.49
1996	428.63	84.03	81.44	15.97	510.07
1997	474.42	84.60	86.35	15.40	560.77
1998	529.77	84.63	96.25	15.37	626.02
1999	571.15	84.31	106.71	15.75	677.46
2000	655.89	85.53	111	14.47	766.89
2001	785.36	85.55	132.60	14.45	917.96
2002	954.47	86.56	148.23	13.44	1102.70
2003	1134.86	100.00	0	0.00	1134.86
2004	1693.79	100.00	0	0.00	1693.79
2005	1792.4	100.00	0	0.00	1792.40
2006	2161.35	100.00	0	0.00	2161.35

资料来源：《中国财政年鉴》（1993~2007年），中国财政杂志社。

从表8-10中的数据可以看出，项目之间存在着共需品结构上的转换。2003年以前包含着经济性的支援农村生产支出和社会性的农村发展专项资金支出共需品，而在2003年以后两者撤销，取而代之的是更侧重于经济性的农业综合开发。因而，经济性共需品结构上有所扩大，社会性共需品趋于消失。

同时，考虑到我国农业发展的整体水平和同期农业生产的技术条件的进步，1992~2006年的涉农支出的主体基本上是以农业水利、供电及道路等农业生产基础设施条件的提高和改善为主的。这种直接的经济性财政支出对于农业生产的维护、保障性属性极为显著。因此，在这个意义上，财政涉农共需品支出同样具有极强的整体维护性特征。

第三，文教卫生支出及教育附加费项目。从表8-6的文教卫生支出及教育附加费支出的共需品结构看，随着国家经济的不断发展和文教卫生事业体系的不断完善，维护性和社会性支出的绝对数量都在不断上涨，但维护性共需品和社会性共需品在共需品结构的占比上并没有较为明显的改变，改变主要体现在其内部资金支出结构的调整上。因而，共需品结构变动并不大。具体结构见表8-11。

表8-11　文教卫生支出及教育附加费项目财政民生共需品结构　　　单位:%

年份	维护性占比	社会性占比	总计
1992	86.80	13.20	100.00
1993	86.84	13.16	100.00
1994	87.33	12.67	100.00
1995	86.87	13.13	100.00
1996	86.76	13.24	100.00
1997	86.61	13.39	100.00
1998	87.79	12.21	100.00
1999	88.25	11.75	100.00
2000	84.17	15.83	100.00
2001	84.56	15.44	100.00
2002	84.49	15.51	100.00
2003	84.29	15.71	100.00
2004	83.30	16.70	100.00
2005	83.11	16.89	100.00
2006	83.21	16.79	100.00

资料来源：《中国财政年鉴》(1993~2007年)，中国财政杂志社。

文教卫生及教育附加费两项财政支出的属性长期以维护性支出为主，且非常稳定。这充分说明，同期内全社会医疗和教育事业的进步在成本分摊上，国家财政所承担的支出比例在结构上并没有太大的提高，相反，由社会大众承担或分摊的成本则急剧提高，否则我们就很难理解近二十多年来导致社会怨声载道的"看不起病、上不起学"的问题所引起的社会关注的普遍性。

第四，政策性补贴支出项目。我国财政政策性补贴支出的内容主要是各种价格补贴。在我国，由于各种价格补贴均属于减免流通环节费用，而非直接发放到民众手中，故其性质均属于经济性共需品供给。

我国财政政策性补贴，在2000年之前持续稳步增长，平均增长率为15.8%，但是整体支出规模相对不大，如果再考虑同期价格因素的变动，对我国居民生活的影响是非常有限的。

第五，财政民生共需品的总体结构性特征。总体来看，根据前面提出的财政民生共需品支出指标（见表8-1），我国探索性阶段的财政民生共需品三个层次的支出结构如表8-12所示。

表8-12　　　　　1992～2006年财政民生共需品的支出结构　　　　单位:%

年份	维护性	经济性	社会性	总计
1992	50.05	39.57	10.39	100.00
1993	51.23	38.20	10.57	100.00
1994	56.58	32.80	10.62	100.00
1995	55.59	33.89	10.53	100.00
1996	56.31	32.80	10.89	100.00
1997	55.41	33.90	10.69	100.00
1998	56.73	33.97	9.30	100.00
1999	60.34	30.73	8.93	100.00
2000	57.27	32.49	10.24	100.00
2001	63.87	25.46	10.67	100.00
2002	66.53	22.78	10.69	100.00
2003	69.14	22.12	8.74	100.00

续表

年份	维护性	经济性	社会性	总计
2004	65.41	25.81	8.77	100.00
2005	66.45	24.58	8.97	100.00
2006	65.64	25.51	8.85	100.00

从表8-12中我们可以看出这一阶段财政民生共需品结构的总体特点，即维护性共需品始终占据主导地位并不断强化，且整体相对非常稳定。2000年之前，维护性支出占比整体平均稳定在55%左右；2000年之后，则整体跃升至60%以上的支出结构水平；经济性共需品则正好相反，从起初不断弱化，到2003年以后开始稍有企稳。毫无疑问这与我国社会主义市场经济体制的改革导向是完全同步的。因为从我国财政经济性支出的主题内容及其执行、操作模式来看，具有很强的市场干预特征。随着市场化改革的深入，逐渐减少不必要的直接市场干预性支出，稳定在以公共工程为主体的社会化共同生产条件的支出上是完全必要、正确的。社会性共需品占比则稳定在10%附近，并没有太大的变化。一方面，说明我国探索阶段整体财政民生支出处于满足基本社会共同需要的初级水平；另一方面，考虑我国目前社会性支出以城市为主体的总体情况，说明1992~2006年的国家财政直接投资用于农村社会公共事业的支出规模增长是非常有限的，就其水平而言，无疑同样也是仅限于满足农村居民基本生活需要的维持性水平。我们从数据可以证实之前的结论——维护性共需品结构在波动中不断强化，社会性共需品结构相对稳定，经济性共需品结构被不断压缩。

总之，无论是在总体规模上还是在结构上，我国财政民生共需品支出的水平相对人民对共需品的需求或者满足程度来说，都是处于一种仅仅满足基本需要的维持性阶段。

2. 财政民生共需品供给的完善阶段

2007年以后，随着国家财政民生支出规模的扩张以及支出项目的变动，在遵循国际统一惯例和充分考虑我国社会经济发展现实的基础上，我国财政支出采用了新的划分口径和计算方式。改革以后的财政支出体系涉及民生共需品支

第8章 我国政府财政民生共需品供给的历史考察与国际比较

出的基础类别由原来的五大类逐渐转向以住房保障（2007～2008年不含此类）、社会保障和就业、农林水事务、医疗卫生、教育、交通运输、环境保护、文化体育八类项目组成。相对改革之前的探索性财政民生共需品供给阶段，改革与完善阶段的财政民生支出在规模及其结构上分别表现出不同的一系列特点。

（1）财政民生共需品供给的规模。

2007年是财政民生共需品发展的重要转折年份。以人为本的科学发展观的逐步确立，促使我国财政支出体系经历了重大的调整与转变，由此带动了财政民生共需品供给的质变。具体见表8-13。

表8-13　　　　2007～2013年我国历年财政民生支出情况　　　单位：亿元，%

年份	财政民生支出	总财政支出	民生支出占总财政支出比重	财政民生支出增长速度	总财政支出增长速度
2007	21773.98	49781.35	43.74		
2008	24084.89	61386.00	39.24	10.61	23.31
2009	32997.55	76299.93	43.25	37.01	24.30
2010	37481.80	89874.16	41.70	13.59	17.79
2011	48255.03	109247.79	44.17	28.74	21.56
2012	57176.74	125952.97	45.40	18.49	15.29
2013	62087.25	140212.10	44.28	8.59	11.32

资料来源：《中国财政年鉴》（2007～2013年），中国财政杂志社。其中，2007～2009年财政支出并没有明细数据，因而导致有一部分不属于民生支出的财政支出的事业费也被迫算入，比如行政事业单位离退休费用等。2009年以后可以得到相关的支出明细并能对非民生共需品支出部分加以剔除。另国家统计局标注2007年民生共需品支出与之前结构完全不同，故不能相互对比，所以2007年财政民生支出增速空缺。

由表8-13数据可以看出，一方面，我国财政民生在第二阶段的支出总量开始大幅增加，民生支出占财政支出的比重也大幅上升，只有2008年所占比重低于总财政支出的40%，其他年份均在40%以上。第二阶段的比例虽然比之前第一阶段只上升了10个百分点，却反映着我国步入工业化中期的历史进程，即随着经济的快速发展和财政收入的不断提高，政府有了更集中更强大的财力去支持民生事业的发展。另一方面，同期财政民生支出增长速度有大幅的波动。这与我国在此期间的某些具有偿付历史欠账性质的民生共需品支出的爆发式增长有关，例如2009年较2008年增加了725.97亿元的住房保障支出；农业支出方面增长近1600亿元；交通运输方面支出增加近1倍（从2354亿元到4647.59亿元）等，以上数据共同带来了极为惊人的财政民生支出规模的增长。同时也是对总体财政增长的一种追赶与平衡，2008年下降的民生支出比重在2009年又重新恢复到43%以上。

鉴于财政支出数据的复杂性，我们将从具体的财政支出项目入手，来研究2010~2013年财政民生共需品规模的变化。其中2007~2009年因为国家数据细项未能全面公示，不能区分具体的共需品项目，所以不能按共需品三个层次进行统计。

第一，住房保障类项目。国家财政关于住房保障项目的支出，在2009年开始出现在财政支出表中。其背景在于2008年房价的高涨及"金融海啸"爆发以后政府的市场干预。高企的房价让大部分城市居民，尤其年轻人背负沉重的生活负担，一时成为社会关注的焦点。因此，区分性地对待商品房与保障房成为社会共识。民众对经济适用房、保障房等民生共需品的需求史无前例的扩张，住房改革、城乡社区住宅重建等以政府财政支出为主体的住房保障项目的逐步增加。具体的住房保障类项目支出见表8-14。

表8-14　　2010~2013年住房保障项目财政民生共需品支出规模　　单位：亿元

年份	维护性	经济性		总计
	保障性安居工程	住房改革支出	城乡社区住宅	
2010	1228.66	1024.35	123.87	2376.88
2011	2609.54	1101.65	109.5	3820.69
2012	3148.81	1213.83	116.98	4479.62
2013	3013.27	1318.17	149.11	4480.55

资料来源：《中国财政年鉴》（2007~2013年），中国财政杂志社。

从表8-14中可以看出，保障性安居工程支出在2010~2012年实现了高速增长，而2013年与2012年相比有所回落，这与房价的波动直接相关。住房改

第8章 我国政府财政民生共需品供给的历史考察与国际比较

革支出则不断提高，但涨幅整体偏小，城乡社区住宅则在 2011 年有所回落后也开始呈现上升态势。2013 年保障性安居工程支出略有下降，但是整体上的住房保障支出一直呈现上升态势。在当前经济发展阶段，我国仍以保障居民基本住房需求为主要任务，作为维护性社会共需品的保障性安居工程是财政民生支出的重点。

第二，社会保障和就业类项目。社会保障和就业方面的财政民生支出，无疑是在市场经济条件下任何现代社会、任何经济发展阶段的基本民生支出，是社会稳定、正常有序运转的基础条件。长期以来，由于各方面社会经济条件的客观约束，我国社会保障及就业的财政民生支出的水平一直在低位徘徊，且受益群体主要以体制内就业人员为主，存在巨大的区域、行业及城乡差别等制度性歧视。随着社会主义市场经济体制的逐步确立和综合社会改革的深入，我国现代意义上的社会保障体系开始逐步建立，2010 年后逐步进入快速发展的历史阶段，支出规模和水平大幅提高，具体情况如表 8-15 所示。

表 8-15　2010～2013 年社会保障和就业项目财政民生共需品支出规模　单位：亿元

共需品层次	具体项目	2010 年	2011 年	2012 年	2013 年
维护性	城市居民最低生活保障	539.53	675.06	666.36	763.38
	农村居民最低生活保障	446.59	665.48	698.71	861.04
	残疾人事业	79.08	85.48	101.37	111.33
	抚恤	388.82	448.26	553.49	680.21
	退役安置	260.41	296.63	364	427.08
经济性	就业补助	624.94	670.39	736.53	814.36
	企业改革补助	266.39	188.71	178.82	214.02
社会性	社会福利	147.58	233.01	302.07	336.88
总计		2753.34	3263.02	3601.35	4208.3

资料来源：《中国财政年鉴》(2007～2013 年)，中国财政杂志社。

表 8-15 中数据显示，2010～2013 年社会保障与就业民生共需品支出，其

年均支出规模已近3500亿元的水平,基本上达到同期财政民生支出10%的水平,相对探索阶段的民生支出有了实质性的进步。从增长速度上看,四年内的平均增长速度达到了15%以上,超过了同期财政总支出的增长速度和经济发展速度。另外,根据我国财政管理体系对社会保障支出项目的计算口径及其内涵的指标解释,这部分财政支出,在扣除一部分行政项目的事业费后,社会保障和就业支出里面有八项支出可以被归纳为共需品供给支出。尽管这八项支出都基本保持了上升态势,且绝对规模水平也有了实质性突破。但整体依然保持了以维护性支出为主的基本结构特征。

第三,医疗卫生类项目。医疗卫生项目基于对人民生活的必要性而言,整体上应归属于维护性共需品层次。其中的中医药部分由于支持中医发展的特殊性可以归纳为经济性共需品,而旨在社会稳定的其他医疗卫生支出项目则更多偏向于社会性共需品。具体的医疗卫生类项目财政共需品支出规模见表8-16。

表8-16　　　2010~2013年医疗卫生类项目财政民生共需品支出规模　　　单位:亿元

共需品层次	具体项目	2010年	2011年	2012年	2013年
维护性	医疗保障	2227.82	3241.35	3657.41	4294.11
	公共卫生	769.30	1117.19	1101.66	1205.74
	基层医疗卫生机构	448.41	614.05	863.18	918.13
	公立医院	876.00	940.14	1013.46	1156.84
经济性	中医药	28.80	16.77	15.97	23.06
社会性	其他医疗卫生支出	187.10	131.89	267.88	170.05
	总计	4537.43	6070.73	6919.56	7767.93

资料来源:《中国财政年鉴》(2007~2013年),中国财政杂志社。

由表8-16可知,2010~2013年我国财政医疗卫生支出中,最基础的医疗保障部分始终保持着较快的增长速度,公共卫生则呈现波动性上升的态势。为有效解决群众普遍反映的"看病难、看病贵"等问题,我国政府着力将完善医疗卫生支出的维护性社会共需品作为工作重心,基层医疗卫生机构、公立医院共需品的供给均持续提高,中医药等经济性共需品部分则呈现更多的增长不确定性。其他医疗卫生支出（如灾区防止疫情蔓延）等社会性共需品项目更是随着年份不同而有更大的波动。因此，医疗卫生财政支出的规模在性质上始终呈现出以维护性支出为主体的基本格局。2010~2013年，维护性支出在全部医疗卫生支出中占比高达96%以上。

第四，教育类项目。在我国当前教育体系管理、统筹模式下，不同层次的教育对应的社会需求存在巨大的性质和规模差异，且分属于中央和地方不同的财政支出责任，因而教育共需品支出的层次也泾渭分明。

包括义务教育和普通高等教育的普通教育共需品支出构成国家财政整体教育投入的主体，这也是任何社会的基本常态。由表8-17数据可知，我国维护性的财政普通教育投入在2010~2013年的平均投入规模为13000亿元以上，占同期全部教育财政支出的比例年均90%以上。

表8-17　　　　2010~2013年教育类财政民生共需品支出规模　　　单位：亿元

共需品层次	具体项目	2010年	2011年	2012年	2013年
维护性	普通教育	9809.02	12768.22	16197.87	16579.7
经济性	职业教育	1082.47	1335.41	1704.08	1841.58
	成人教育	25.76	34.41	40.2	43.07
社会性	广播电视教育	19.74	22.91	31.03	38.4
	留学教育	16.26	17.74	27.15	52.17
	特殊教育	65.75	60.67	68.89	71.15
总计		11019.00	14239.36	18069.22	18626.07

资料来源：《中国财政年鉴》（2007~2013年），中国财政杂志社。

我国财政经济性和社会性教育支出在2010~2013年的增长速度相对较快，有着明显的改善。但就其投入规模相对于实际社会需求来说，还是非常有限的。教育财政民生支出在2010~2012年经历了较快且稳定的增长，而在2013年经历了比较明显的增速回落，而这种回落也衬托出我国人口结构老龄化演变趋势。

第五，公共交通类项目。根据前述我们对财政民生共需品结构的划分，结合我国财政公共交通类支出项目的具体领域及其相对属性特征，并从我国公共交通系统建设的实际出发，把邮政业财政支出列为维护性共需品；把公路水路运输、铁路运输、民用航空支出，以及石油价改对交通运输的补贴、车辆购置税支出等费用的支出，一并列入经济性共需品类别。如此划分在于我国当前交通运输体系下，国家财政的投资更多的具有经济性的本质特征，尽管公路水路运输、铁路运输等的投入同样也具有某种维护性的基本特质，但相对于我国基本国情，该特质属于次要属性。具体公共交通财政支出的情况见表 8-18。

表 8-18　　2010~2013 年公共交通类项目财政民生共需品支出规模　　单位：亿元

共需品层次	具体项目	2010 年	2011 年	2012 年	2013 年
维护性	邮政业支出	55.95	99.43	100.49	78.78
经济性	公路水路运输	2782.46	3316.39	3470.44	4327.77
	铁路运输	403.96	465.01	883.12	788.89
	民用航空运输	0	0	171.46	254.55
	石油价改对交通运输的补贴	208.9	643.26	743.93	637.36
	车辆购置税支出	1541.82	2314.6	2154.52	2505.33
总计		4993.09	6838.69	7523.96	8592.68

资料来源：《中国财政年鉴》(2007~2013 年)，中国财政杂志社。

表 8-18 数据显示，属于维护性共需品项目的财政支出对于邮政业的支持水平，在 2013 年有所下降。这种变化很大程度上是由信息技术进步的冲击造成需求下降的直接结果，也与我国物流行业的市场化改革密切相关。属于经济性的公共交通类项目始终保持着较为稳定的增长，但这类增长大多是由公路水路运输、民用航空运输的补贴增长带来的，可以说经济性的共需品居于绝对的主导地位。

第六，农林水事务类项目。与之前对农业的各种扶持相同又不同，新阶段的农业发展支出被归结为农林水事务支出。尽管与 2007 年之前相比少了一些项目，但是规模并没有因此而衰减。具体的农林水事务类项目财政民生共需品支出规模见表 8-19。

表 8 – 19　　2010~2013 年农林水事务类项目财政民生共需品支出规模　　单位：亿元

共需品层次	具体项目	2010 年	2011 年	2012 年	2013 年
维护性	扶贫	423.49	545.25	690.78	841
经济性	农业	3949.43	4291.16	5077.41	5561.57
	林业	667.31	876.51	1019.21	1204.34
	水利	1856.45	2602.76	3217.17	3338.93
	农业综合开发	337.82	386.51	462.48	521.14
社会性	南水北调	78.41	68.89	45.90	95.61
	农村综合改革	607.90	887.62	987.28	1148.03
总计		7920.81	9658.7	11500.23	12710.62

资料来源：《中国财政年鉴》（2007~2013 年），中国财政杂志社。

由表 8 – 19 数据可以看出，以涉农扶贫为主体的维护性共需品支出的规模尽管增长迅速，2013 年的支出水平相对 2010 年增长将近 1 倍，但就其绝对规模而言，还是相对很小的，尤其相对于我国农村地区的贫困人口规模来说。但从根本上来看，治理贫困的长远举措还是要发展农村经济，提高贫困人口的收入水平。因此，在这个意义上，重点加强农村经济性共需品投入的水平与规模，改善农村综合生产条件，无疑更具基础作用。因此，从这个角度来看，我国财政在多方约束下对农村经济性农林水事务项目的大规模投入具有很强的合理成分。但无论如何，加强直接解决短期贫困的财政扶贫资金的支出力度都是必要而不可替代的。

第七，文化体育类项目。随着我国社会经济发展和综合国力的提高，竞技体育、健身项目及其他文化娱乐活动逐渐成为人民生活的一个重要组成部分。国家财政在文化体育基础设施层面的投入逐渐增加，以满足人民日益增长的基本需求。2010~2013 年财政文化体育类项目的民生共需品支出情况见表 8 – 20。

由表 8 – 20 可知，根据文化体育类支出水平、规模对人民需求满足程度的相对差异及其实现形式，我们把文化事业支出列为维护性共需品层次。因为，随着社会经济的发展，在我国当前阶段的人民日常生活中，文化娱乐已经成为全民生活的必需，包括新时期的体育项目已经脱离了纯粹观赏的范畴，成为拉动经济增长的文化产业大军中的一员。

通往共享之路
——马克思社会共同需要思想的当代阐释及运用

表8-20　2010~2013年文化体育项目财政民生共需品支出规模　　单位：亿元

共需品层次	具体项目	2010年	2011年	2012年	2013年
维护性	文化	529.54	618.74	757.1	858.59
	其他文化体育与传媒支出	180.61	210.09	315.49	410.44
经济性	体育	254.17	266.35	272.49	299.08
	广播影视	326.1	482.26	537.31	549.87
	新闻出版	94.41	117.43	126.42	112.27
社会性	文物	157.87	198.49	259.53	314.14
	总计	1542.7	1893.36	2268.34	2544.39

资料来源：《中国财政年鉴》（2007~2013年），中国财政杂志社。

2010~2013年，维护性文化体育共需品与经济性、社会性共需品的财政支出水平总体上分别各占总支出水平的半壁江山。这说明我国文化体育共需品供给结构的转化已经跨入一个临界水平，未来重点以经济性、社会性文化体育共需品为主导的格局明晰可见。

第八，环境保护类项目。环境保护类项目属于2007年以后的新增财政支出。与以往一味追求经济发展速度不同，科学发展观的提出使得人们逐渐意识到原有的粗放式开发已经不再适应新时期经济发展的需要，因而，能源节约利用、资源综合利用逐渐提上了日程。具体的环境保护类项目财政民生共需品支出规模见表8-21。

表8-21　2010~2013年环境保护类项目财政民生共需品支出规模　　单位：亿元

共需品层次	具体项目	2010年	2011年	2012年	2013年
维护性	环境保护管理事务	101.87	123.58	144.14	165.96
	环境监测与检查	28.19	39.22	37.10	43.85
	自然生态保护	104.35	136.18	170.10	224.63
经济性	可再生能源	117.88	141.60	147.55	197.06
	能源节约利用	401.93	439.44	538.74	682.04
	资源综合利用	44.24	55.59	88.08	87.82

第8章　我国政府财政民生共需品供给的历史考察与国际比较

续表

共需品层次	具体项目	2010 年	2011 年	2012 年	2013 年
社会性	污染防治	720.24	766.39	820.68	904.79
	天然林保护	74.49	149.75	160.18	175.22
	退耕还林	371.28	308.75	290.85	284.53
	风沙荒漠治理	36.26	34.58	40.30	38.99
	退牧还草	34.01	20.32	20.26	24.37
	已垦草原退耕还草	0	0.04	0.01	0.04
	污染减排	303.81	255.04	356.47	327.41
	总计	2338.55	2470.48	2814.46	3156.71

资料来源：《中国财政年鉴》（2007~2013 年），中国财政杂志社。

从表 8-21 可以看出，环境保护类项目的财政支出中，维护性共需品支出规模保持着相对稳定的增长；经济性共需品中只有资源综合利用一项支出在 2013 年有所下滑；社会性共需品则受制于经济发展的要求，出现过一定的波动（如污染减排支出的上升与下落）。这也反映出我国节能减排环保力度有待加强的现实。四年来环境保护支出增长态势比较明确，但与同时期的教育类、住房保障类支出等相比增速明显落后，即便与同为社会性共需品的文化体育类支出增速相比也是颇有不如。

第九，共需品三个层次的供给总体规模及其特征。根据前面提出的财政民生共需品支出指标体系（见表 8-2），我们按照共需品的三个层次将此阶段的各项财政民生共需品支出规模进行汇总并指出在这一阶段上财政民生共需品支出规模的总体变化及特征（见表 8-22）。

由表 8-22 可以看出，在具有明显过渡性特征的财政民生共需品供给的改革、完善阶段，我国政府对于三个层次共需品的财政支出都呈现出增长的趋势。这表明，在此阶段我国政府不断加大对共需品的投入力度，进一步保障居民基本生活的同时，不断增强满足居民更高的生活要求和更好的生活品质的能力。

表 8-22　　　　2010~2013年各层次财政民生共需品支出规模　　　单位：亿元,%

共需品	2010年规模	2011年规模	2011年增速	2012年规模	2012年增速	2013年规模	2013年增速
维护性规模及增速	18497.64	25243.23	36.47	30581.52	24.15	32634.08	6.71
经济性规模及增速	16163.46	19855.71	22.84	22916.74	15.42	25471.39	11.15
社会性规模及增速	2820.7	3156.09	11.89	3678.48	16.55	3981.78	8.25
规模总计及增速	37481.8	48255.03	28.74	57176.74	18.49	62087.25	8.59

从财政整体支出的共需品层次结构来看，维护性共需品的支出规模在当前阶段的整体水平始终居于主导地位。这是我国现阶段社会经济发展水平依然处于相对低水平阶段的客观事实。同时，也是我国建立现代意义上的满足全民基本需求共需品供给体制的基本约束。

（2）财政共需品供给的结构。

由于统计方法上的不同，财政民生完善阶段的共需品分类与2007年以前相比能够更精细化资金的用途，因而使得共需品结构分析能够得以更加完善地进行。2010~2013年共需品结构总体变化不大，与2007年前相比经济性共需品占比例呈跳空式上升后逐步回落，维护性共需品比例先回落后升高，社会性共需品在较小范围内波动，总体变化不明显，但是具体财政支出项目内部结构却经历了一番剧烈的调整。这种变化在很大程度上正是我国社会经济发展和利益格局的急剧调整在财政民生支出领域的一种反映。

从整体的结构特征来看，财政民生共需品供给完善阶段的主要变化集中体现在以下几个主要具体财政支出项目中。

第一，住房保障类项目。从表8-14中的住房保障类财政民生共需品支出规模，我们可以得出相应的住房保障类财政民生共需品支出结构，见表8-23。

表8-23　　　2010~2013年住房保障类项目财政民生共需品支出结构　　　单位:%

共需品层次	2010年	2011年	2012年	2013年
维护性	51.69	68.30	70.29	67.25
经济性	48.31	31.70	29.71	32.75
总计	100	100	100	100

第8章 我国政府财政民生共需品供给的历史考察与国际比较

由表8-23可以看出，住房保障类项目中，保障性安居工程等维护性共需品所占的比例一直超过1/2，并且随着快速的增长逐渐达到了整个住房保障类共需品项目的70%。经济性的住房保障类项目占比则相对回落，这一点反映出我国当前调节住房供给的经济杠杆本身不够完善，更多依靠行政支出提供，因而亟待加强。

第二，社会保障和就业类项目。从表8-15中的社会保障和就业类财政民生共需品支出规模，我们可以得出相应的社会保障和就业类财政民生共需品供给支出结构，见表8-24。

表8-24   2010~2013年社会保障和就业类项目财政民生共需品支出结构   单位:%

共需品层次	2010年	2011年	2012年	2013年
维护性	62.27	66.53	66.20	67.56
经济性	32.37	26.33	25.42	24.44
社会性	5.36	7.14	8.39	8.01
总计	100.00	100.00	100.00	100.00

由表8-24中可以看出，社会保障和就业类项目中的共需品结构经历了经济性共需品占比不断下降，社会性共需品占比不断升高，维护性共需品占比波浪式上升的过程。这种结构调整原因在于企业改革补助的削弱，也在一定程度上反映着我国市场化进程的不断推进。整体社会保障和就业的支出结构，在增加投入水平的条件下，逐步建立和完善社会保障与就业支出的管理体系，将是今后工作的重点。

第三，医疗卫生类项目。从表8-16中的医疗卫生类财政民生共需品支出规模，我们可以得出相应的医疗卫生类财政民生共需品支出结构，见表8-25。

表8-25   2010~2013年医疗卫生类项目财政民生共需品支出结构   单位:%

共需品层次	2010年	2011年	2012年	2013年
维护性	95.24	97.55	95.90	97.51
经济性	0.63	0.28	0.23	0.30

续表

共需品层次	2010年	2011年	2012年	2013年
社会性	4.12	2.17	3.87	2.19
总计	100.00	100.00	100.00	100.00

从表8-25中可以看出，医疗卫生类共需品供给中，以公立医院为代表的维护性项目占据了绝对的支配地位，且总体变化并不大。社会性共需品供给经历了一个较小的波动过程，而中医药支出为代表的经济性共需品占比始终很小。这进一步充分说明了我国医疗卫生共需品的供给目前阶段主要停留在医疗资源软硬件条件的财政直接投入的范畴。对于以医疗保障体制为基本内容的对广大人民群众的医疗补贴还是非常有限的，建立、健全全民医疗保障体系的基本建设无疑将是我国今后财政医疗卫生共需品建设的主题。

第四，教育类项目。从表8-17中的教育类财政民生共需品支出规模，我们可以得出相应的教育类财政民生共需品支出结构，见表8-26。

表8-26　　　2010~2013年教育类项目财政民生共需品支出结构　　　单位：%

共需品层次	2010年	2011年	2012年	2013年
维护性	89.02	89.67	89.64	89.01
经济性	10.06	9.62	9.65	10.12
社会性	0.92	0.71	0.70	0.87
总计	100.00	100.00	100.00	100.00

从表8-26中可以看出，教育类项目与医疗卫生类项目类似，维护性共需品占绝对优势。但是不同在于，教育类项目中经济性所占的比例要明显高于医疗卫生类共需品中经济性的比例。这从一定程度上反映出我国成人教育和职业教育不断发展的现状及教育产业化的成果。以特种教育为主要内容的社会性教育共需品投入，整体投入结构相对比较稳定。因此，我国目前仍将教育类财政民生的重点放在维护性共需品上。

第五，公共交通类项目。从表8-18中的公共交通类财政民生共需品支出规模，我们可以得出相应的公共交通类财政民生共需品供给结构，见表8-27。

表 8-27　2010~2013 年公共交通类项目财政民生共需品支出结构　　单位:%

共需品层次	2010 年	2011 年	2012 年	2013 年
维护性	1.12	1.45	1.34	0.92
经济性	98.88	98.55	98.66	99.08
总计	100.00	100.00	100.00	100.00

从表 8-27 中可以看出，公共交通类共需品基本属于完全的经济性共需品。邮政业共需品所占的比例在 2011 年达到峰值后在快递业务等的冲击下逐步走向衰退，2013 年更是出现了规模和比例同时下跌的情况。这种情形反映出，在市场经济不断发展的今天，传统的维护性邮政业项目受到发货速度、缺乏经济刺激等因素制约，以至于备受消费者（或者称为共需品享用者）的诟病。虽然市场已经承担起了这种共需品的部分供给，但是，市场本身的逐利性使得无利可图地区的货物承接量很少，特别是地广人稀地方的物流供给服务依然要靠政府来提供，这一类共需品更多地体现出维护性特征。

第六，农林水事务类项目。从表 8-19 中的农林水事务类财政民生共需品支出规模，我们可以得出相应的农林水事务类财政民生共需品支出结构，见表 8-28。

表 8-28　2010~2013 年农林水事务类项目财政民生共需品支出结构　　单位:%

共需品层次	2010 年	2011 年	2012 年	2013 年
维护性	5.35	5.65	6.01	6.62
经济性	85.99	84.45	85.01	83.60
社会性	8.66	9.90	8.98	9.78
总计	100.00	100.00	100.00	100.00

从表 8-28 中可以看出，与以往支援农村生产建设支出和各项农业费支出不同，农林水事务中新增的扶贫一项属于维护性共需品，且常年保持在 5%~7% 的稳定水平，经济性共需品依旧占据主导地位，但是占比在慢慢波动中有

所回落，而更多强调社会作用的南水北调和农村综合改革支出等社会性共需品所占比例处在不断强化的过程之中。

第七，文化体育类项目。从表8-20中的社会保障和就业类财政民生共需品支出规模，我们可以得出相应的社会保障和就业类财政民生共需品支出结构，见表8-29。

表8-29　　2010~2013年文化体育类项目财政民生共需品支出结构　　单位:%

共需品层次	2010年	2011年	2012年	2013年
维护性	46.03	43.78	47.29	49.88
经济性	43.73	45.74	41.27	37.78
社会性	10.23	10.48	11.44	12.35
总计	100.00	100.00	100.00	100.00

文化体育类项目与2007年以前有所不同，人们物质生活水平的提高，精神需求的增长以及文化产业体育产业等的不断发展，使得社会性的文化体育类项目开始偏向于维护性和经济性，社会性共需品比例反而显得很低。其中，维护性的文化类共需品支出比例不断上升，经济性共需品在产业化市场化浪潮下比例开始不断降低，社会性共需品比例则相对稳定。

第八，环境保护类项目。与其他类项目不同，作为社会性共需品重要组成部分的环境保护支出，从一开始便体现出较为明显的社会性特征。从表8-21中的环境保护类项目财政民生共需品支出规模，我们可以得出相应的财政民生共需品支出结构，见表8-30。

表8-30　　2010~2013年环境保护类项目财政民生共需品支出结构　　单位:%

共需品层次	2010年	2011年	2012年	2013年
维护性	10.02	12.10	12.48	13.76
经济性	24.12	25.77	27.51	30.63
社会性	65.86	62.13	60.00	55.61
总计	100.00	100.00	100.00	100.00

与文化体育类共需品相比,环境保护类共需品结构对于社会性更加侧重。但是这种侧重处在一个不断下降的过程之中。经济性共需品的不断增强体现着我们不单单要求对以往破坏的环境进行修复,更要在未来发展过程中加强对环境保护的态度。科学发展、绿色发展,"既要金山银山,也要绿水青山,绿水青山就是金山银山"的道理,正在不断地指引着财政支出的方向。

第九,财政民生共需品支出的总体结构性特征。从共需品的三个层次来看,2010~2013年总的财政民生共需品的支出结构大致如表8-31所示。

表8-31　　　　2010~2013年财政民生共需品的支出结构　　　　单位:%

共需品层次	2010年	2011年	2012年	2013年
维护性	49.35	52.31	53.49	52.56
经济性	43.12	41.15	40.08	41.03
社会性	7.53	6.54	6.43	6.41
总计	100.00	100.00	100.00	100.00

从表8-31可以看出,与2006年经济性共需品占全部民生共需品的25.51%相比,2010年占比43.12%的经济性共需品经历了跳空式的上升,但总体仍未超越维护性共需品的规模。随着住房保障支出和教育类支出的不断增长,经济性共需品比例经历了小幅的下降,逐步稳定在40%左右的水平。维护性共需品比例与2007年以前相比经历了断崖似的下降,但在此后逐步回升,重新稳定在50%以上。社会性共需品存在比例依然不高,甚至随着文化体育的需求层次变化和产业化,社会性共需品比例只有6%~8%的水平,低于2007年以前的比例,但这可以反映出我国人民精神需求结构和层次的上升,并不能证明财政民生共需品层次的降低。

总体而言,我国目前正处于一种维护性支出比例持续强化,经济性支出比例居高走低,社会性支出比例低位徘徊的局面,而这种局面与发达市场经济国家有较大的不同。发达市场经济国家一般是适度放松对某一种经济性或社会性共需品的限制,让其由市场调节,政府只起辅助作用。但对我国而言,由于大部分人民群众收入仍相对偏低——据财政部财政科学研究所贾康研究员所言,需要缴纳个人所得税的纳税人只有2800万人,而全国有近9亿多的劳动力,这就使得对于保障底层人民生活必不可少的维护性支出不断强化成为当务之急。我国为了实现全面建设小康社会的目标,必须加大对于贫困地区贫困人民(以各级农村为代表)的转移支付,以促进当地经济的发展,这也为经济性支出的较高比例提供了合适的土壤;而社会性支出由于层次较高,在当前只适应于少部分高需求的人民,所以并没有足够的空间得以发展。但近年来,由于雾霾等环境问题的公众关注度上升,未来环境保护将不再只是一项社会性的共需品支出,而将成为一项为广大群众共同需要的维护性共需品支出。这种层次的调整,意味着人民生活水平的普遍提高以及更强烈的公民意识和环保意识。

8.2 我国政府财政民生共需品供给的国际比较

要对我国财政民生共需品供给有比较全面、客观的把握,除了研究财政民生共需品在中国不同发展阶段上的供给状况外,还应当研究国外代表性国家财政民生共需品供给的发展历程并进行比较研究,才能较为客观、正确地把握中国政府财政民生共需品在整个共需品供给过程中所处的发展阶段,分析中国财政民生共需品发展取得的成果与存在的不足,同时借鉴其他国家发展的成功经验,避免错误地走老路、弯路,从而更好地实现中国政府财政民生共需品的供给,使中国发展的成果更好地为人民所共享。

由于各国经济发展的不均衡,政治制度也存在不同,文化思潮和经济思想也存在着时间和国别上的差异性,因而各国政府财政民生共需品的供给并没有普适性的模式。但是,对于政府财政民生共需品是否应当供给这一命题,各国都做出了肯定的选择。各国基本立足于本国的国情,建立起一套符合自己本国经济思想的政府财政民生共需品供给制度。在每一套制度里,都包含若干共需品层次的财政民生支出。

由于中国已成为市场经济国家,因而,在财政民生共需品的国际比较中,应当以其他市场经济国家为参照。在此选取了以美国、德国、瑞典、日本、加拿大等国的数据为例,对财政民生共需品政府供给的国际历史进行考察。与此同时,中国作为世界上最大的发展中国家,与大部分属于发达国家的经合组织成员相比，国情方面并不相符。因此，又选取了巴西、俄罗斯、印度这三个发展中国家的数据进行分析比较，以期得出财政民生共需品供给的客观规律，同时为探明中国财政民生共需品供给未来发展的方向提供必要的基础。

8.2.1 经合组织发达国家财政民生共需品供给的历史考察

作为世界经济发展的领头者，经合组织（OECD）发达国家大多是当前世界上市场经济发展最好的国家。共需品供给与各个国家之间的经济制度、经济规模、文化思想都有直接关系。对我国财政民生共需品供给进行比较分析，必须审慎观察其他国家共需品供给发展的过程，从中找寻我们自己发展民生共需品的方向和路径。

1. 美国：自由主义市场经济下的财政民生共需品支出分析

作为当今世界唯一的超级大国，奉行自由主义市场经济的美国在财政民生共需品供给方面的起步较早，剧烈的国内矛盾为民生共需品的供给提供了必要的外部环境，而国内激烈的政治斗争则限制了这类共需品供给的完善——以收入保障类支出为例，相比较1959年，2014年美国用于收入保障的支出仅仅多了32亿美元，不及教育类支出增长额（895亿美元）的4%，这与美国对于收入分配的绝对放任思想是分不开的。具体的美国财政民生共需品支出规模见表8-32。

表8-32　　　　1959～2014年美国财政民生共需品支出规模　　单位：十亿美元

年份	维护性				社会性	总计
	住房	医疗	收入保障	教育	娱乐、文化和宗教	
1959	2.1	0.8	0.2	3.4	0.3	6.8
1960	2.2	0.9	0.1	3.6	0.3	7.1
1965	3.3	1.2	0.3	5.7	0.3	10.8
1970	4.2	2.8	0.2	7.9	0.7	15.8
1975	7.5	5.5	0.7	10.8	1.5	26
1980	12.9	8.7	1.3	12.9	1.9	37.7
1985	14.4	12.7	1.1	17.7	2.2	48.1
1990	21.3	19.5	1.4	31.3	3.8	77.3

续表

年份	维护性				社会性	总计
	住房	医疗	收入保障	教育	娱乐、文化和宗教	
1995	21.7	25.4	2.3	45.5	4.3	99.2
2000	25.6	34.7	2.7	72.6	7.8	143.4
2005	38.7	49.6	4.8	91.4	8.7	193.2
2010	53.2	67.8	5.1	103.4	9.2	238.7
2011	48	69.2	4.8	102.6	8.3	232.9
2012	43.6	73.5	3.2	97.7	7.1	225.1
2013	43.2	71.2	3.4	91.2	6.5	215.5
2014	43.8	71.6	3.4	92.9	7.2	218.9

资料来源：Wind 数据库。

从表 8-32 中不难看出，美国财政民生共需品的支出规模从 1959 年的 68 亿美元扩大到 2014 年的 2189 亿美元，增长近 31 倍。然而，这种供给规模的增长并不是一直持续的，并且与同期 GDP 的增长相比接近持平。从 2010 年开始，美国的财政民生共需品支出连续三年出现下滑，直到 2014 年才略有回升。在这些下降的年份中，无论是维护性共需品还是社会性共需品的供给量均有不同程度的回落，其中维护性共需品供给下降的主要原因在于住房保障和教育类投资的下降；1959 年，美国 GDP 约为 5066 亿美元，民生财政共需品规模占 GDP 的 1.34%；而 2014 年，美国 GDP 为 174190 亿美元，民生财政共需品仅占 GDP 的 1.26%，整体变动并不大。

从表 8-33 可以看出，美国财政民生共需品是以维护性共需品为最主要部分。对于主张自由主义市场经济的美国而言，民生共需品的供给在结构上更加侧重于共需品对人民基本生活的维护性作用。在 1959~2014 年的半个多世纪的时间里，美国财政对于民生共需品的支出 95% 左右一直投入在维护性共需品的供给上，这也反映了自由资本主义对于公平的理解——公平在于保障人们的机会公平，而非过程公平和结果公平。

表 8-33　　1959~2014 年美国财政民生共需品支出结构　　单位:%

年份	维护性	社会性	总计
1959	95.59	4.41	100.00
1960	95.77	4.23	100.00
1965	97.22	2.78	100.00
1970	95.57	4.43	100.00
1975	94.23	5.77	100.00
1980	94.96	5.04	100.00
1985	95.43	4.57	100.00
1990	95.08	4.92	100.00
1995	95.67	4.33	100.00
2000	94.56	5.44	100.00
2005	95.50	4.50	100.00
2010	96.15	3.85	100.00
2011	96.44	3.56	100.00
2012	96.85	3.15	100.00
2013	96.98	3.02	100.00
2014	96.71	3.29	100.00

资料来源：Wind 数据库。

2. 加拿大：自由主义市场经济下的财政民生共需品支出分析

与美国既有相似又有不同，加拿大同样是自由市场经济的代表国家之一，然而加拿大与美国相比却有一套较为独特的财政民生共需品供给体系，具体见表 8-34 和表 8-35。

与美国近些年来财政民生共需品规模下降不同，加拿大的财政民生共需品在总量上则保持了相对缓慢但稳定的增长。2003 年 4 月，加拿大政府试行对各级政府进行医疗等社会项目的转移支付，持续到 5 月后有一定时间的暂停，最终在 2004 年 6 月开始进入常态化。此举使得 2005 年加拿大民生共需品的数量与 2000 年相比接近翻倍。

表8-34　　　1996~2014年加拿大财政民生共需品支出规模　　单位：百万加元

年份	维护性 对个人大宗转移支付：老年人福利	维护性 对个人大宗转移支付：失业保险金	维护性 对个人大宗转移支付：儿童福利	维护性 对各级政府的大宗转移支付：对医疗和其他社会项目的资助	维护性 其他转移支付：医疗	经济性 其他转移支付：农业和农业食品	总计
1996	21458	12871	0	0	0	963	35292
2000	23956	11081	0	0	1052	1406	37495
2005	28787	14511	6929	31766	1924	3317	87234
2010	35369	20619	12713	36847	3110	1972	110630
2011	37466	18247	12908	38323	2616	1783	111343
2012	39881	17700	13069	40226	2652	1405	114933
2013	41539	17293	13206	42286	2891	1827	119042
2014	43179	17795	13255	44208	2917	1356	122710

资料来源：Wind数据库。

表8-35　　　1996~2014年加拿大财政民生共需品支出结构　　单位：%

年份	维护性	经济性	总计
1996	97.27	2.73	100.00
2000	96.25	3.75	100.00
2005	96.20	3.80	100.00
2010	98.22	1.78	100.00
2011	98.40	1.60	100.00
2012	98.78	1.22	100.00
2013	98.47	1.53	100.00
2014	98.89	1.11	100.00

同时也应注意到，尽管财政民生共需品规模总量不断增加，但是从具体项

目来看并非如此,经济性的民生共需品支出不断波动,并始终保持在较低水平;维护性的失业保险金也随着每年经济形势的不同而有所调整。

从表 8-35 中我们可以看出,同样作为自由主义市场经济型国家,加拿大的财政民生共需品种类虽然与美国大相径庭,然而结构背后的经济思想本质却殊途同归,都是强调机会公平,都将民生共需品供给的绝对重心放到了维护性共需品上。而与美国的不同之处在于,加拿大对共需品的管理一方面是用对农业发展的经济性补贴取代了美国对于文化宗教等社会性支持,另一方面则是强调转移支付的对象到底是谁——转移支付给个人、地方政府、其他部门(如企业等)都定义明确,比较清晰地反映了财政支出的方向。

3. 德国:社会市场经济下的财政民生共需品支出分析

德国的社会市场经济体制在明确自由原则的同时,也坚持着社会平衡原则、个人对社会负责原则和中庸原则。其中,社会平衡原则要求政府保障社会中的弱势群体,但是这种保护是建立在弱势群体自身努力争取幸福的基础之上的积极保护,而非南欧那种全方面照顾的"一刀切"。因而,反映在财政民生共需品上,德国的财政民生共需品也就有了区别于美国和加拿大的特点。具体见表 8-36 和表 8-37。

表 8-36　　　　1991~2012 年德国财政民生共需品支出规模　　单位:百万欧元

年份	维护性			社会性			总计
	住房和社区设施	医疗卫生	教育	环境保护	娱乐、文化和宗教	社会保护	
1991	2360	120	2443	680	1140	75070	81813
1992	2430	160	2330	700	970	80730	87320
1993	1460	150	3043	490	1080	94110	100333
1994	2430	150	2860	470	630	98830	105370
1995	2720	190	2890	550	650	101770	108770
1996	2500	620	2210	860	660	105650	112500
1997	3200	120	2623	450	670	106670	113733
1998	3980	120	2610	380	640	123120	130850

续表

年份	维护性 住房和社区设施	医疗卫生	教育	环境保护	娱乐、文化和宗教	社会保护	总计
1999	4540	80	2650	440	810	127380	135900
2000	5820	3900	3140	1610	1190	128230	143890
2001	6050	3890	3520	1660	1390	131200	147710
2002	6850	4800	3630	1760	1540	138260	156840
2003	7050	4960	3800	1850	1380	147130	166170
2004	7170	4490	3830	1900	1320	147160	165870
2005	6930	4450	4310	1960	1350	157190	176190
2006	6390	4400	4410	2380	1410	160610	179600
2007	5830	4500	4650	2160	1810	164040	182990
2008	4990	4610	4590	2480	1440	165150	183260
2009	4440	4940	5050	7540	1510	174760	198240
2010	3740	4880	4750	4640	1420	185790	205220
2011	3010	5030	5520	4690	1510	179540	199300
2012	2630	5060	6440	4000	1590	179080	198800

资料来源：Wind 数据库。

表 8-37　　1991~2012 年德国财政民生共需品支出结构　　单位：%

年份	维护性	社会性	总计
1991	6.02	93.98	100.00
1992	5.63	94.37	100.00
1993	4.64	95.36	100.00
1994	5.16	94.84	100.00
1995	5.33	94.67	100.00
1996	4.74	95.26	100.00
1997	5.23	94.77	100.00

续表

年份	维护性	社会性	总计
1998	5.13	94.87	100.00
1999	5.35	94.65	100.00
2000	8.94	91.06	100.00
2001	9.11	90.89	100.00
2002	9.74	90.26	100.00
2003	9.51	90.49	100.00
2004	9.34	90.66	100.00
2005	8.91	91.09	100.00
2006	8.46	91.54	100.00
2007	8.19	91.81	100.00
2008	7.74	92.26	100.00
2009	7.28	92.72	100.00
2010	6.51	93.49	100.00
2011	6.80	93.20	100.00
2012	7.11	92.89	100.00

1991~2012年，德国的财政民生共需品供给大体呈现逐年增长的态势，只有2004年、2011年和2012年出现过小幅的下降。其中，维护性共需品数额有大幅增长，但在达到峰值后出现了下滑，住房和社区设施方面的共需品支出自2004年起经历了大幅向下的调整，一直持续到2012年；21世纪开始时，即2000年，医疗卫生方面的支出经历了爆发式的增长，之后增速日趋稳定，这要归功于1998年和2000年强制要求雇员参加覆盖了全国91.5%人群的法定医疗保险改革；与这两项支出的大幅波动相反，教育支出则始终保持了相对稳定的水平，且总体有所上升。

从结构上看，德国财政民生共需品中社会性支出占据绝对的优势地位（始终占据90%以上），这与以往看到的任何一个国家的共需品结构均有极大的不同。在德国，社会保护支出一项占据了民生共需品的绝大部分，正是社会保护一项支撑起了德国的社会性共需品供给，造成了社会性共需品的主导地位。

在追求福利国家的整个欧盟的支出统计方式下，社会性支出在民生共需品支出中拥有支配性地位的并不只有德国一个国家。但是，社会市场经济还是以其特有的民生共需品供给结构，彰显着其与美国、加拿大等自由主义市场经济国家的不同。

4. 瑞典：社会主义市场经济下的财政民生共需品支出分析

瑞典在追求政府对经济的引导方面已经远远走在了社会市场经济的德国前面，自认为搞的是社会主义市场经济。同样追求自由贸易提升效率，同时辅之以强大的财政调控换取社会公平，是瑞典等北欧四国共有的经济模式。瑞典的财政民生共需品支出情况见表8-38和表8-39。

表8-38　　　　1995~2012年瑞典财政民生共需品支出规模　　　单位：百万欧元

年份	维护性			社会性			总计
	住房和社区设施	医疗卫生	教育	环境保护	娱乐、文化和宗教	社会保护	
1995	36267	24430	43989	788	7658	258561	371693
1996	34350	27419	43303	710	9463	237576	352821
1997	24830	22120	48786	760	8680	227346	332522
1998	19866	25136	57445	706	9170	230447	342770
1999	13844	25415	61151	711	9031	251792	361944
2000	8361	25440	51708	2647	7826	280848	376830
2001	5482	26821	56756	3738	7842	305789	406428
2002	4483	27650	59149	3643	8177	336361	439463
2003	4998	30254	57796	3825	8404	373360	478637
2004	5132	32721	59720	3982	8964	381615	492134
2005	4851	34818	60873	5412	9217	393707	508878
2006	4915	35154	62484	6044	9651	412086	530334
2007	4248	39204	55327	4964	10232	398152	512127
2008	4058	41405	58351	4724	11397	394764	514699
2009	4179	45934	61377	4988	11179	408176	535833
2010	3645	43698	64785	4644	12212	413444	542428
2011	3110	44820	66005	4753	12645	409261	540594
2012	3005	46011	64865	5296	12746	422775	554698

资料来源：Wind数据库。

表 8-39　　　　　1995~2012 年瑞典财政民生共需品支出结构　　　　　单位:%

年份	维护性	社会性	总计
1995	28.16	71.84	100.00
1996	29.78	70.22	100.00
1997	28.79	71.21	100.00
1998	29.89	70.11	100.00
1999	27.74	72.26	100.00
2000	22.69	77.31	100.00
2001	21.91	78.09	100.00
2002	20.77	79.23	100.00
2003	19.44	80.56	100.00
2004	19.83	80.17	100.00
2005	19.76	80.24	100.00
2006	19.34	80.66	100.00
2007	19.29	80.71	100.00
2008	20.17	79.83	100.00
2009	20.81	79.19	100.00
2010	20.67	79.33	100.00
2011	21.08	78.92	100.00
2012	20.53	79.47	100.00

从表8-38和表8-39中发现，尽管公众认知下的瑞典经济规模不及德国，但是瑞典的财政民生共需品支出在相同年份均远超德国。这种财政支出的巨大差异归功于瑞典高强度的税收模式与高透明度的监管。这使得高边际税率并没有影响到瑞典经济发展的效率。1995~2012年，瑞典的财政民生共需品规模在波动中呈现着上升态势，无论是维护性共需品还是社会性共需品都有大幅上升，除了住房与社区设施一项支出，这项支出因为其自身所固有的边际投资收益率递减而呈现着缩水的态势。

从结构上看，瑞典与德国相比更加完善与稳定，其基础的维护性共需品供给的总量更多，占比也更高。这意味着资源对社会全体进行分配的同时也起到了更加有效地保护弱势群体和人民基本生活水平的作用。

5. 日本：行政管理导向型市场经济下的财政民生共需品支出分析

作为发达资本主义国家，日本于"二战"后国家经济开始凋敝并受到儒家文化的影响。这种有别于其他资本主义国家的国情，使得日本的财政民生共需品结构与其他资本主义国家有着显著的不同，具体见表8-40和表8-41。

表8-40　　　　1965~2014年日本财政民生共需品支出规模　　　单位：百万日元

年份	维护性		经济性			总计
	社会保障费	教育科学	公共工程	中小企业提升	能源	
1965	545744	495746	726056	17814	0	1915183
1970	1151530	965170	1440619	49958	0	4095645
1975	4135634	2707456	3487028	124629	0	11369338
1980	8170340	4605856	6895509	239849	423996	21365974
1985	9901569	4882995	6890620	210097	600721	23180047
1990	11480532	5410030	6955694	239950	546942	25037274
1995	14542891	6666613	12794987	622778	707844	35603787
2000	17636358	6871690	11909611	933042	677359	38274798
2005	20603086	5700859	8390515	236578	492516	36080482
2010	28645201	5833070	6358804	773679	843850	43648583
2011	29881638	6404845	7826947	2198993	996998	49006827
2012	29450243	6415788	6997764	644425	855598	45667320
2013	29371259	5771708	6324491	509009	949172	44104900
2014	30535674	5641730	6405800	487745	1295944	45550929

资料来源：Wind 数据库。

表8-41　　　　1965~2014年日本财政民生共需品支出结构　　　单位：%

年份	维护性	经济性	总计
1965	54.38	45.62	100.00
1970	51.68	48.32	100.00
1975	60.19	39.81	100.00
1980	59.80	40.20	100.00

续表

年份	维护性	经济性	总计
1985	63.78	36.22	100.00
1990	67.46	32.54	100.00
1995	59.57	40.43	100.00
2000	64.03	35.97	100.00
2005	72.90	27.10	100.00
2010	78.99	21.01	100.00
2011	74.04	25.96	100.00
2012	78.54	21.46	100.00
2013	79.68	20.32	100.00
2014	79.42	20.58	100.00

日本财政民生共需品的增长速度相当惊人，这在一定程度上可以归根于日本经济在"二战"后的快速恢复。然而，1990年日本楼市出现泡沫破裂，经济发展停滞进入倒退的十年以来，日本用于民生共需品的支出并没有因此而缩水，而是继续保持了相对稳定的波动式增长，直到2005年才开始出现回落。在这个过程中，维护性共需品和经济性共需品都有比较明显的增长。

从结构上看，日本的财政民生共需品结构与其他资本主义国家有根本性的区别。无论是自由主义的美国、社会市场经济的德国和瑞典，还是自由主义中掺杂着一些对于经济支持的加拿大，都没有日本对于经济性共需品支持的那么坚决，这体现了日本独有的政府对于经济的强干预模式。但是，也要看到，日本在经历了国家经济的迅速恢复以后，也在不断地反思民生共需品的供给结构，并逐渐向其他发达资本主义国家看齐，其经济性共需品虽然支出仍在增加，但是占财政民生共需品的比例正在不断地减小。

8.2.2 发展中国家财政民生共需品供给的历史考察

为了全面细化对我国政府财政民生共需品发展方向的认识，只看发达国家的财政民生共需品供给情况是不符合我国作为发展中国家的国情的。这就要求我们同时还应当分析其他发展中国家的财政民生共需品供给情况，从中寻找可以借鉴的经验和避免的教训。

1. 巴西：中等收入发展中国家财政民生共需品支出的分析

作为南美洲最大的发展中国家，巴西对于财政民生共需品的支出一向十分重视。但是受限于所得到的数据，我们只能单纯分析巴西在医疗卫生和公共教育方面的支出规模，而不能去全面把握巴西的财政民生共需品结构。巴西的财政民生共需品规模与GDP的比较见表8-42。

表8-42　　　　1970~2012年巴西财政民生共需品支出规模　单位：百万美元,%

年份	维护性 医疗卫生支出	公共教育支出	总计	巴西GDP	医疗卫生支出占GDP比重	公共教育支出占GDP比重	总计
1970	0	1208.72	1208.72	42327.60	0.00	2.86	2.86
1975	0	3718.64	3718.65	123709.38	0.00	3.01	3.01
1980	0	8183.76	8183.76	235024.60	0.00	3.48	3.48
1985	0	7985.52	7985.52	222942.79	0.00	3.58	3.58
1990	0	21854.57	21854.57	461951.78	0.00	4.73	4.73
1995	51153.22	35144.38	86297.59	768951.18	6.65	4.57	11.22
2000	46187.47	25882.07	72069.55	644701.83	7.16	4.01	11.18
2005	72071.90	39943.40	112015.31	882185.29	8.17	4.53	12.70
2010	199030.43	128638.73	327669.16	2209433.27	9.01	5.82	14.83
2011	239921.63	158498.41	398420.03	2615234.94	9.17	6.06	15.23
2012	229798.99	153151.34	382950.33	2413135.53	9.52	6.35	15.87

资料来源：Wind数据库。

从表8-42中可以看出，巴西对于公共教育共需品的支出大体保持着增长的态势，医疗卫生支出自1995年开始出现起就超过了公共教育支出。深陷中等收入陷阱的巴西在这些年里经历了几次GDP的回落，其共需品供给也受到影响，此外，还可以看出巴西对于教育和医疗支出的重视力度。其中教育支出在1990年以前即突破了4%的水平，而我国在2012年才实现这一目标。巴西医疗卫生支出也占据GDP中相当水平，并且仍呈现着上升趋势。

2. 印度：人力资源型发展中国家财政民生共需品支出的分析

印度对于财政民生共需品的供给也是相当重视。细化的支出，不断增长的规模，不断调整的财政民生共需品结构比例，这些都与中国财政民生共需品的发展有着相似之处。印度具体的财政民生共需品支出的规模和结构见表 8-43 和表 8-44。

从总量规模来看，印度与中国都经历了一个比较明显的民生共需品规模的增长，但是印度的民生共需品支出和中国相比仍有着明显的不足，以 2011 年的数据为例，印度的民生共需品支出约 4795680.9 百万卢比，以人民币兑卢比的中间价约 1 元兑 10 卢比看，约合 4796 亿元规模。而同期中国的民生共需品支出已经达到了 48255.03 亿元的规模。考虑到两国经济发展的差距，印度民生共需品供给和中国有较大差距。

从结构上看，印度对于民生共需品的供给与中国一样，在发展中国家比较常见的特点是经济性共需品占比较强。与中国的不同之处则在于，印度维护性共需品支出占比相当低，且一直在低位徘徊，并没有明显的增强态势。这在一定程度上反映出印度的民生共需品供给更多的意义在促进经济增长的方面，对于人民基本权利的实现、社会整体发展支持的意义并不突出。

3. 俄罗斯：自然资源型发展中国家财政民生共需品支出的分析

作为一个诞生于 1991 年的新兴国家，俄罗斯对于民生发展的支持与很多发展中国家都有比较明显的区别。一方面，苏联事无巨细的计划经济体制在这个国家得到了比较深刻而严肃的反思，但新的经济体制在建立之时对经济产生了巨大的副作用；另一方面，俄罗斯充足的自然资源带来的经济实力是很多发展中国家所不具备的，这使得在其他发展中国家被视为经济发展重要推动力量的经济性财政民生共需品在俄罗斯并不盛行（见表 8-45）。

从规模来看，随着共需品支出类型的不断增多，俄罗斯的财政民生财政共需品供给总额也在不断增加。除了 1998 年受经济危机的影响略有下降以外，处在共需品供给完善期的俄罗斯在共需品供给增速方面保持了相当高的水平。2014 年民生财政支出水平约为 1997 年的百倍，俄罗斯 2013 年的民生财政支出达 247983 亿卢布，以 2013 年 8 月 6 日人民币兑卢布的中间价 1 卢布兑 0.1864 元计算，约合人民币 46224 亿元，同期中国民生财政支出为 62087.25 亿元。考虑到两国的经济水平，中国经济对财政民生共需品的供给支持力度并不如俄罗斯。此外，俄罗斯财政民生共需品支出规模增长速度很快，幅度巨大。

通往共享之路
——马克思社会共同需要思想的当代阐释及运用

表8-43　1997~2011年印度财政民生共需品支出规模

单位：百万卢比

年份	维护性 住房	维护性 供水和卫生	维护性 医疗和公共卫生	通识教育	技术教育	经济性 城市发展	经济性 信息和宣传
1997	13630.50	4804.50	10132.80	34816.00	5822.50	91.40	1599.90
1998	17367.80	5860.20	13813.50	47714.90	8047.20	84.30	1842.40
1999	17784.10	6409.80	15811.60	49128.90	9800.50	117.20	1894.10
2000	18472.80	7953.70	18226.40	51286.00	10649.00	134.30	2021.20
2001	22740.90	8397.90	20334.00	53682.80	11852.50	161.60	2041.40
2002	22040.90	9594.20	21928.80	73309.10	13643.80	134.50	1953.70
2003	24381.90	12139.20	23977.70	84201.30	13687.10	134.70	2049.80
2004	34975.40	17856.70	28660.10	112656.10	13969.20	155.60	2133.20
2005	32209.80	21491.10	33716.30	138828.20	15084.90	313.00	2355.30
2006	33112.40	22271.50	41485.00	198914.10	17290.50	350.40	2398.50
2007	43292.80	31621.00	51072.70	216127.00	20464.00	1813.60	2452.70
2008	92855.10	35598.50	63328.90	292948.20	42266.40	4097.60	3536.80
2009	93522.20	75525.60	77103.30	312192.70	49620.10	8786.10	4051.70
2010	99655.50	95129.90	85833.40	391119.30	53022.90	4796.90	4365.10
2011	96837.80	99010.00	99202.40	445135.80	63411.50	5050.40	4639.20

第8章 我国政府财政民生共需品供给的历史考察与国际比较

续表

年份	经济性			社会性					总计
	劳动力和就业	农业活动（AA）	运输	社会服务	体育和青年服务	艺术和文化	家庭福利	社会保障和福利	
1997	5588.90	128751.60	307690.30	112398.90	1245.60	2504.80	3227.90	10742.70	204562.5
1998	7057.00	150916.50	321798.50	136832.50	1598.30	2800.60	3094.00	12398.80	731226.5
1999	8381.60	166968.60	375707.10	161348.90	1808.10	3171.60	5213.90	12894.20	836440.2
2000	8717.50	193307.70	448450.40	171305.30	2096.00	3501.00	6610.20	14522.60	957254.1
2001	8363.50	254489.80	482832.00	190646.40	2734.50	4316.20	7646.80	14153.80	1084394.1
2002	7566.60	309393.70	511670.90	202345.80	2789.90	5262.10	7974.20	7508.90	1197117.1
2003	8152.10	327462.40	537272.10	228262.30	2905.00	5242.80	12662.60	9922.10	1292453.1
2004	9857.20	361928.20	573843.30	294277.70	3693.00	5568.90	13966.20	11694.20	1485235
2005	12243.20	374431.30	692280.00	370492.00	3965.70	6326.70	32154.60	28701.50	1764593.6
2006	18413.00	481436.00	844133.50	442557.70	4480.80	6857.00	40707.20	17704.50	2172112.1
2007	16420.20	682578.30	940995.60	604262.70	6569.90	7845.00	57044.60	114403.80	2796963.9
2008	20397.90	1383096.40	1041133.60	856573.10	12892.10	10040.90	68256.30	171665.60	4098687.4
2009	20114.70	1171091.60	1168535.70	986774.10	27379.00	11275.60	76553.80	172975.00	4255501.2
2010	25812.60	1247510.10	1381172.10	1136190.10	14919.00	11897.80	77991.90	203562.30	4832978.9
2011	27369.60	1192247.90	1503902.90	1089487.20	7792.30	12019.50	97853.80	51720.60	4795680.9

资料来源：Wind数据库。

表 8-44　　　　1997～2011年印度财政民生共需品支出结构　　　单位:%

年份	维护性	经济性	社会性	总计
1997	26.66	40.00	33.35	100.00
1998	11.59	66.98	21.43	100.00
1999	10.66	67.29	22.05	100.00
2000	10.02	69.29	20.69	100.00
2001	9.70	70.06	20.24	100.00
2002	10.60	70.53	18.87	100.00
2003	11.20	68.77	20.04	100.00
2004	13.07	64.76	22.16	100.00
2005	12.82	62.15	25.03	100.00
2006	13.62	62.80	23.59	100.00
2007	12.23	59.52	28.25	100.00
2008	11.83	60.86	27.31	100.00
2009	13.12	56.92	29.96	100.00
2010	13.90	56.21	29.89	100.00
2011	15.43	58.32	26.25	100.00

表 8-45　　　　1997～2014年俄罗斯财政民生共需品支出规模　　　单位:十亿卢布

年份	维护性		经济性				社会性		总计
	住房和公共设施	通信与信息	道路基础设施	农业和渔业	公共运输	燃料与能源	国家经济	社会和文化性活动	国家安全与公共秩序	
1997				31.40				254.30		285.7
1998				19.40				238.90		258.3
1999				35.80				365.50		401.3
2000				54.20				534.00		588.2
2001				69.10				742.20		811.3
2002	256.20			59.90				1371.60		1687.7
2003	255.10			68.40		12.40		1174.60	304.30	1814.8
2004	291.30			78.20		11.90		1465.10	381.20	2227.7
2005	471.40	13.80		78.60	250.50	10.50	764.20	3642.00	585.20	5816.2

第8章 我国政府财政民生共需品供给的历史考察与国际比较

续表

年份	维护性 住房和公共设施	维护性 通信与信息	维护性 道路基础设施	经济性 农业和渔业	经济性 公共运输	经济性 燃料与能源	经济性 国家经济	社会性 社会和文化性活动	社会性 国家安全与公共秩序	总计
2006	631.70	20.30		110.80	412.10	18.10	948.90	4546.30	714.10	7402.3
2007	1102.30	36.80		146.40	580.40	33.50	1558.00	5822.30	864.30	10144
2008	1153.20	52.90	640.40	238.30	290.00	40.10	2258.60	7122.10	1092.10	12887.7
2009	1006.10	49.10	601.90	279.10	372.70	74.70	2782.10	8479.60	1245.90	14891.2
2010	1071.40	69.20	645.00	262.30	461.70	48.50	2323.30	10133.80	1339.40	16354.6
2011	1195.10	77.20	714.60	268.80	499.10	55.40	2793.80	11246.00	1518.60	18368.6
2012	1074.70	92.60	990.50	276.50	620.70	132.80	3271.00	12870.60	1929.20	21258.6
2013	1052.80	94.20	1172.30	361.30	545.20	50.80	3281.70	14318.10	2159.30	23035.7
2014	1004.80	89.90	1184.70	314.30	664.80	44.30	4543.10	14759.50	2192.90	24798.3

资料来源：Wind 数据库。

表 8-46　1997~2014 年俄罗斯财政民生共需品支出结构　　　　单位：%

共需品层次	维护性	经济性	社会性	总计
1997	0.00	10.99	89.01	100.00
1998	0.00	7.51	92.49	100.00
1999	0.00	8.92	91.08	100.00
2000	0.00	9.21	90.79	100.00
2001	0.00	8.52	91.48	100.00
2002	15.18	3.55	81.27	100.00
2003	14.06	4.45	81.49	100.00
2004	13.08	4.04	82.88	100.00
2005	8.34	18.98	72.68	100.00
2006	8.81	20.13	71.06	100.00
2007	11.23	22.85	65.92	100.00
2008	14.33	21.94	63.74	100.00
2009	11.13	23.56	65.31	100.00
2010	10.92	18.93	70.15	100.00

续表

共需品层次	维护性	经济性	社会性	总计
2011	10.82	19.69	69.49	100.00
2012	10.15	20.23	69.62	100.00
2013	10.07	18.40	71.53	100.00
2014	9.19	22.45	68.36	100.00

在共需品结构上，俄罗斯对于维护性共需品的支出从无到有，但整体依旧处于比较偏低的水平。经济性共需品由其自身特殊的国情决定，也并没有突出的表现。俄罗斯每年的民生共需品供给重点为社会性共需品，尤以对社会和文化性活动的支持为甚。这一种情形也反映出俄罗斯人在苏联解体后对于民族精神民族文化的重新探索与追寻。

8.2.3 国际比较的基本判断

在分析了经合组织五国的财政民生共需品供给的情况，并与当前比较有代表性的发展中国家作对比后，我们可以发现，当前中国财政民生共需品的供给还处于一个相对较低的水平。与发达国家相比，我们的经济性共需品的供给水平依然很高；与发展中国家相比，中国对于财政民生共需品的供给力度不及巴西和俄罗斯，但比同为人口大国的印度要强很多。我们已经取得了相当的成绩，但也有很多的不足。提高财政民生共需品占GDP的比重，扩大分配给民生的蛋糕规模，是中国当前需要解决的主要问题。

从总体结构上看，由于并没有一成不变的公式，因而中国需要审慎地选择自己财政民生共需品发展的未来方向。美国、加拿大、德国、瑞典和日本都有结构上的合理之处。中国在2013年的财政民生共需品结构大体与日本类似，只是比日本多了一小部分社会性共需品支出。但是以笔者的观点审视，德国尤其是瑞典的财政民生共需品供给模式，更应当为中国未来财政民生共需品供给发展所积极借鉴。

一方面，随着扶贫工作的逐步完善，2020年全面小康全民脱贫目标的完成，对于维持人民基本生活、保障弱势群体起重大作用的维护性共需品所占比例可以相对缩减，而旨在提升全民生活水平的社会性共需品支出比例亟待加强，经济性民生共需品则将随着市场经济的完善逐渐弱化；另一方面，资本积累不断进行，中产阶级不断分化，贫困人口不断增加，维护性共需品不断增加的美国模式可以借鉴，但是要想实现我国社会主义共同富裕的目标，还需要在民生共需品总量上保持一定速度的稳定增长，只是在未来的发展中，对三个层次的共需品结构比例进行侧重点不同的调整。

在2020年以前，我国应该通过调整经济结构，转变经济发展方式，大众创业万众创新等方法，实现产业结构的转型升级，完成经济节奏的调整换挡，解决好当前困扰我国发展的贫富差距等一系列社会问题，实现人民物质生活的富足。在此之后逐渐将共需品的供给重心调整到社会性共需品的供给上来，实现环境的改善，人民精神生活水平的提高，最终带动人的全面自由发展。

第9章 我国政府财政民生共需品供给绩效评价

在完成对中国政府财政民生共需品供给的历史考察和国际比较之后，我们不难得出一个结论，随着我国社会主义市场经济体制的不断完善，我国民生共需品的供给规模迅速提高，就其绝对规模来说，在发展中国家里已经达到了较高的水平（超过了俄罗斯与印度），但是与经济总量相比，占据的份额依然落后于同期其他主要发展中大国；在规模上，随着2007年财政支出体系的改革，共需品的供给结构变化相对稳定，大体呈现出维护性共需品占据半边天下，经济性共需品偏安一方，社会性共需品顽强生长的三方格局。而这种格局，与世界其他主要发达市场经济国家相比都不存在结构的相似性。

由于政府对于民生共需品的供给形式是以财政支出的形式体现的，因而，对于财政民生共需品供给的绩效评价应当建立在对财政支出进行评价的基础之上，对三个层次的民生共需品的供给效益按照各层级共需品有关界定的作用进行分类评价。但是，目前我国财政民主支出绩效评价体系尚且不完善，对于财政支出绩效评价的规则远未达到统一。想要直接利用我国学术界对财政支出绩效评价的方法去评价财政民生共需品的供给绩效，还欠缺可操作性。

最根本的问题在于，对财政民生共需品绩效的判断并没有直接的指标。如果试图通过确立标的规模和标的规模的差距来判断共需品供给的绩效，必须利用分析共需品供给的每1元钱起到的作用确定最合适的共需品供给规模，但是我国幅员辽阔，多投入的1元钱在不同的地区可能会产生多种不同的效果，因而这种方法并不具有可行性。如果试图分析比较由市场或政府分别供给1元钱的作用大小以确定市场和政府的边界，通过这种边界确定政府合适的共需品供给规模（标的规模），通过比较现实规模与标的规模的差距来判断共需品绩效达到的水平，也会面临与之前相同的问题，不同地区可能有不同的适宜环境，在北京合适的政府财政民生共需品支出规模不一定适应于广大农村地区，即使不考虑规模问题照搬结构也完全是不可行的。

在第6章我们提出共需品供给原则应遵循供求双重约束下经济发展动态观，其中蕴含着两条重要的原则，即供给性原则和需求性原则。所谓供给性原则，是指共需品的供给应当使得人民的生活各项指标加以改善，同时应根据不同发展阶段的财力水平，综合控制供给，实现共需品供给的可持续发展。所谓需求性原则，则是要让共需品的供给更好地满足人们的需求。从理论上说，经济发展处于低水平时，维持基本生产、生活的共需品最为人们所需要，当经济发展处于较高水平时，对能促进人全面而自由发展的共需品更为需要。

当前我国已有学者在国家层面对财政民生支出的绩效评价做出了初步的探索，而且这种探索本身正体现着这两大原则。2011年，全国人大财经委课题组委托中国发展研究基金会，初步构建起了民生指数指标体系作为对民生财政支出效果的评价考察。本章将借鉴此民生指数指标体系，构建财政民生共需品供给的一般绩效评价体系，并以2010~2013年的客观数据为参考（因主观数据资料不存在，默认为不变），对2010年以来完善性阶段财政民生共需品的供给做出绩效评价。

9.1 政府财政民生支出绩效指标体系的借鉴

在民生指标体系的构建中（见图9-1），人大财经委课题组采用了主观指标（各类主观满意度）与客观指标相结合的方法。这里的各种客观指标反映的正是财政民生共需品供给带来的各项生活水平的改善，遵循了供给性原则。主观指标则是充分考虑到人民的需求，考虑到人们对于当前提供的共需品是否满意，是否符合人民群众的需要，因而也符合我们之前提到的需求性原则。同时，人大财经委课题组的构建过程也遵循了相关性原则（民生指数中每一个指标的选取与个体幸福感具有相关性）、全面性原则（民生涵盖多个方面，不仅包含客观的经济发展指标，还包含政府公共政策能够影响到的领域）和可行性原则（考虑指标数据的可获性）。

课题组利用德尔菲法确立了三级指标体系并对指标体系的权重进行设置，每一项一级指标均有若干二级指标，共有11项二级指标（见表9-1）。在确立

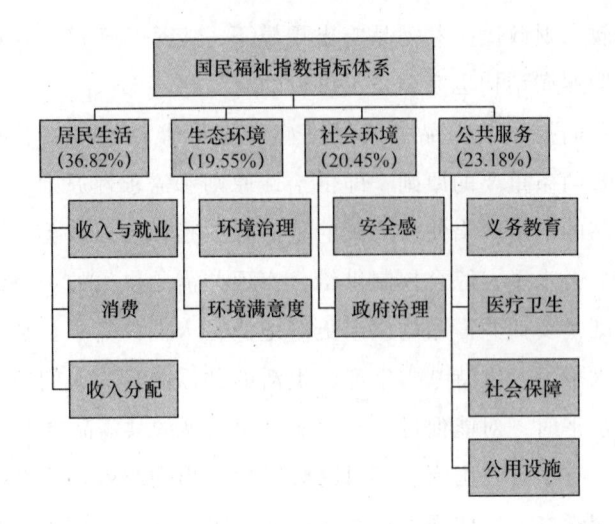

通往共享之路
——马克思社会共同需要思想的当代阐释及运用

图 9-1 民生指数指标体系

表 9-1　　　　　　　　人大财经委课题组民生指数指标体系　　　　　　单位:%

一级指标	二级指标	二级指标权重	三级指标	三级指标权重
居民生活	收入与就业	37.0	城乡居民家庭人均可支配收入	59.7
			城市调查失业率	40.3
	消费	33.0	恩格尔系数	36.0
			娱乐文化支出占消费支出比重	31.5
			休闲充分度（主观）	32.5
	收入分配	30.0	人均可支配收入占人均GDP比重	30.4
			城乡居民收入比	24.6
			城镇基尼系数	22.5
			农村基尼系数	22.5
生态环境	环境治理	61.4	空气质量达到二级以上的天数（天）	22.9
			工业固体废物处置利用率	13.6
			生活垃圾无害化处理率	14.9
			城市污水集中处理率	16.7
			环境噪声达标区覆盖率	14.0
			建成区绿化覆盖率	17.9

续表

一级指标	二级指标	二级指标权重	三级指标	三级指标权重
生态环境	环境满意度	38.6	空气质量满意度（主观指标）	34.2
			城市绿化满意度（主观指标）	31.7
			政府在环境治理方面的工作是否满意（主观指标）	34.2
社会环境	社会安全	57.7	万人口工伤事故率	12.9
			万人口交通事故死亡率	12.9
			万人口社会治安案件发生率	17.5
			商品抽样检验合格率	20.0
			食品安全满意度（主观指标）	20.0
			居民社会安全满意度（主观指标）	20.8
	政府治理	42.3	司法综合绩效指数	31.7
			政府廉政及行政效率满意度（主观指标）	37.5
			司法及执法满意度（主观指标）	30.8
公共服务	义务教育	24.5	普通小学生均预算内教育经费支出	19.2
			普通初中生均预算内教育经费支出	19.2
			学生/教师比率（小学）	16.3
			学生/教师比率（初中）	16.3
			义务教育满意度（主观指标）	29.2
	医疗卫生	26.4	城镇万人口医生数（执业医师、执业助理医师）	30.8
			人均地方财政一般预算内公共卫生服务投入	34.2
			医疗卫生服务满意度（主观指标）	35.0
	社会保障	24.5	城镇基本养老保险覆盖率	20.4
			城镇基本医疗保险覆盖率	20.4
			城镇基本失业保险覆盖率	19.2
			农村新农合覆盖率	20.0
			农村基本养老覆盖率	20.0
	公用设施	24.5	供水状况满意度（主观指标）	25.4
			供电状况满意度（主观指标）	23.8
			供热状况满意度（主观指标）	22.5

续表

一级指标	二级指标	二级指标权重	三级指标	三级指标权重
公共服务	公用设施	24.5	道路交通基础设施建设满意度（主观指标）	27.5

注：表中指标权重均为其上一级指标的权重，即二级指标收入与就业占一级指标居民生活的37.0%；三级指标城乡居民家庭人均可支配收入占二级指标收入与就业的59.7%。

资料来源：整理自全国人大财经委课题组：《构建民生指数指标体系、初步发展及政策建议》，研究报告，2011年1月。

一级指标和二级指标以后，课题组又对每一项二级指标选取了若干项三级指标，共计44项三级指标。其中，有14项三级指标为问卷调查得到的主观指标。合计客观指标权重为68.6%，主观权重指标为31.4%。

从表9-1中可以看出，人大财经委课题组构建的民生指数评价体系，其最突出的优势在于将客观数据与主观指标相结合对民生指数进行考量的评价方法。这与之前的"唯GDP论"有明显的不同。在任何时代，人们行为的背后动机大部分在于获取、保存和恢复幸福感。从微观视角来看，个体主观幸福感不仅取决于个人因素，而且对于个人所处社会环境具有高度依赖性。因而，一味考量社会发展的客观经济指标而不去考察个人感受的主观经济指标是不合适的。

9.2 政府财政民生共需品供给绩效评价体系构建

由于财政民生共需品的供给归根结底是为了民众的生存发展权利的捍卫与保障。因此，人大财经委构建的民生指数对于财政民生共需品的绩效评价有非常重要的参考价值。本章构建的财政民生共需品供给绩效评价体系，也是在借鉴上述民生指标体系基础上完成的，即在借鉴上述民生主观指标和客观指标的基础上，力图实现对共需品绩效评价的供给、需求两大原则的践行。

构建财政民生共需品绩效评价体系的目的，在于确定我国财政民生共需品发展的成绩（群众的主观评价打分），考察民生共需品的供给效果（对于各项客观数据指标的改善做出了多大的贡献）。

第9章　我国政府财政民生共需品供给绩效评价

由于共需品三大层次的结构分类分别对应于不同的功能层次，因而构建财政民生共需品供给绩效评价体系，必须分类审视共需品供给在民生中所起到的作用，因而评价体系也包括三个层次的指标，这将有助于从整体上把握财政民生共需品供给的绩效评价。其中包含三个一级指标：维护性、经济性和社会性。由于各个国家具体国情的不同，三类指标本身不存在相互之间的优劣性，因而一级指标比重暂时根据历年（1992~2013年）财政民生共需品结构的均值设定为58.1%、32.6%和9.3%。

二级指标方面，则以人大财经委民生指数设定的二级指数为参照，大体分为10项，而三级指数则参照民生指数，大体包括41项。具体的权重则依据课题组专家们通过德尔菲法得出的权重进行设置。

为了更好地对财政民生共需品供给进行绩效评价，我们将共需品供给绩效评价体系列出，并将得出的量化的结果定义为财政民生共需品供给绩效评价指数，具体如表9-2所示。

表9-2　财政民生共需品供给绩效评价指数体系　　单位：%

一级指标	二级指标	二级指标权重	三级指标	三级指标权重
维护性	公用设施满意度	24.5	供水状况满意度（主观指标）	25.40
			供电状况满意度（主观指标）	23.80
			供热状况满意度（主观指标）	22.50
			道路交通基础设施建设满意度（主观指标）	27.50
	社会保障	24.5	城镇基本养老保险覆盖率	20.40
			城镇基本医疗保险覆盖率	20.40
			城镇基本失业保险覆盖率	19.20
			农村新农合覆盖率	20.00
			农村基本养老覆盖率	20.00
	医疗卫生	26.4	城镇万人口医生数（执业医师、执业助理医师）	30.80
			人均地方财政一般预算内公共卫生服务投入	34.20
			医疗卫生服务满意度（主观指标）	35.00

通往共享之路
——马克思社会共同需要思想的当代阐释及运用

续表

一级指标	二级指标	二级指标权重	三级指标	三级指标权重
维护性	义务教育	24.5	普通小学生均预算内教育经费支出	19.20
			普通初中生均预算内教育经费支出	19.20
			学生/教师比率（小学）	16.30
			学生/教师比率（初中）	16.30
			义务教育满意度（主观指标）	29.20
经济性	收入与就业	55.2	城乡居民家庭人均可支配收入	59.70
			城市调查失业率	40.30
	收入分配	44.8	人均可支配收入占人均GDP比重	30.40
			城乡居民收入比	24.60
			城镇基尼系数	22.50
			农村基尼系数	22.50
社会性	消费	28.13	恩格尔系数	36.00
			娱乐文化支出占消费支出比重	31.50
			休闲充分度（主观）	32.50
	社会安全	27.05	万人口工伤事故率	12.90
			万人口交通事故死亡率	12.90
			万人口社会治安案件发生率	17.50
			商品抽样检验合格率	20.00
			食品安全满意度（主观指标）	20.00
			居民社会安全满意度（主观指标）	20.80
	环境治理	27.51	空气质量达到二级以上的天数（天）	22.90
			工业固体废物处置利用率	13.60
			生活垃圾无害化处理率	14.90
			城市污水集中处理率	16.70
			环境噪声达标区覆盖率	14.00
			建成区绿化覆盖率	17.90
	环境满意度	17.3	空气质量满意度（主观指标）	34.20
			城市绿化满意度（主观指标）	31.70
			政府在环境治理方面的工作是否满意（主观指标）	34.20

注：由于消费部分主要侧重于娱乐文化、休闲充分度等方面，故列为社会性共需品供给进行绩效考察。

在权重的设置方面，大体是以人大财经委课题组报告为参照，其中三级指标权重与课题组设置一致，二级指标则根据课题组专家们设置的二级指标的相对权重得到。

在主观数据的标准化方面，由于相关调查数据实在太少，人大财经委课题组调查报告只有过1次，而且，一般来说主观评价大多与政策推行相比在改变上有明显的滞后性。因此，除非经过大规模的政策变动或者实地调查得出确切结论，对共需品供给主观的效用评价通常可以被默认为常数量。

在客观数据的标准化方面，我们采取的方式是以某年为基年，其他年份的客观数据将以基年为标准，用其他年份数据除以基年数据，从而实现标准化。同时，对于负项数据（即越低越好的数据，如万人口工伤事故率等），我们采用加权相减的方式处理，即用其他正项数据乘以比重以后的总和减去负项数据乘以比重以后的总和。对于极限型最优数据（以逼近某个极限为最优，过多过少都不好的数据，如城乡居民收入比），我们采用转换法，用最优数据减实际数据，转化为负项数据进行计算，而对于偏离极限较多的数据，根据实际的高低可以笼统归纳为正项数据（如较低的人均可支配收入占人均GDP比重）或者负项数据（如我国当前的基尼系数）。

因为人的需要是无止境的，民生共需品的发展水平也是没有止境的，所以空谈财政民生共需品供给应该达到什么样的水平，在某一年达到了什么样的水平都是不可取的。财政民生共需品供给绩效讲究的是财政用于民生共需品供给的成绩和带来的效果，看中的是其在时间上的发展性和持续性。因而，基年的选择并非固定不变，选取基年也并非需要大量的数据论证。

9.3 政府财政民生共需品供给绩效的实证分析

为了更好地研究我国财政民生共需品供给的发展现状，我们选取了我国财政民生发展完善阶段的2010~2013年的数据及国家统计局网站数据作为研究财政民生共需品供给绩效评价的客观数据。这是基于供给性原则对财政民生共需品进行的绩效评价，通过比较供给效果，也能反映出我国财政民生共需品发展带来的社会变化。

在此，主观数据在借鉴人大财经委指数的基础上考虑到现实的不可获得性故默认为常数。我们将以2010年为基年，对2011~2013年的数据进行标准化，测得这三年的共需品的供给绩效指数。2010~2013年客观数据指标按照维护性、经济性、社会性共需品分类层次可以汇总为表9-3~表9-5。在表9-3~表9-5中，数据指标所列数据指标有些无法查到准确数据或因地方不同而有较大差异，故用其他近似数据替代表示，如表9-5中的城市污水集中处理率在各类统计年鉴中均未有记载，故用城市污水集中处理能力代替，空气质量达到二级的天数随各地的实际情况变化，故采用北京空气质量达到二级以上的天数进行分析。由于数据最终要经历标准化，所以不影响最后分析。

表9-3　　2010~2013年维护性财政民生共需品供给指数客观数据归纳

二级指标	数据指标	实际采纳数据指标	2010年	2011年	2012年	2013年	单位
社会保障	城镇基本养老保险覆盖率	城镇基本养老保险覆盖率	15.34	48.03	67.95	68.05	%
	城镇基本医疗保险覆盖率	城镇基本医疗保险覆盖率	29.16	32.02	38.15	40.53	%
	城镇基本失业保险覆盖率	城镇基本失业保险覆盖率	19.97	20.73	21.39	22.45	%
	农村新农合覆盖率	农村新农合覆盖率	96.00	97.50	98.30	98.70	%
	农村基本养老覆盖率	农村基本养老覆盖率	38.30	43.24	47.38	51.17	%
医疗卫生	城镇万人口医生数（执业医师、执业助理医师）*	城镇万人口医生数（执业医师、执业助理医师）	0.297	0.262	0.319	0.339	百人
	人均地方财政一般预算内公共卫生服务投入	地方财政一般预算内公共卫生服务投入	4730.62	6358.19	7170.82	8203.2	亿元

续表

二级指标	数据指标	实际采纳数据指标	2010年	2011年	2012年	2013年	单位
义务教育	普通小学生均预算内教育经费支出	普通小学生均预算内教育经费支出	4012.51	4966.04	6128.99	6901.77	元
	普通初中生均预算内教育经费支出	普通初中生均预算内教育经费支出	5213.91	6541.86	8137	9258.37	元
	学生/教师比率（小学,极限型）**	学生/教师比率（小学）	17.7	17.71	17.36	16.76	%
	学生/教师比率（初中,极限型）**	学生/教师比率（初中）	14.98	14.38	13.59	12.76	%

注：* 严格来说，应该为极限型，但是没有确定的最优解，暂时认定为正项数据；** 因为比例过低，在此视为正项数据。

资料来源：根据国家统计局网站数据（http://data.stats.gov.cn/index.htm）及《中国统计年鉴》（2010~2013年）的数据整理得到。

表9-4　2010~2013年经济性财政民生共需品供给指数客观数据归纳

二级指标	数据指标	实际采纳数据指标	2010年	2011年	2012年	2013年	单位
收入与就业	城乡居民家庭人均可支配收入	城乡居民家庭人均可支配收入	19109.4	21809.8	24564.7	26467.00	元
	城市调查失业率（负项）	城市调查失业率	4.1	4.1	4.1	4.05	%
收入分配	人均可支配收入占人均GDP比重（极限型）*	城镇居民人均可支配收入/人均GDP	63.71	61.99	63.87	63.16	%
		农村居民人均纯收入/人均GDP	19.74	19.83	20.58	22.50	%
	城乡居民收入比（极限型）**	城乡居民收入比	3.22	3.12	3.1	3.03	
	基尼系数（极限型）***	基尼系数	0.481	0.477	0.474	0.473	

注：* 在此视为正项数据；** 因为城乡差距过大，在此视为负项数据；*** 因为我国当前收入差距较大，在此视为负项数据。

资料来源：根据国家统计局网站数据（http://data.stats.gov.cn/index.htm）及《中国统计年鉴》（2010~2013年）的数据整理得到。

表9-5　2010~2013年社会性财政民生共需品供给指数客观数据归纳

二级指标	数据指标	实际采纳数据指标	2010年	2011年	2012年	2013年	单位
消费	恩格尔系数（负项）	城镇恩格尔系数	35.70	36.30	36.20	35	%
		农村恩格尔系数	41.10	40.40	39.30	37.70	%
	娱乐文化支出占消费支出比重	城镇居民人均文教娱乐服务消费支出	1627.6	1851.7	2033.5	2233.3	元
社会安全	万人口工伤事故率*	工伤待遇人数×10000/参加工伤保险人数	91.27	92.11	100.2	98	%
	万人口交通事故死亡率（负项）	交通事故死亡人数/全国年末总人数	0.49	0.46	0.44	0.43	%
	万人口社会治安案件发生量（负项）	万人口社会治安案件发生量	94.8	97.1	102.3	97.3	起
	商品抽样检验合格率	1-不合格产品/抽查产品	87.60	87.50	89.82	88.87	%
环境治理	空气质量达到二级以上的天数	北京空气质量达到二级以上的天数	286	286	281	167	天
	工业固体废物处置利用率	工业固体废物处置利用率	66.7	59.8	60.9	62.2	%
	生活垃圾无害化处理率	生活垃圾无害化处理率	77.90	79.70	84.80	89.30	%
	城市污水集中处理率	城市污水集中处理能力	13393	13304	13693	14653	万立方米
	环境噪声达标区覆盖率	治理噪声项目完成投资	14193	21623	11627	17628	万元
	建成区绿化覆盖率	建成区绿化覆盖率	38.60	39.20	39.60	39.70	%

注：*用后边的那个正常情况下，万人口工伤事故率应为负项数据，但统计局并没有给出该项数据，不得已使用得到工伤待遇的人数（人）除以参加工伤保险的人数（万人）得出近似数据，但这种处理反映的是受伤的人得到的救治情况，因而更改为正项数据。

资料来源：根据国家统计局网站数据（http://data.stats.gov.cn/index.htm）及《中国统计年鉴》（2010~2013年）的数据整理得到。

根据之前所用方法，将2011~2013年数据进行标准化，得到表9-6~表9-8。

表 9-6　2010~2013 年维护性财政民生共需品供给指数客观数据标准化归纳

二级指标	数据指标	实际采纳数据指标	2010年	2011年	2012年	2013年
社会保障	城镇基本养老保险覆盖率	城镇基本养老保险覆盖率	1	3.13	4.43	4.43
	城镇基本医疗保险覆盖率	城镇基本医疗保险覆盖率	1	1.10	1.31	1.39
	城镇基本失业保险覆盖率	城镇基本失业保险覆盖率	1	1.04	1.07	1.12
	农村新农合覆盖率	农村新农合覆盖率	1	1.02	1.02	1.03
	农村基本养老覆盖率	农村基本养老覆盖率	1	1.13	1.24	1.34
医疗卫生	城镇万人口医生数（执业医师、执业助理医师）	城镇万人口医生数（执业医师、执业助理医师）	1	0.88	1.07	1.14
	人均地方财政一般预算内公共卫生服务投入	地方财政一般预算内公共卫生服务投入	1	1.34	1.52	1.73
义务教育	普通小学生均预算内教育经费支出	普通小学生均预算内教育经费支出	1	1.24	1.53	1.72
	普通初中生均预算内教育经费支出	普通初中生均预算内教育经费支出	1	1.25	1.56	1.78
	学生/教师比率（小学，极限型）*	学生/教师比率（小学）	1	1	0.98	0.95
	学生/教师比率（初中，极限型）*	学生/教师比率（初中）	1	0.96	0.91	0.85

注：*因为比例过低，在此视为正项数据。
资料来源：由表 9-3 的数据整理而成。

表 9-7　2010~2013 年经济性财政民生共需品供给指数客观数据标准化归纳

二级指标	数据指标	实际采纳数据指标	2010年	2011年	2012年	2013年
收入与就业	城乡居民家庭人均可支配收入	城乡居民家庭人均可支配收入	1	1.14	1.29	1.41
	城市调查失业率（负项）	城市调查失业率	1	1.00	1.00	0.99

续表

二级指标	数据指标	实际采纳数据指标	2010年	2011年	2012年	2013年
收入分配	人均可支配收入占人均GDP比重（极限型）	城镇人均可支配收入占人均GDP比重	1	0.97	1.00	0.99
		农村人均纯收入占人均GDP比重	1	1.00	1.04	1.13
	城乡居民收入比（极限型）	城乡居民收入比	1	0.97	0.96	0.94
	基尼系数（极限型）①	基尼系数	1	0.99	0.99	0.98

注：①因为我国基尼系数过高，故笼统视为负项数据。

资料来源：由表9-4的数据整理而成。

表9-8 2010~2013年社会性财政民生共需品供给指数客观数据标准化归纳

二级指标	数据指标	实际采纳数据指标	2010年	2011年	2012年	2013年
消费	恩格尔系数（负项）	城镇恩格尔系数	1	1.02	1.01	0.98
		农村恩格尔系数	1	0.98	0.96	0.92
	娱乐文化支出占消费支出比重	城镇居民人均文教娱乐服务消费支出	1	1.14	1.25	1.37
社会安全	万人口工伤事故率	工伤待遇人数×10000/参加工伤保险人数	1	1.01	1.10	1.07
	万人口交通事故死亡率（负项）	交通事故死亡人数/全国年末总人数	1	0.95	0.91	0.88
	万人口社会治安案件发生率（负项）	万人口社会治安案件发生率	1	1.02	1.08	1.03
	商品抽样检验合格率	1-不合格产品/抽查产品	1	1.00	1.03	1.01
环境保护	空气质量达到二级以上的天数	北京空气质量达到二级以上的天数	1	1.00	0.98	0.58
	工业固体废物处置利用率	工业固体废物处置利用率	1	0.90	0.91	0.93

续表

二级指标	数据指标	实际采纳数据指标	2010年	2011年	2012年	2013年
环境保护	生活垃圾无害化处理率	生活垃圾无害化处理率	1	1.02	1.09	1.15
	城市污水集中处理率	城市污水集中处理能力	1	0.99	1.02	1.09
	环境噪声达标区覆盖率	治理噪声项目完成投资	1	1.52	0.82	1.24
	建成区绿化覆盖率	建成区绿化覆盖率	1	1.02	1.03	1.03

资料来源：由表9-5数据整理而成。

从表9-3~表9-8中，我们可以比较清晰地看到财政民生共需品供给影响的各项指标的类型和变动情况。

对于维护性共需品评价来说，其下属的各项三级指标几乎全都是正项指标。因而，其在最后的加权数据中与经济性和社会性数据相比会更高。但这并不能体现维护性共需品提供的效益更加明显，因为这是数据指标本身的特性所决定的。在其中涉及的各类客观三级指标中，变化最大的地方在于社会保障中的城镇居民基本养老覆盖率，从2010年较低的15%到2011年增长了近2倍，并在之后的2012年保持了大幅的增长，2013年才随着投入的递减而维持了相对的稳定，但是总体依然小幅增长。这种快速的增长结合第8章第一部分列出的同期维护性共需品结构的不断加强、规模的不断扩大以及社会保障结构的不断增强，也就不难理解了。而2013年维护性共需品结构的相对弱化（占比由53.49%下降到52.45%）与养老保险覆盖率的相对静止有关，更是证明二者之间存在着一定的相关性。

经济性指标方面，情况则刚好相反。由于经济性指标除了人均可支配收入一项正项指标外，其他数据指标都是针对当前比较敏感的城乡差距、收入差距等问题。而这些项差距的拉大并不会带来社会整体环境的改善，因而大多为负项指标（极限型因为当前条件并不完善归结为负项）。因而，经济性指标最后加权的数据可能很小，但是，由于对负项指数采取了相减的原则，因而经济性指标依然遵循指数越高经济情况越好的原则。

在经济性指标中，变动较为明显的有快速增加的农村人均纯收入占GDP的比重和农村下降的恩格尔系数。虽然二者有一定的相关性，但是对于绩效考核来说，二者分别改变的是农民的收入与消费，因而不存在重复证明的问题。

社会性指标与前两者均有所不同。其正负项指数都占据了比较多的项目，因而也是分析起来最难的一个项目。社会性指标是唯一在正项指数部分出现负增长的指标，典型如北京空气质量达到二级指数的天数一项，反映的不仅是我国的民生共需品供给问题，更是我们之前错误的经济决策带来的负效果的问题。虽然社会性指标涉及的数据很多，但是其在共需品支出结构上偏弱的比例制约了它在绩效评价中所起的作用。

要构造完整的共需品供给绩效评价指数，还应当代入之前赋予的权重，在每项主观指数均默认为1的前提下得出最终的共需品供给绩效评价指数（见表9-6~表9-8）。由于负项数据和极限型数据的存在，可知基年数据指数并不为1。

表9-9　　　　　　　　2010~2013年共需品供给绩效指数

	2010年	2011年	2012年	2013年
维护性指数	1.00	1.16	1.30	1.35
维护性指数增速（%）	0.00	16.00	12.07	3.85
经济性指数	0.05	0.10	0.16	0.21
经济性指数增速（%）	0.00	100	60	31.25
社会性指数	0.64	0.68	0.67	0.68
社会性指数增速（%）	0.00	6.25	-1.47	1.49
总绩效指数	0.66	0.77	0.87	0.92
总绩效指数增速（%）	0.00	16.67	12.99	5.75

从表9-9中我们可以看出，2010~2013年维护性指数的发展经历了一个快速的增长后陷入了增速的回落，大体与我国维护性共需品规模的快速增长与回落呈现相同的走势。

经济性指数经历了比较快速的上升，而同期经济性共需品支出规模上升速度也维持在高速。一定程度上反映了经济性共需品的供给对我国经济快速发展所做出的积极贡献，并与我国经济发展水平保持了同步的发展趋势。

社会性指数方面，由于各项数据进步并非同步，各项相对权重设置也较低，难以出现大幅度能够引领整个指数的上升的改变。而环境污染加剧、对一些非传统型污染的关注受舆论与突发事件左右等外生因素的干扰，使得对于社会性指数变动的分析变得更为困难。社会性指数在2012年的小幅下降也并不意味着社会生活人民生活的恶化，而是我们侧重的重心不同所导致的。这也警示我们，对待民生共需品的供给要更加审慎并注重社会效果，营造良好的治安环境生态环境，对社会来说也很重要。

总体来看，我国财政民生共需品供给绩效评价指数的上升经历了一个由快到慢的发展历程，这在一定程度上符合投资边际效益递减的市场经济规律。我们经历过一种从无所不包的共需品供给到市场经济刚开始缺位的共需品供给的过程，在我们建立健全市场经济的过程中又开始弥补共需品供给的失位问题，这本身就是一种不断地自我否定过程中实现的创新——既是对共需品供给的创新，也是对我们经济体制的创新。当现有的共需品结构因为投资边际效益递减弱化其应有保障民生作用时，调整共需品的供给结构便迫在眉睫。

尽管我国民生共需品的供给总绩效正在不断地提升，而且增速也保持了一个相对快速的水平。但是这种变化一定程度上仅仅是我国民生共需品供给相对水平的一种变化。考虑到我国当前阶段的人口结构依然是以农民为主体的基本国情，以及当前阶段的财政民生共需品供给体系依然是以满足城镇共需品需求为主体的格局特征，因此，城乡差别依然是我国共需品供给体系的基本问题。

就共需品需求以满足基本生存需要的最低标准衡量，广大农村地区的共需品供给的实际意义很大程度上都是一种从无到有状态的转变，比如新农村合作医疗保险制度的建立和推广，虽然很大程度上降低了农民的医疗负担，但就大病报销比例来看，农民个人的费用负担比例依然很高。相对于农村地区的人均收入水平来说，新农村合作医疗制度只是有效缓解了农民看不起病的问题，并没有彻底解决农民的医疗保障问题。其他诸如养老保障等领域的农村共需品供给，其覆盖率和水平对农民的实际生活的保障程度，严格来讲几近于零。

从纵向发展来看，我国近几年来民生共需品供给的绩效有了很大的改善与

通往共享之路
——马克思社会共同需要思想的当代阐释及运用

进步,但就共需品供给的效率来说,仅以满足基本生存需求共需品的供给标准来衡量,我们都存在着很大的差距。无论是在共需品供给的内部层次结构上还是城乡差别上,都存在着大量的问题有待解决。亟须我们从顶层设计出发,全方位的调整、重建我国共需品供给的整体框架和体制机制,真正落实以人为本的发展理念,兑现我们党执政为民、实现共建共享的庄重承诺。

第 10 章　构建民生型政府　走共享之路

我们通过回顾 1992 年以来的我国财政民生共需品供给状况，又通过对国外代表性国家财政民生共需品供给的分析比较，加上构建的我国财政民生共需品供给绩效评价体系所进行的实证分析，已经较为全面、客观地完成了对我国政府财政民生共需品供给总体情况的介绍。然而，对现象的分析并不能触及到问题的本质。在我国当前财政民生共需品供给绩效指数不断走高的光鲜数据下，供给中深度存在的问题不应被忽视。

我国财政民生共需品供给面临的主要问题有，首先，财政民生共需品供给总量不足，这就导致后续财政民生共需品发展面临较低的起步平台，即便有较快的增长，但是总量仍显不足，财政民生共需品的供给占总财政支出的比重明显滞后于国内工业化的发展速度；其次，共需品发展结构尚需优化，发展方向尚需明确。这就导致财政民生共需品供给仍处于简单的"头痛医头脚痛医脚"局面；最后，共需品供给方式有待完善，供给效率有待提高。显然，要想解决上述问题，应该理顺财政民生共需品的供给思路，明确民生财政思想在民生型政府构建中的指导作用；构建系统的共需品供给体系，形成更加注重共享普惠的共需品结构，提升人民幸福满意度；创新共需品供给方式，形成以政府为主导、以市场为手段，在政企合作确保公平的基础上更加强调效率的新供给模式。通过以上途径，实现财政民生共需品供给的不断发展，打造更加充满活力、更加注重公平又不影响效率的共需品供给新模式。

可以说，以坚持与完善民生共需品供给为基点，构建民生型政府，走共享之路，应当成为我们党和国家在接下来一段时期里重中之重的任务，这个任务解决的好不好以及如何解决，事关全面小康社会的建成和中华民族伟大复兴中国梦的实现。

10.1 我国政府财政民生共需品供给存在的主要问题

根据前文实证研究的基本结论，结合对我国政府财政共需品供给规模及其结构问题的描述分析和国际比较，总体来看，民生共需品供给存在以下三大方面的问题。

10.1.1 供给基础弱规模小、财政民生性待增强，供给存在先天不足

1. 我国政府财政民生共需品供给基础和规模上存在的问题

1992年我国确立社会主义市场经济体制的发展目标以来，经济发展开始逐步进入腾飞阶段。尽管政府逐步放松对市场经济的管控，但是政府本身支出依旧偏重于经济建设，使得财政用于民生支出的部分更加不足，这是形成财政民生共需品供给最初的历史包袱。在之后的发展中，由于各种新的保障机制的不断构建（如养老金），有了量和质的改变，但是距离人民更高层次的共需品需求还有相当的距离。

以我国和其他各国的公共教育支出为例进行比较，2012年我国政府工作报告显示，财政教育支出5年累计达到7.79万亿元，年均增长21.58%，只在2012年教育支出才实现占GDP比重4%的目标。但是根据世界银行的统计，早在2001年，澳大利亚、日本、英国和美国等高收入国家，公共教育支出占GDP的均值就已达到4.8%；哥伦比亚、古巴等中低收入国家，公共教育支出占GDP的均值达到5.6%。纵观巴西历年的公共教育支出占GDP的比重（见表10-1），我们可以看出，巴西对于教育的投入力度早在1990年以前便实现了4%的突破。由此可以看出，尽管我国财政民生共需品供给发展速度较快，但是历史原因造成起点低的问题，仍旧是困扰我国政府财政民生共需品供给发展的重要问题。

通过前述对我国政府财政民生共需品供给规模的整体及结构性分析，结合不同经济社会发展程度国家的国际比较的实证研究，不难发现，我国政府财政民生共需品支出规模存在的问题，主要表现在两个基本方面：一是民生共需品的供给基础弱且规模相对较小。虽然我国政府财政民生共需品的支出规模近年

来稳中趋升,但仍然是维护性共需品支出为主。如果再考虑我国基础民生共需品供给的城乡差异、区域差异等现实因素,显然,基础民生共需品供给的整体规模相对于人民群众,尤其是从广大农村落后地区的民众生活需要来说,仍远远不足。即使从发展程度总体比较接近的发展中大国来看,我国政府财政民生共需品支出的相对规模也是较小的。共需品规模较小的问题不解决,势必会使人民幸福感与经济发展水平的差距拉大甚至背离。二是民生共需品供给规模的城乡及区域差距明显,且缺乏供给的长效机制,财政民生性有待加强。财政民生支出的效率和公平是保证其民生性的两个最为重要的考量因素。目前,我国政府财政民生的保障程度与公平度都亟待提高,需要基础制度框架层面的系统完善。这一点,从长期以来的社会性支出的相对低水平停滞,以及体制内外社会保障程度及范围的差异上可以充分反映出来。同时,民生共需品供给规模的城乡及区域差距是目前我国政府财政民生共需品供给在制度层面存在的最大非效率公平问题。这种状况与我国政府财政民生共需品供给责任在中央政府与地方政府之间的划分有直接关系。总的来看,在民生共需品的供给责任方面,地方政府的支出压力相对较大,而且中央与地方在民生财政支出总量上的差距存在扩大趋势。

表 10-1 1970~2012 年巴西公共教育类财政民生共需品供给与 GDP 的比较

年份	公共教育支出占 GDP 比重(%)
1970	2.86
1975	3.01
1980	3.48
1985	3.58
1990	4.73
1995	4.57
2000	4.01
2005	4.53
2010	5.82
2011	6.06
2012	6.35

2. 我国政府财政民生共需品供给基础弱、规模小的原因分析

根据我国现行的财政支出管理制度及其实际运行体系，分析造成我国政府财政民生共需品供给基础弱、规模小，财政民生性有待加强的直接原因如下：

（1）行政激励机制与民生发展目标的不一致。伴随分税制改革的全面落实，在民生发展的基础框架及其供给责任上，现行制度过多地依赖地方政府的财政支出。与此同时，在政府主导下的市场化改革的整体格局调整过程中，经济建设作为一种政治责任逐步成为行政体系内部考核各级地方政府工作绩效的主要依据。毫无疑问，在地方政府的资源控制存在约束的客观前提下，这种政绩考核体系的价值导向，会激励地方政府官员为取得政绩，往往忽略对促进地方经济发展缺乏短期效应的民生财政支出。

但与此同时，随着我国经济的快速发展和改革力度与深度的不断加大，人民的民生共需品需求也不断增强，民生财政领域的就业、社会保障、医疗卫生、教育、住房等问题亟待解决，这意味着政府职能必须作出相应调整。目前，我国虽然已经抛弃了之前一味以经济增长为中心的单一政绩考核方式，但目前还没有建立起以民生指标考核为主的激励机制和标准，以至于在进入21世纪后，我国政府财政民生共需品供给的历史欠账积累过多，问题重重。

（2）由于资源禀赋以及市场化发展程度的差异，我国城乡以及地区之间的经济发展水平极不平衡，这是导致我国政府财政民生支出规模呈现城乡以及区域显著差异的重要原因。民生财政与经济发展具有良好的互相促进关系，即经济发展可扩大民生财政的支出规模，反之，上规模的民生财政的支出也对经济发展具有正面效应，促进经济增长，这一点已经成为理论界的普遍共识。但是，由于我国城乡与区域经济发展极不平衡，导致财政民生支出的水平差异不存在同向分化的基础，使得强者越强、弱者越弱的"马太效应"广泛存在，催生出一系列社会经济发展的难点问题。

（3）财政分权体制的缺陷是造成我国政府财政民生共需品供给问题的另一个重要原因。在现行财政分权体制下，我国中央政府在财政民生共需品供给方面的支出责任相对不足，地方政府财政民生支出处于主要地位。其直接原因是地方政府事权、事责总体过大，财权、财力相对不足。事权与财力的不匹配，一方面导致中央政府与地方政府在民生性项目上的明确分工不够合理，地方政

府承担了过多的事权责任,另一方面导致地方政府的财权有限,导致民生财政支出得不到有效的保障以及不能与经济发展同步改善。再加上行政考核机制的约束,经济发展成为地方政府的最优选择,而社会民生建设与发展成为地方政府的次优选择,更加恶化了财政民生支出的整体状况。因此,为了缓解我国民生财政支出压力,不仅需要不断增加民生财政投入,更为重要的是设计富有弹性的长效投入机制。

10.1.2 供给结构待优化、发展方向不明晰,供给存在后天待补

1. 我国政府财政民生共需品供给结构上存在的问题

在结构上,我国政府财政民生共需品的供给仍存在较多的问题,其中最典型的就是民生共需品的结构调整问题。从共需品的分类来看,三个层次的共需品分类结构分别对应不同的群体和社会成员有着不同的目标——维护性共需品旨在保障少数弱势群体(如老弱病残)及贫困人士的生存权和广大群众基础的发展权,其覆盖面是较为广阔的;而经济性共需品则针对那些有着特殊经济需求的人,譬如需要交通出行的人士,其目的在于改变其生存生产方式,本身具有地域性、不全覆盖性等特征;社会性则强调人的全面发展,强调人基本生存得到保障以后能够更有尊严地生活。

当前我国政府财政民生共需品供给侧重于维护性共需品,经济性共需品次之,而社会性共需品比例相当低。然而,随着我国逐渐走向全面小康,人民生活水平大幅提高,低收入者等弱势群体的生活不断改善,当前的共需品供给必将面临供需不平衡的现象。高层次的共需品需求规模势必会不断扩张,共需品供给结构的调整必须与需求同步。以 2010~2013 年我国政府财政民生共需品结构(见表 10-2)和瑞典(见表 10-3)进行比较,可以发现与瑞典等北欧社会主义国家相比,我国政府财政民生共需品的结构呈现着维护性比例偏高,经济性比例过多,社会性比例严重不足的特点,一方面是由我国当前经济发展水平决定的,另一方面也显示出我国当前财政民生共需品结构和经济发展水平的不足,我们应当正视差距,但不能因此而否定这种模式的优越性,应当致力于将共需品结构向瑞典模式调整转变的可能。

表10-2　　　2010~2013年我国政府财政民生共需品的支出结构　　　单位:%

年份	维护性	经济性	社会性	总计
2010	49.35	43.12	7.53	100.00
2011	52.31	41.15	6.54	100.00
2012	53.49	40.08	6.43	100.00
2013	52.56	41.03	6.41	100.00

表10-3　　　1995~2012年瑞典政府财政民生共需品的支出结构　　　单位:%

年份	维护性	社会性	总计
1995	28.16	71.84	100.00
1996	29.78	70.22	100.00
1997	28.79	71.21	100.00
1998	29.89	70.11	100.00
1999	27.74	72.26	100.00
2000	22.69	77.31	100.00
2001	21.91	78.09	100.00
2002	20.77	79.23	100.00
2003	19.44	80.56	100.00
2004	19.83	80.17	100.00
2005	19.76	80.24	100.00
2006	19.34	80.66	100.00
2007	19.29	80.71	100.00
2008	20.17	79.83	100.00
2009	20.81	79.19	100.00
2010	20.67	79.33	100.00
2011	21.08	78.92	100.00
2012	20.53	79.47	100.00

因此，未来发展的方向不明确，不能对未来人们的需求层次进行高瞻远瞩的设计，最终将使得共需品出现"供给过剩"和"供给不足"的冰火两重天

第10章 构建民生型政府 走共享之路

并存的局面,带来的只能是资源的浪费与人民满意度的下降。通过对我国政府财政民生共需品供给的历史考察与国际比较,就财政民生共需品供给的层次及其内容来看,现阶段我国政府财政民生共需品的供给结构待优化、发展方向尚不明确是民生共需品供给结构的主要问题。

(1) 我国政府财政民生共需品供给结构待优化。从我国政府财政民生共需品的构成中最为重要的社会保障、教育、医疗及就业保障这四个方面看,目前我国的政府财政民生共需品供给的结构仍待优化。

第一,社会保障支出结构不平衡。社会保障是任何社会基础共需品,其水平、规模、公平程度直接关系到社会经济发展的基本稳定。我国财政社会保障支出结构的主要问题表现为制度性歧视引致的不公平。具体地,行政事业单位退休金支出占社会保障支出的比重过大,相反,对失地农民、进城务工人员等最需要社会保障的社会弱势群体的支持力度明显不够甚至没有,同时社会保障支出的绩效及监督水平也有待提高。

第二,教育支出结构不平衡。作为国之重器的教育,改革开放以来一直得到党和国家的高度重视。尽管财政教育支出一直较快增长,但由于教育制度改革的相对滞后,我国财政教育支出结构的不平衡状态始终存在。具体表现为,一方面是基础教育、中等教育和高等教育的支出比重不合理;另一方面是我国教育支出的城乡分配不均。国家对基础教育的投入整体存在不足,且有限的教育资源绝大多数又投入到了城市,造成我国广大农村地区教育资源,尤其优质教育资源的严重匮乏,大大制约了我国农村地区的现代化发展。

第三,医疗卫生支出结构不合理。经过近十年的努力,随着农村地区新农村合作医疗制度和城市居民医疗保险制度的推广和覆盖面的大范围提高,我国现代意义上的医疗保障体系略具雏形,无疑,这是我国医疗保障制度建设的划时代进步。但是,实事求是地讲,作为一种过渡性的制度安排,现有制度的保障程度相对有限,存在民众承担比例过大、明显的二元差别、防控保健比重不高以及行政事业医疗卫生支出比重过大等几个方面的严重不公平问题。

第四,就业保障支出结构不合理。从具体财政支出的构成来看,就业保障支出更多地用到了失业补助的投入上,而且受益社会人群同样相对非常有限,社会化程度急需大幅提高。另外,就业保障支出真正投入到促进就业转移,尤其对失业人员再就业方面的投入更是微乎其微,而就其影响或社会作用而言,无疑更具战略意义。因此,不断增加社会就业保障投入,并调整其支出结构,扩大再就业投入是就业保障改革的主题。

(2) 我国政府财政民生共需品供给新内容尚需明确。伴随我国经济的发展,环境污染问题也日益严重,影响着居民的身体健康,也是降低居民生活幸福感的主要原因之一。而目前我国的财政民生共需品并未对环境治理方面有足够的供给和投入,在日趋严峻的环境问题上,我国政府财政民生共需品的结构性调整和发展相对滞后,缺乏明确的未来发展方向指引。

住房改革后,住房保障成为我国保障民生、满足居民社会共同需要上新的重要构成部分,而目前我国的住房保障政策仍处在不断探索和完善过程中,出现了住房保障方面财政民生共需品供给的不足以及发展方向的往复。

但是,面对新的形势和居民对社会共需品需求的新变化,在我国既有的保障性住房及环境保护财政支出领域,在法律和制度的层面上,持续的支出保障责任及其筹措机制还没有完全到位,急需完善和补充。同时,对于既定财政支出的使用和绩效评估还缺乏相对系统、有效的监督检查机制予以制衡,以保障财政资金投入的使用效率。当然,在其他财政民生支出领域也同样不同程度地存在类似的问题,只是在保障性住房和环境保护领域尤为突出。以环境保护支出及保障性住房为主的财政民生共需品供给新组成部分缺乏长效机制,监督检查机制有待完善。

2. 政府财政民生共需品供给结构待优化、发展方向待明确的原因分析

(1) 城乡二元结构的社会经济格局条件的现实约束。历史上形成的城乡二元社会经济发展格局,错综复杂,短期内很难改变,在很大程度上扭曲了我国财政民生支出的基本结构,衍生出巨大的不公平现实。城乡二元体制作为我国经济和社会长期发展中的一个严重障碍,导致城乡之间实行两种资源配置制度,严重损害了我国农民的民生需求利益。以医疗卫生支出为例,农村的基本医疗卫生服务的提供不到位,医疗卫生机构普遍存在着设备不足、医务人员少、看病能力较低等问题,无法满足正常临床和公共卫生需要,严重降低了医疗卫生支出的公平性和产出水平,扭曲了我国民生财政支出的结构。

另外一个突出的例子是养老保险,农村是新型农村社会养老保险,城市是城镇职工养老保险,两种保险各方面的差异明显。我们有必要破除我国城乡有别的养老保险制度,建立全国性的社会保障制度,实现农村与城镇、中央与地方间的全国性统筹。

(2) 政府财政民生共需品供给长效管理机制的阙如。我国民生财政支出结构中各项支出增长速度大不相同且波动性较强,其原因在于地方政府对各项民生财政支出缺乏一套合理的长效机制。从对民生财政支出的分解上来看,各项民生财政支出(如教育、医疗、社会保障等)还是呈上升态势的,这仅仅说明了我国现阶段对民生性投入的重视。从增长的发展路径来看,除了教育和医疗卫生这两项出现快速上升的状态,其他几项支出的增长并不明显,且增长幅度波动较大。一方面显示我国对民生性财政投入的重视程度与采取的行动不足,另一方面也体现出民生财政支出导向没有一个长远的有效机制。例如,中央政府2007年首次明确提出"关注民生、改善民生",在此之后教育、医疗卫生及社会保障等财政支出出现了一个历史最高点,但随后又出现了小幅下降,这说明地方政府在这样一种目标导向下并不存在长远的规划与定位。

10.1.3 供给主体责任不清、供给形式单一,供给存在模式创新掣肘

1. 我国财政民生共需品供给主体上存在问题

从很早开始,我国政府便提出了简政放权的口号。之后服务型政府、民生型政府的提出也表明了我们政府对自身发展理念的认识和目标期许。但是,直到现在,政府与市场的边界等关系问题依然没有理顺,在民生共需品的供给上,存在着政府与市场谁提供、中央政府和地方政府谁出资等一系列的矛盾。

以养老院这一共需品为例,当前我国存在着各式的公立养老院和私立养老院。随着我国老龄化进程的不断延续,对于养老这一共需品的需求也会逐渐增多。但是当前,并没有明确的顶层设计决定政府与市场谁来提供这类共需品。由于人们思想观念的问题,很少有人把老人送往养老院,民营养老院发展受到资金和盈利能力的制约,导致参与的投资人越来越少。政府如果一味放任市场去管理,会导致由于价格水平和思想观念扭曲共同造成的供给不足。这便是政府与市场谁提供之间的矛盾。中央政府和地方政府谁出资提供共需品的问题,本质是两级政府事权与财权的不相匹配问题,由于已经涉及整个财政制度结构

通往共享之路
——马克思社会共同需要思想的当代阐释及运用

的分析,在此不加赘述。

综上,我国政府财政民生共需品存在主体责任不清的问题,还引发供给形式单一等问题。

(1) 主体责任不清,进而导致的便是供给形式单一僵化的问题。例如在当前,我们必须通过转移支付等手段,通过提供资金来直接提高这部分弱势群体或贫困地区人民的生存与生活水平。然而,这种转移支付的方式毕竟有它的缺陷。欧洲福利国家遇到的种种问题告诉我们,一味依靠转移支付可能会滋生懒汉问题。而且,由于这类共需品属于资金形式,对于公职人员来说,如果没有法律法规的限制,容易滋生腐败问题,从而削弱共需品供给本身能够发挥的作用。

(2) 财政民生共需品供给形式单一化也会带来人们自身感受与现实受益不符的问题。以前文提到的铁路运输为例,每年政府用于铁路运输的补贴数额都很高(如2013年铁路运输补贴数额为788亿元),其中一部分用于货运运输,对于商品价格不发生较大的上升、维护社会稳定起到了重要作用;另一部分则用于客运运输,通过火车票价格十几年的相对稳定变相发放补助(同期其他商品价格水平均有大幅提高)。即便如此,人民对于铁路运输的补贴依然没有满足,因为这些功效都属于间接的功效,人民关注不到这些间接功效,投入的增加并没有带来人们主观效用的对等提升。这可以反映出,当前一味以转移支付、社保供给、价格补贴等形式供给共需品,往往不能给人民带来与投入相匹配的幸福感。

总之,不明确的供给主体,单一的供给形式,成为当前制约共需品供给发挥功能的重要问题。这些问题如果得不到有效解决,将使得共需品供给的公平效率问题无法真正解决。

2. 我国政府财政民生共需品供给责任主体不明确、模式待创新的原因分析

(1) 相关法律、制度建设的滞后。从我国政府财政民生共需品供给模式的问题看,主要原因在于我国法律层面依然缺乏保障民生支出的强制性约束,致使我国民生财政支出结构的优化缺乏足够的制度保障,各民生项目的财政支出长效机制和监督机制不完善。

我国民生财政的建设时间不长,有关民生建设的法律法规尚不完善,各个层面民生财政政策的贯彻与实施存在因不确定性而产生的民生财政资源被挪用、效率低下、支出结构不完善等问题，影响了我国民生财政建设的进步。

例如，我国社会保险法的实施仍有很多的不足，需要进一步完善；教育支出亟须法律制度提供规范标准；有关就业保障的法律只覆盖到国有或集体企业的职工安置和城镇失业居民；保障性住房只有各类政府文件是其依据，整体上缺乏法律基础，亟须建立《保障性住房法》，对政府职责、保障目标、保障对象、保障标准、保障方式，以及法律责任进行明确的界定，为保障性住房建设提供法律保障。

（2）政府财政民生共需品投入主体责任的错位。我国中央政府与地方政府的事权划分不明确，导致民生支出项目的投入主体错位。从国际经验来看，处理民生问题应该是中央政府的主要任务之一，地方政府更适合于对本地居民的具体需求进行调配，而不是地方政府依据自身财力进行民生性投资。但在我国，并没有发现中央政府与地方政府在民生性项目上明确且合理的分工，中央政府通过转移支付等方式并不能很好地解决地区间发展问题。以美国等发达国家为例，如教育、医疗、社会保障等均是以中央政府为主的投入结构，但是我国正好与之相反。

自分税制以来，我国政府一直在探究中央政府与地方政府之间事权与财权的分配情况，试图用更合理的方式来进行民生性项目支出，但就现阶段的发展来看依然没有解决民生支出投入主体错位的矛盾。如何确定各级政府的民生投入主体责任，是未来财政体制改革的重要内容。

10.2 我国民生型政府建设的一般框架与对策体系

经过三十多年的改革开放，随着经济高速发展，我国的工业化发展水平以及综合国力已今非昔比，作为全球第二大经济体，国家财政收入总量在2014年已经超过20万亿元。我们现在完全有能力进行全方位的统筹安排，通过系统全面的制度创新，结合社会主义市场经济体制建设和行政管理体制改革的深入，逐步完善我国财政民生共需品供给制度，建设民生型政府，在更高的水平上逐步改善全国人民，尤其弱势群体的基本生活，使全国人民共享改革、发展成果，实现社会主义现代化建设的最终目标。

因此，在当前阶段，全面推进以财政民生共需品供给为核心内容的民生型政府建设，既符合社会主义方向，也是解决我国当前社会经济发展诸多深层次结构性矛盾的重要抓手。那么，应该如何建设民生型政府？立足我国现实，建设民生型政府在一般基础框架上需要系统推进哪些方面的改革和制度创新？在我国基础的制度框架内，在操作层面上又应该如何展开？

10.2.1 民生型政府建设的整体定位

根据前面我们对社会主义共需品内涵的界定，就其主旨而言，我们主要着眼于当前社会经济条件下人民群众的客观现实共同需要，以及社会主义生产的根本目的。

因此，关于民生型政府建设的定位，在价值取向上，我们更多强调的是社会主义条件下的国家责任。也就是说，在我国已经实现社会主义的条件下，供给满足人民基本生存、发展需要的共需品，是对国家职能的基本要求，也是民生型政府建设的目标。在内容上，民生型政府建设的主要载体就是财政民生共需品供给体系，即民生财政的建设问题。

毫无疑问，民生财政的建设是一个系统工程。尽管支出是民生财政最重要的内容，但民生财政不仅仅只指财政支出行为，它还是政府收入、支出及各种财政制度的综合；民生财政不仅仅只是预算内的行为，它还是全方位的政府财政行为；民生财政不仅仅事关财税预算体制改革，它还事关政治体制改革、行政体制改革和社会体制改革。因此，建设民生财政是一个系统而综合的工程。

按照这个整体定位，显然，民生型政府的建设不仅要从解决当前存在的主要问题着手，还要从全方位着眼，前瞻性的系统性论证我国民生财政建设的政策体系。具体来讲，既要重点解决我国民生财政最迫切需要解决的问题，又要构建民生财政运行的机制；既要优化财政民生支出的规模与结构，又要创新民生服务的供给；既要建设现代预算制度、民生财政收入统筹机制，又要完善地方税体系、完善转移支付改革；既要深化市场经济体制改革，又要深化行政体制改革，构建以人为本的政绩考核机制、深化政府间事权改革等一系列的问题。

10.2.2 民生型政府建设的基本原则

1. 政府与市场责任边界的界定

首先，我们必须明确，民生共需品供给问题的复杂性在于它是一种社会目标和经济目标的交织、耦合。作为社会目标，它主要体现的是一种国家责任。作为经济目标，它主要考虑的是资源配置和使用效率问题，即如何能利用有限的经济资源生产并供给更多、更好的共需品。

作为一种资源配置方式，以产权保护以及价格和竞争机制为核心的市场经济机制比政府具有更高的资源配置效率，这一点已为我国三十多年改革开放的历史所证明。1992年，党的十四大正式提出了社会主义市场经济体制的建设目标，经过二十多年的发展，我国社会主义市场经济体制的基本框架已经确立。党的十八大更是进一步提出了"发挥市场在资源配置中的决定性作用"的经济改革目标。因此，在社会主义市场经济框架内解决民生共需品的供给是民生型政府建设的前提。

但是民生共需品作为共同基本需要或者说刚性需求，在供给上，市场机制解决的仅仅是资源配置效率问题，即实现供给水平的最优，满足全部市场有效需求。但由此衍生的社会低收入群体"买不起房""看不起病""上不起学"的问题则属于社会问题，而解决社会问题主要依靠履行国家职能的政府予以解决。因此，在社会主义市场经济体制条件下，民生共需品供给的市场化并不是把上述低收入群体的困难也交给市场解决；反之，满足人民群众尤其是低收入群体的基本共需品需求的是国家责任，但并不是由政府主导一切共需品的生产与供给。

2. 以民生共享为本的价值取向

民生型政府建设的核心强调的是以财政民生共需品供给为主体内容的国家责任，具体到制度安排上，主要体现为民生财政建设。民生财政的核心也要以人为本，这是民生财政实现"取之于民，用之于民"的关键。

另外，由于在制度层面上的民生财政建设主要体现在人民群众，尤其是弱势群体基本生活保障的共需品供给的国家责任，也就是说，以民生共需品供给为主要内容的民生财政建设，必须坚持全民共享的价值取向。例如，民生供给的水平应以满足弱势群体的基本共需品需求为其基本目标，而且不分城乡与地区。任何公民的基本共需品需求都要得到最低限度的国家保障，实现全民共享改革发展成果。只有如此，才能体现我国社会主义制度的优越性，才能使广大人民实实在在地体会到党和政府全心全意为人民服务的宗旨，才能在新的历史时期，重新凝聚改革发展的社会共识，全面实现我国的现代化转型。

3. 民生型政府建设要以法律制度建设为基础

以民生财政建设为主要内容的民生型政府建设，是涉及多方面制度改革与创新的社会系统过程。因此，民生型政府建设必须以法治为准绳，界定政府与市场的边界，建立政府间博弈的基本规则。法律制度是现代国家治理的重要载体，民生型政府建设也必须确保在法治的轨迹上进行。

党的十八届四中全会根据我国社会经济发展的现实，适时提出了全面依法治国战略，吹响了全面系统的法治建设工程。我国未来的改革与发展将在形式与成果上以全面系统的法治建设推进，这是我国当前社会经济发展形势的必须。因此，在国家层面上，通过严谨、可行的顶层设计，以法治为主要手段和最终皈依，科学、稳妥的逐步构建民生型政府建设的法治框架，有序的推进和巩固民生型政府建设的阶段性成果，是民生型政府建设的最佳路径。

4. 民生财政的建设要与深化政治经济体制改革相匹配

我国的社会制度和执政党的根本宗旨决定了我国一切改革发展问题的根本目标在长期内都是为了改善与提高广大人民的福祉。这是我们最终评价改革与发展问题的最终标准。因此，民生状况的改善与进步是我国一切改革问题的现实归宿。但同时，民生问题的改善与解决是在特定的政治经济制度环境约束下的动态发展过程，与一国的政治、经济具有密不可分的关系，民生型政府建设要与政治、经济体制的改革和谐共生。我们必须清醒地认识到，深化政治体制改革与经济体制改革是建设民生财政机制的重要环境和制度基础，政治、经济体制改革的成功将为民生财政的机制建设创造良好的改革环境。另外，以法治进步为基本形式的民生型政府建设的推进，反过来可以有效地促进我国政治经济体制改革的成功，奠定并夯实我国全方位系统改革的民意基础，增强我国社会主义基本政治经济制度的合法性。

5. 民生型政府建设以合理划分政府间财权为支撑

在技术层面上，民生型政府建设的一个重要内容是明确中央政府和地方政府在民生共需品供给的财政支出责任。这种政府间的财政关系主要指政府间事权、财权与财力的分配，也是民生财政建设中的重要问题。归根结底，民生财政主要是国家的事，是政府间的事，政府间的财权分配是否合理是民生财政能否成功的标志之一。

因此，在民生型政府建设的过程中，在基本明确了民生共需品的供给规模及其相对水平以后，一个重要的顶层设计内容就是需要根据事权、财权平衡的基本原则，合理的划分中央和地方政府的支出责任及其财政权限，并以法律的形式予以确认。在内容上，不仅要严格规范各级政府财政民生支出的法定责任，更要合理界定财政民生支出的收入来源。以此来保证我国财政支出的基本目标首先在于合理安排好全国人民的基本生活，其他所有的财政支出需求不得以挤压、占用财政民生支出为前提。

10.2.3 民生型政府建设的对策体系

1. 建立系统的民生型公共财政体制

（1）深化法治政府建设，奠定民生型政府建设的基础。自从党的十八届三中全会提出全面深化改革以来，我国社会已经产生这样一种共识，即全面深化改革一定要深化社会主义市场经济体制改革，进一步明晰政府与市场的边界。在这个意义上，深化市场经济体制改革就是要从体制的基础方面具体的界定政府与市场关系，这也是民生型政府建设的制度基础。因为，只有在清楚界定政府职责领域的基础上，才谈得到民生责任在政府责任中的法定地位。

具体地，在当前阶段，我们认为深化市场经济体制改革的方向，主要是政府职能的转型，加快创建权力清单，并通过法律形式明确政府的行政责任及其边界，系统的划分和界定政府履行其法定职责的权限和程序，通过全程信息公开，将行政权力置于阳光下，营造"法无授权不可为"的法治政府，从而厘清政府与市场的边界、理顺政府与市场的关系。

（2）建设现代预算制度，加强财政民生支出的预算管理。在现代公共财政制度的一般框架内，政府财政的公共属性主要是通过现代预算制度在法治的基本框架内实现了对政府"钱袋子"的掌控。可以说，公共预算制度是实现政府财政支出的民生共享导向及其效率控制的根本制度，是保障国家财政真正用之于民的实现形式。

同时，从市场制度建设的角度来看，现代预算制度也是政府与市场关系的重要体现。现代预算制度作为现代财政制度的基础，它也是民生财政最根本的实现形式或者说控制方式。民生财政收支的全过程，必须纳入预算管理中，民生财政的建设必须纳入现代预算制度的建设之中。一个没有现代预算制度的财政不可能是民生财政，民生财政的建设关键就是建设现代预算制度。

具体而言，首先，必须健全完善预算法律制度体系，明确民生保障的强制性。其次，在预算的编制时，明确政府职能部门的管理职责，把民生支出的具体内容细化，要求预算单位把教育、医疗卫生、社会保障与就业、住房保障以及环境保护等列为一级分类，编制年度预算。全面、完整、细化的预算编制确保了社会公众能够及时、有效地从公开的预算报告中全面了解民生财政中各项预算数据和信息。民生收支预算的审批不能再走形式，监督和问责要切实到位，建立健全预算编制、执行和监督相互制约的机制。其中，加强民生收支的信息网络建设，建成全国统一的民生建设信息网络，对收支情况实行等级管理机制，最大限度的公开政府财政预算的所有信息，充分保障信息的透明，便于社会监督。最后，在预算执行时，逐步建立全过程预算绩效管理机制，提高民生财政资金的使用效率。借鉴发达国家的预算绩效管理经验，逐步建立全过程预算绩效管理机制，让绩效理念和要求贯穿到财政管理的各个环节，逐步形成预算编制有目标、预算执行有监控、预算完成有评价、评价结果有反馈、反馈结果有应用的全过程预算绩效管理机制，形成预算绩效管理规范化、常态化、制度化。其中，重点推进民生支出绩效评价工作，作为民生财政预算绩效管理工作的落脚点。同时，必须加快民生财政的预算公开透明，稳步推进民生财政政务公开，使政府预算编制公开、透明、公平；强化预算监督，提高财政资金的使用效率，促进公共利益最大化。

（3）建立财政民生共需品支出的收入统筹机制。税收取之于民，用之于民。这是政府财政支出公共性的基本依据。在民生财政的建设中，目前普遍存在着一个巨大的盲区，即片面关注民生财政的支出，忽视民生财政的收入来源

第10章 构建民生型政府 走共享之路

问题,也就是在支出上强调向民生倾斜,即如何"用之于民",不注意如何"取之于民"。如果忽视了这方面,民生财政就是不完整的。因为在我国目前的国情条件下,税收占财政宏观收入的比重高达90%,其他的财政收入也来自民众,都与民生有着直接的关系。所以,建立民生财政收入统筹机制是保障民生财政建设可持续性的根本问题。

我们认为,建立财政民生共需品的收入统筹机制,一是要注重市场在税收中的作用,税收要讲求公平、合理,符合社会经济发展的客观实际。政府要建立民生财政中的收入理念,既不能征过头税,还要保障民生财政的正常可持续的实施,即中央政府和地方政府的财力问题。因此在中国当前的税制改革中,就必须坚持稳定国家宏观税负,建设地方政府的税收体系。二是要坚持"多予少化",实行低税率,减轻民众税负。因此,保持适度的宏观税负水平不仅是促进经济增长的一个重要条件,也是民生财政建设的重要条件。三是要实现民主税收,授予民众在税制改革中的参与权、知情权、表决权。

另外,我国以公有制为主体的所有制结构使我们在财源保障上,拥有更大的优势。既然我国《宪法》已经明确规定了国有企业,尤其中央直属大型国有企业的所有权属于全民所有,那么,国企利润上缴用于民生保障支出就是理所当然,合理、合法的。因此,建立国企利润全民共享制度是可行的。根据我国的制度框架,可以由全国人民代表大会通过立法规定国有企业利润的上缴比例,并设立专业化民生主权基金,负责管理、运营国企上缴利润,专款专用,基金收入全部用于民生支出。该基金直接对全国人大及其常委会负责,运作过程透明、公开,接受全社会监督。

当然,国企利润上缴的比例应该确定在一个合理的水平,并以做大做强做优国企为前提。这就需要通过系统、科学的调研论证,并通过法律程序予以确定并执行,既要保障国企自身的可持续发展又要能够不断提升国企民生保障的财力财源。从长期来看,国企利润的上缴有利于在形式和实际上落实和解决国有企业,特别是大型央企在公司治理结构层面上的资产所有人缺位的问题,以此为基础的利益相关方独立监督机制的完善,有利于促进国有企业公司治理结构的优化,有效解决长期困扰国有企业经营中的委托代理问题。在国有企业公司治理结构的基础制度设置上,有利于促进国有企业长期的效率提高。反过来，国有企业经营效率的提高和绩效改善，则有利于进一步夯实我国民生共需品供给的物质基础。

（4）理顺政府间财政关系。政府间财政关系是民生财政运行层次中不可或缺的一环，是民生财政支出规模与结构的体制基础之一，直接影响到民生财政的实施效果。我国民生财政建设的最大障碍来自于体制层面，特别是现行分税制导致地方政府事权财权不匹配的问题。解决这些问题，关系到重新划定中央和地方政府事权责任的法律界定，以及由此衍生出的地方和中央政府财权的科学确定。相应的政绩考核机制在某种程度上就应该是一种在责权明确基础上的监督检察机制的具体落实和体现。因此，在法治的基本框架内，彻底厘清上述责任权力关系，并确立明确的法定监督检查机制及其程序，有利于增加行政权力运行的透明度和稳定性，可有效降低行政管理的成本，提高行政效率。

根据我国社会经济发展的最新态势，结合世界范围绝大多数国家的主流做法，我们认为，在当前阶段应该是时候考虑改变我国政府财政民生共需品供给的事权责任了。有必要将关系广大人民基本生活需求的维护性共需品供给的主体责任统一收归中央政府统一管理，实现国家层面上的总体统筹，可通过立法明确这一主体责任，根据各地社会经济发展的实际情况，可详细规定各地区维护性共需品供给的相对规模及其水平，建立合理的动态调整机制。地方政府在民生共需品的供给责任上，可重点以经济性和社会性共需品的供给为主。可根据本地区社会经济发展的现实情况，制定长期发展规划，科学合理地选择经济性和社会性共需品供给的规模与结构。在中央和地方政府责权明确的前提下，根据事权与财权相一致的基本原则，合理划分中央和地方财政之间的财政关系。

（5）改革政府政绩考核机制，建立民生共享为主的考核制度。就目前我国现实情况来看，民生型政府的建设仅靠中央政府努力远远不够，要同时调动地方各级政府的积极性。然而，行政体制内的激励机制与民生发展的目标相冲突，主要表现为在现行对政府的考核机制下，地方政府官员为了在政治锦标赛中胜出，会更加重视短期经济增长，进而忽略对地方经济增长促进作用不明显的民生财政支出。在我国改革开放初期，上一级政府主要采用以经济发展为中心的政绩考核体系考核下一级政府，这样的考核机制促使各级政府的发展经济职能成为政府的主要职能。但是，伴随着我国政治与经济的改革力度不断加大，社会民生需求也不断增强，民生财政领域的就业、社会保障、医疗卫生、教育、住房等问题亟待解决，这也意味着政府职能必须作出相应调整。

因此，我国必须建立以民生为主的政绩考核激励机制。在考核指标的设置上不仅要考察地方民生支出的总体规模和水平，还要重点考察民生支出所实现的共享程度。而我国目前虽然已经抛弃了以经济增长为中心的单一政绩考核方式，但目前还没有建立起以民生共享考核为主的机制和标准，应在这方面加快建设。我们应将民生问题的解决与改善程度纳入政绩考核体系，制定全面、科学的地方政府政绩考核指标、考核办法及激励措施，形成规范化的官员绩效考核和升迁制度，以此为标尺来检验各级政府的施政绩效，最终建立完善好以民生共享为主的官员政绩考核制度，实现中央与地方政府在民生建设问题上的激励兼容。这显然是我国民生型政府建设的直接目标。

2. 注重共享普惠的新型共需品结构建设

在实证部分的研究中，我们重点解析了我国当前阶段民生共需品供给结构方面的基本问题。毫无疑问，如何在加大投入的背景条件下，调整我国民生共需品供给的结构性非均衡状态，彻底改变我国共需品供给历史形成的在城乡、地区之间的巨大差异，通过系统的改革扭转已经存在的制度性歧视，增强民生共需品供给的全民共享普惠的基本特性，将是我国民生共需品供给领域需要解决的迫切问题。在很大程度上，就内容而言，这种结构性差异的调整和重建更为关键。

（1）创新维护性共需品供给的基础制度框架，积极消除制度性歧视。在我国现行的维护性共需品供给的制度框架内，无论是养老保险还是医疗保险等社会保障制度，其基础的制度体系主要表现为以社会法人实体即用人单位为基本管理对象，进行有关经费的统筹和收缴。以养老保险为例，通常是直接针对企事业单位进行费用收缴，通常规定具体的单位和职工个人的缴费比例，用人单位直接在职工工资中扣除，再由单位统一向省际社会保障基金统筹账户缴费。这样一种费用收缴模式，虽然方便管理，有利于节约社会成本，但是在我国的具体国情条件下存在巨大的问题和漏洞。其长期执行的直接后果，是将广大农民及城市自由职业者等没有隶属工作单位的群体拒之于社会保障系统之外。

目前，虽然在城市已经开通了允许个人直接缴费的管理办法和制度举措，极大地扩大了以社会保障为主体的维护性共需品供给的受益范围。但是，在广大农村地区，尤其相对比较贫困的边远山区，以养老和医疗为主体的社会保障的受益范围还相对比较狭窄，且由于保障水平极其有限，基本上仅仅停留在一个象征性的名义水平上，甚至连最基本的生活保障能力都不具备，也严重挫伤了广大农民积极参保的缴费积极性，农民的参保积极性越差，使得统筹账户的基金规模和水平越是相对有限，其所具有的社会保障能力和支付水平也就更低，形成了恶性循环。因此，改革我国维护性共需品的统筹缴费模式，国家首先以基础性的财政补贴投入奠定农村居民基本维护性共需品需求的基础资金，再参照新农合医疗保险的个人缴费办法，合理确定农民个人的缴费比例，尽快建立并完善农村基本维护性共需品的供给制度，是我国当前阶段共需品供给体系的关键任务，对于从根本上消除共需品供给的制度性歧视，实现普惠式的全民共享具有决定性的意义。

(2) 综合统筹中央和地方财政，循序建设社会性共需品供给体系。随着社会经济的发展，长期以来衍生于计划经济体制的城乡二元格局，导致社会资源始终以城市为投入主体。这种非均衡作用机制的长期作用结果，使得农村基础文化、体育设施以及环境保护的社会性共需品的投入，相对很少。即使是在经济比较发达的东部沿海地区，农村地区文化、体育等基础设施的落后程度，相对于同一地区的城市水平都存在着天壤之别。同时，在环境保护等软硬件设施方面也存在较多问题。可以说，农村社会性共需品的供给既缺乏投入的持续性和稳定性，也缺乏后续的维护成本的进一步投入，成为制约农村经济进一步现代化发展的瓶颈。

立足我国现实，由于农村的社会性共需品的投入长期以来的历史欠账太多，农村共需品的供给需要巨大的财政投入才能有效地解决问题。因此，需要我们全面统筹中央和地方两级财政，结合新农村建设的推进，科学规划农村地区长期内的社会性共需品的供给结构及其次序，逐渐偿清历史欠账，实现城乡一体化发展，在不断解决提升农村的社会性共需品供给问题的同时，也要注重城市社会性共需品需求的不断转型升级，尤其是逐渐形成科学的城市规划、管理体系，立足长远，综合平衡城市的产业结构和环境保护问题，兼顾好城乡社会性共需品的供给。

（3）结合市场经济体制改革的深入，调整经济性共需品供给的重心。长期以来，由于我国农业生产技术条件的落后，我国农村地区的经济性共需品的供给，在内容上主要是以农田水利建设以及直接的涉农补贴为主要内容的供给格局。经过新中国成立以来长期的积累和农村地区市场化程度的提高，目前阶段农村经济性共需品的需求已经发生了很大的变化。具体地，在农田水利、交通等农业生产的基础硬件条件大大改善以后，农村地区的生产性需求的内涵正在由传统的农产品产量需求导向演变为农民的致富导向。而这个导向的变化，意味着农民致富所需要的经济性共需品的内容主要是以政府公共服务为主体的软件环境的需求。例如，对粮食市场供需态势及其价格信息的需求，外出务工的就业服务需求等。

因此，结合市场经济体制改革的深入，针对农村地区市场化发展的"瓶颈"因素，逐步转移和调整国家对农村地区生产性共需品需求的投入重心，将更多的资源投入到农民发家致富所需要的软件条件的建设上，将是未来农村经济性共需品供给结构调整的基本方向。当然，这并不意味着农村地区的交通、农田水利以及涉农政策性补贴等经济性需求不需要进一步改善。我们强调的是，在不断改善交通、农田水利等农村基础经济性共需品供给的前提下，软件条件的供给在当前阶段下的相对重要性更值得我们重视。

同时，对城市经济性共需品供给重心也要结合城市经济社会发展水平及其趋势，进行全方位的结构调整。以公共交通为例，近些年来，交通拥堵问题已经成为全国各大中城市普遍存在的问题，已经造成巨大的社会和经济成本，成为困扰广大城市居民和政府的头疼问题。而这个问题的解决涉及城市的产业布局、道路建设、公共交通体系等多方面的系统性结构调整和建设。因此，依托既有基础，在科学定位城市区位功能的基础上，前瞻性的科学规划城市发展的方向，并据此进行动态的结构调整，是现阶段城市经济性共需品供给需要着力解决的重大问题。

3. 发展创新共需品供给的实现模式

尽管对于民生型政府构建中所涉及的政府与市场的责任边界我们已经进行了相对清晰的原则性划分。但是，正如我们所强调的，前述对政府共需品供给

通往共享之路
——马克思社会共同需要思想的当代阐释及运用

职能的责任界定主要是基于社会主义优越性的一种价值论断，是社会主义国家的人民政府在人民共同需要的共需品供给上应该承担的一种终极责任。那么，在具体操作上，政府共需品供给责任的实现与市场机制的关系又应该是什么样的呢？本质上是一个具体的管理层面上的技术选择问题。哪种实现模式可以更加高效地提高民生共需品供给资源的利用效率，就选择哪一种实现模式。在民生共需品供给模式的创新发展上，借鉴有关国家的成功做法，引入市场机制，实现民生共需品的高效供给，当然是我们的一个重要选择。在这方面，国外有些国家实行的以PPP为代表的政府市场合作机制，为我们提供了可供参考的有益借鉴。

（1）PPP模式在国外民生共需品供给领域的实践经验。即使是在资本主义国家，有关民生的公共支出同样也是主要由各级政府提供，国外通行的所谓共需品供给的PPP模式主要是指在公共服务供给领域引入市场竞争机制，也就是将原本由政府承担的部分公共投入引入市场机制，通过政府"掌舵"、市场"划桨"所建立的政府机制与市场机制有机结合的公共服务运行机制。

这种共需品供给模式的实质是以追求供给效率为目标的一种具体的管理方式。在操作上可以概括的描述为：政府作为共需品供给的责任人，以普通市场参与者的主体地位，进入市场以竞价的方式寻求购买共需品服务产品。

这种模式的优点在于，由于存在相对充分的市场竞争，在提高共需品的供给质量的同时，也可以有效的降低供给成本，同时减轻政府财政的负担，也可以有效地防止"福利陷阱"的形成。但其弱点显然在于存在委托代理问题，即负责具体政府采购业务的政府官员和市场供给者之间存在相互寻租，以伤害公共利益的方式，利益勾兑，相互自肥。显然，这种方式的运用需要严密透明的政府采购审计机制的高效运行为前提。国外发达国家的实践经验也充分证明了这一点。

（2）我国民生共需品供给PPP模式的适用性及改革方向。如前所述，单纯的以政府财政为基础的共需品供给，客观上由于支出刚性的存在，在宏观经济的下行阶段容易造成政府财政的负担过重。因此，我国已经尝试通过深化公共服务供给机制的改革，主要是借助社会力量，建立多元化的民生财政供给体制。目前，我国也在大力推广PPP供给模式。

308

第10章 构建民生型政府 走共享之路

但是，我国满足民生需求的公共服务供给及PPP模式依然存在不少问题，如社会资本参与度低，仍然以政府投资为主；地方政府在投资方面财政补贴沉重，融资担保和政府债务压力不小；地方民生基础设施建设过分依赖土地财政，可持续发展能力不强；PPP项目的生产效率不高，服务质量有待提高。尤其是，PPP项目的推动，无形中触发了更多的以官商勾结，利益输送为基本特征的政府官员腐败问题。党的十八大以来，在全方位的立体化反腐运动中，已经揭露出来的大批腐败高官多数在该领域存在腐败问题。显然，这恰恰与我国在政府投资以及采购领域缺乏监管，没有相对严密、透明的监督机制直接相关，产生了非常严重的委托代理问题。

因此，在社会主义市场经济条件下，借鉴并引入PPP等共需品供给模式的关键还在于积极推进行政体制改革，通过一系列的制度创新，监督和制约行政权力，尤其要管好政府的"钱袋子"。同时，必须防范出现那种西方金权通过控制政府支出继而控制了国家政权的情况。中国政府是人民的政府，央行是人民的央行，两者的独立运作不应当以私人企业的意志为转移。因此，我们认为，在民生共需品供给上，发展和创新以PPP项目为代表的政府与市场相结合的合作机制，关键在于在制度建设上规范化政府支出的公开化操作模式。

但凡涉及政府采购或投资，必须经人大批准，直接委托市场独立第三方的招标公司全程操作。政府划定总成本线，同时对采购商品质量进行评级认证，在两者均合格的前提下，允许企业有自己的采购自主权和管理权。对于政府的投资活动，必须进行事前、事中以及事后的全程审计制度，且相关责任人终身负责，实行终身责任制。

总之，从微观角度来看，在政府责任主导下的市场机制的引入，需要全方位的杜绝委托代理问题的产生空间和机会。从根本上，还是要以法治化的方式，同步推进行政体制改革的持续深入。

参 考 文 献

[1]《马克思恩格斯全集》第 1 卷，人民出版社 1995 年版。
[2]《马克思恩格斯全集》第 2 卷，人民出版社 1957 年版。
[3]《马克思恩格斯全集》第 3 卷，人民出版社 1956 年版。
[4]《马克思恩格斯全集》第 4 卷，人民出版社 1958 年版。
[5]《马克思恩格斯全集》第 6 卷，人民出版社 1961 年版。
[6]《马克思恩格斯全集》第 8 卷，人民出版社 1961 年版。
[7]《马克思恩格斯全集》第 10 卷，人民出版社 1998 年版。
[8]《马克思恩格斯全集》第 11 卷，人民出版社 1995 年版。
[9]《马克思恩格斯全集》第 13 卷，人民出版社 1962 年版。
[10]《马克思恩格斯全集》第 17 卷，人民出版社 1963 年版。
[11]《马克思恩格斯全集》第 19 卷，人民出版社 1963 年版。
[12]《马克思恩格斯全集》第 21 卷，人民出版社 1965 年版。
[13]《马克思恩格斯全集》第 25 卷，人民出版社 2001 年版。
[14]《马克思恩格斯全集》第 30 卷，人民出版社 1995 年版。
[15]《马克思恩格斯全集》第 31 卷，人民出版社 1998 年版。
[16]《马克思恩格斯全集》第 42 卷，人民出版社 1979 年版。
[17]《马克思恩格斯全集》第 44 卷，人民出版社 1982 年版。
[18]《马克思恩格斯全集》第 46 卷下，人民出版社 1980 年版。
[19]《马克思恩格斯全集》第 47 卷，人民出版社 1979 年版。
[20]《马克思恩格斯全集》第 49 卷，人民出版社 1982 年版。
[21]《马克思恩格斯文集》第 1~10 卷，人民出版社 2009 年版。
[22]《马克思恩格斯选集》第 1~4 卷，人民出版社 1995 年版。
[23] 谷书堂、逄锦聚等：《经济和谐论》，中国经济出版社 1993 年版。

［24］胡钧：《胡钧经济论文集》，辽宁人民出版社 1998 年版。

［25］胡钧：《胡钧自选集》，中国人民大学出版社 2007 年版。

［26］胡钧、贾凯君：《马克思公共产品理论与西方公共产品理论比较研究》，载于《教学与研究》2008 年第 2 期。

［27］卫兴华、张建君：《论马克思主义经济学方法论的整体性和层次性》，载于《理论学刊》2008 年第 1 期。

［28］王伟光、郭宝平：《社会利益论》，人民出版社 1988 年版。

［29］程恩富、杨承训等著：《中国特色社会主义经济制度研究》，经济科学出版社 2013 年版。

［30］吴易风：《马克思主义经济学与西方经济学比较研究》，中国人民大学出版社 2014 年版。

［31］顾海良、张雷声：《20 世纪国外马克思主义经济思想史》，经济科学出版社 2006 年版。

［32］林岗：《马克思主义与经济学》，经济科学出版社 2007 年版。

［33］袁贵仁：《马克思的人学思想》，北京师范大学出版社 1996 年版。

［34］何振一：《理论财政学》，中国社会科学出版社 2012 年版。

［35］何振一：《关于"社会共同需要论"的研究及其发展》，载于《中央财经大学学报》2012 年第 1 期。

［36］冯文光：《马克思的需要理论》，黑龙江人民出版社 1986 年版。

［37］齐守印：《中国公共经济体制改革与公共经济学论纲》，人民出版社 2003 年版。

［38］齐守印：《论公共经济学与马克思主义的相容性》，载于《理论视野》2002 年第 4 期。

［39］齐守印：《简论公共经济理论体系创新——兼论财政学向何处去》，载于《财政研究》2013 年第 6 期。

［40］李炳炎：《需要价值理论——富国裕民论》，云南人民出版社 1990 年版。

［41］李炳炎：《利益分享经济学》，山西经济出版社 2009 年版。

［42］黄恒学：《公共经济学》，北京大学出版社 2002 年版。

[43] 陈共：《财政学》（第四版），中国人民大学出版社 2004 年版。

[44] 张一兵：《回到马克思经济学语境中的哲学话语》，江苏人民出版社 2014 年版。

[45] 王同新：《马克思恩格斯政府公共性思想与公共服务型政府构建》，中央编译出版社 2014 年版。

[46] 北京师范大学"中国民生发展报告"课题组：《2015 中国民生发展报告》，北京师范大学出版社 2015 年版。

[47] 北京大学社会调查中心：《中国民生发展报告 2015》，北京大学出版社 2015 年版。

[48] 李晓晴：《激进需要与理性乌托邦——赫勒激进需要革命论研究》，黑龙江大学出版社 2011 年版。

[49] 王国新：《马克思恩格斯的政府的共性思想与公共服务型政府构建》，中央编译出版社 2014 年版。

[50] 鲍宗豪：《社会需求与社会和谐》，载于《中国社会科学》2007 年第 5 期。

[51] 鲍宗豪：《论马克思主义的社会需求理论》，载于《马克思主义研究》2008 年第 9 期。

[52] 董瑞华、胡德平：《中国公共经济学研究的马克思主义视野》，载于《当代经济研究》2007 年第 4 期。

[53] 余斌：《西方公共产品需求理论的局限与公共经济需求的影响因素》，载于《经济纵横》2015 年第 3 期。

[54] 余斌：《公共经济学中的公共利益与公共经济活动》，载于《黑龙江社会科学》2016 年第 1 期。

[55] 余斌、许敏：《西方公共产品供给理论局限与公共经济的有效供给》，载于《重庆社会科学》2014 年第 9 期。

[56] 余斌：《西方公共产品理论的局限与公共产品的定义》，载于《河北经贸大学学报》2014 年第 6 期。

[57] 王朝明、李西源：《马克思主义公共产品理论及其建构性价值》，载于《当代经济研究》2010 年第 7 期。

[58] 秦颖：《论公共产品的本质——兼论公共产品理论的局限性》，载于《经济学家》2006 年第 3 期。

[59] 周明海：《马克思恩格斯的公共产品思想研究》，载于《学术界》2009 年第 6 期。

[60] 周明海、贾凯君：《马克思主义公共产品理论及其现实意义》，载于《探索》2009 年第 5 期。

[61] 杨静：《马克思主义视角下的西方公共产品理论批判性解读》，载于《教学与研究》2009 年第 8 期。

[62] 张松、吴育林：《论需要与社会变迁的内在互动——基于马克思实践理论视角》，载于《理论月刊》2015 年第 5 期。

[63] 赵科天：《论需要范畴在哲学中的确立》，载于《甘肃社会科学》1995 年第 6 期。

[64] 丁兆君：《公共产品理论适用性的再讨论——兼论社会共同需要论的回归》，载于《社会科学辑刊》2014 年第 3 期。

[65] 诺思、陈郁等译：《经济史中的结构与变迁》，上海人民出版社 1994 年版。

[66] 斯蒂夫·G·梅德玛著，启蒙编译所译：《困住市场的手：如何驯服利己主义》，中央编译出版社 2014 年版。

[67] 维托·坦茨著，王宇译：《政府与市场　变革中的政府职能》，商务印书馆 2014 年版。

[68] 马丁·L·威茨曼著，林青松、何家成、华生译：《分享经济——用分享制代替工资制》，中国经济出版社 1986 年版。

[69] 阿玛蒂亚·森：《论经济不平等和不平等之再考察》，社会科学文献出版社 2006 年版。

[70] 亨利希·库诺著，袁志英译：《马克思的历史、社会和国家学说：马克思的社会学的基本要点》，上海译文出版社 2014 年版。

[71] 罗伯特·布伦纳：《马克思社会发展理论新解》，中国人民大学出版社 2015 年版。

[72] 张晓敏著，田毅松译，唐少杰校译：《马克思的国家理论》，上海三

联书店 2013 年版。

[73] 艾拉·卡茨纳尔逊著，王爱松译：《马克思主义与城市》，江苏教育出版社 2013 年版。

[74] 曼瑟尔·奥尔森著，陈郁、郭宇峰、李崇新译：《集体行动的逻辑》，上海人民出版社 2003 年版。

[75] 詹姆斯·M·布坎南著，穆怀朋译：《民主财政论》，商务印书馆 1993 年版。

[76] 安东尼·B·阿特金森、约瑟夫·E·斯蒂格利茨著，蔡江南、许斌、邹华明译：《公共经济学》，上海三联书店 1992 年版。

[77] 鲍德威、威迪逊：《公共部门经济学》（第二版），中国人民大学出版社 2000 年版。

[78] 埃利诺·奥斯特罗姆著，余逊达译：《公共事务的治理之道》，上海三联书店 2000 年版。

[79] 迈克尔·麦金尼斯主编：《多中心体制与地方公共经济》，上海三联书店 2000 年版。

[80] 理查德·A·马斯格雷夫、佩吉·B·马斯格雷夫著，邓子基、邓力平译：《财政理论与实践》，中国财政经济出版社 2003 年版。

[81] 莱斯特·M·萨拉蒙著，田凯译：《公共服务中的伙伴关系——现代福利国家中政府与非营利组织的关系》，商务印书馆 2008 年版。

[82] 布朗、杰克逊著，张馨主译：《公共部门经济学（第 4 版）》，中国人民大学出版社 2000 年版。

[83] 萨瓦斯：《民营化与公私部门合作伙伴关系》，中国人民大学出版社 2002 年版。

[84] 乔万尼·阿里吉著，路爱国、黄平、许安结译：《亚当·斯密在北京 21 世纪的谱系》，社会科学文献出版社 2009 年版。

[85] 查理·马斯格雷夫著，邓子基、邓力平译校：《财政理论与实践》，中国财政经济出版社 2003 年版。

[86] 习近平：《之江新语》，浙江人民出版社 2007 年版。

[87] 中共中央文献研究室《中国特色社会主义社会建设道路》课题组、

陈理：《十八大以来习近平关于民生建设的新思想新举措》，载于《党的文献》2015年第3期。

[88]《十八大以来重要文献选编》（上），中央文献出版社2014年版。

[89] 中共中央党校中国特色社会主义理论体系研究中心：《中国共产党保障和改善民生的基本经验》，载于《决策与信息》2012年第11期。

[90] 陈进华：《马克思主义视阈下的财富共享》，载于《马克思主义研究》2008年第3期。

[91] 李乐军：《论促进人的全面发展的公共物品有效供给》，载于《生产力研究》2010年第10期。

[92] 何影：《利益共享的理念与机制研究——和谐社会的视角》，黑龙江大学出版社2013年版。

[93] 武廷海：《建立新型乡关系 走新型城镇化道路——新马克思主义视野中的中国城镇化》，载于《城市规划》2013年第11期。

[94] 武廷海、张能、徐斌：《空间共享——新马克思主义与中国城镇化》，商务印书馆2014年版。

[95] 赵科天：《论需要范畴在哲学中的确立》，载于《甘肃社会科学》1995年第6期。

[96] 洪远朋、于金富、叶正茂：《共享利益观：现代社会主义经济学的核心》，载于《经济经纬》2002年第6期。

[97] 汪荣有：《论共享》，载于《马克思主义研究》2006年第10期。

[98] 陈波、洪远朋：《协调利益关系，构建利益共享的社会主义和谐社会》，载于《社会科学》2007年第1期。

[99] 张映芹：《民生本位时代的财政公共性——基于公共福利价值目标视角的分析》，载于《北京大学学报（哲学社会科学版）》2009年第1期。

[100] 韩喜平、孙贺：《共享发展理念的民生价值》，载于《红旗文稿》2016年第2期。

[101] 刘尚希：《公共支出范围：分析与界定》，载于《经济研究》2002年第6期。

[102] 李彬：《西方国家公共服务市场化的实践及其评价》，载于《管理世界》

2002年第4期。

[103] 刘京焕等:《财政学原理》,高等教育出版社2011年版。

[104] 孙春雷:《我国民生财政研究》,财政部财政科学研究所博士学位论文,2015年。

[105] 孙春雷:《民生财政的研究综述》,载于《首都经济贸易大学学报》2014年第4期。

[106] 赫伯特·斯坦著,金清、郝黎莉译:《美国总统经济史——从罗斯福到克林顿》,吉林人民出版社1997年版。

[107] 赫伯特·斯坦著,苟燕楠译:《美国的财政革命》,上海财经大学出版社2010年版。

[108] 夏子敬:《日本财政支出及其对经济增长的影响分析》,吉林大学博士学位论文,2014年。

[109] 闫婷:《中国财政民生支出规模与结构的优化研究》,辽宁大学博士学位论文,2013年。

[110] 中国现代化战略研究课题组、中国科学院中国现代化研究中心:《2005中国现代化报告》,北京大学出版社2005年版。

[111] 赵伟:《当前中国社会经济发展阶段——三个视点的判断》,载于《社会科学战线》2007年第5期。

[112] 徐康宁、王剑:《中国工业化进程:国际比较与复合型发展战略取向》,载于《江海学刊》2005年第3期。

[113] 李晓西:《中国经济的发展阶段研究》,载于《中央财经大学学报》2007年第3期。

[114] 杨宜勇、安家琦:《当前中国社会经济发展阶段的国际比较研究》,载于《第六期中国现代化研究论坛论文集》2008年。

[115] 田时中、李光龙、周余倩、李景晨:《我国财政支出绩效评价研究现状及评述——基于CNKI相关文献计量分析》,载于《地方财政研究》2015年第6期。

[116] 闫宇光、寇明风:《财政民生支出指标框架体系研究》,载于《财政研究》2011年第10期。

[117] 全国人大财经委:《构建民生知识指标体系、初步发现及政策建议》,研究报告,2011年。

[118] 刘佳丽、谢地:《西方公共产品理论回顾、反思与前瞻——兼论我国公共产品民营化与政府监管改革》,载于《河北经贸大学学报》2015年第5期。

[119] 王爱学、赵定涛:《西方公共产品理论回顾与前瞻》,载于《江淮论坛》2007年第4期。

[120] 陈思奇、李智:《完善公共财政体制 发挥公共财政职能》,载于《中国机构改革与管理》2015年第1期。

[121] 张军:《西方公共产品理论批判性研究》,载于《科技信息》2012年第2期。

[122] 魏波:《以共享理解发展》,载于《中国特色社会主义研究》2016年第1期。

[123] 张菀航:《共享发展:推动民生事业更有作为》,载于《中国发展观察》2015年第11期。

[124] 谭颖:《共享发展理念助推民生建设迈上新台阶》,载于《唯实》2016年第1期。

[125] 董玲:《坚持共享发展 实现民生目标》,载于《法制与社会》2015年第34期。

[126] 向东:《在共享发展中力推民生改善》,载于《中国党政干部论坛》2015年第12期。

[127] 顾明远:《对教育本质的新认识》,载于《光明日报》2016年1月5日。

[128] 丁建农、田勇泉:《医疗机构完全市场化改革的风险及其控制》,载于《中南大学学报(医学版)》2014年第4期。

[129] 唐玲:《"四化两型"建设与地方政府民生类公共产品竞争失序及其治理》,载于《辽宁行政学院学报》2012年第11期。

[130] 盛明科、唐玲:《地方政府民生类公共产品竞争失序及其治理研究》,载于《求索》2011年第10期。

[131] 仲崇立:《改革开放以来我国民生财政支出发展的历程、问题及对策研究》,黑龙江大学硕士论文,2013年。

[132] 李明斌:《后改革开放时代我国民生建设的发展战略》,载于《学习论坛》2013年第5期。

[133] 樊晓峰:《基于改善民生的财政支出结构调整与优化》,吉林财经大学博士学位论文,2011年。

[134] 李庆飞、白庆华:《基于民生的公共产品价格形成机制研究》,载于《价格理论与实践》2008年第2期。

[135] 姜岩、李福生:《论中国共产党民生思想的时代传承》,载于《吉林省教育学院学报(学科版)》2010年第7期。

[136] 牟岱:《民生本位时代的哲学走向——民生哲学的建构》,载于《辽宁大学学报(哲学社会科学版)》2009年第6期。

[137] 高鉴国:《新马克思主义城市理论》,商务印书馆2007年版。

[138] 李诗华:《民生财政建设的对策研究》,山东大学博士学位论文,2009年。

[139] 阿伦·威尔达夫斯基、内奥米·凯顿著,邓淑莲、魏陆译:《预算过程中新政治学》,上海财经大学出版社2006年版。

[140] 菲利普·霍夫曼、凯瑟琳·诺伯格、储建国:《财政危机、自由和代议制政府》,上海格致出版社、上海人民出版社2008年版。

[141] 焦建国:《英国公共财政制度变迁分析》,经济科学出版社2009年版。

[142] 方福前:《公共选择理论——政治的经济学》,中国人民大学出版社2000年版。

[143] 罗新璋编译:《巴黎公社公告集》,上海人民出版社1978年版。

[144] 张国昀、巩军全:《马克思主义经济学框架下的国家理论研究》,中国社会科学出版社2013年版。

[145] 列斐伏尔:《空间与政治》,上海人民出版社2015年版。

[146] 唐旭昌:《大卫·哈维城市空间思想研究》,人民出版社2014年版。

[147] 卡茨纳尔逊:《马克思主义与城市》,江苏教育出版社2013年版。

[148] 张佳:《大卫·哈维的历史—地理唯物主义理论研究》,人民出版社2014年版。

[149] 尼科斯·波朗查斯著,叶林等译:《政治权力与社会阶级》,中国社会

科学出版社 1982 年版。

［150］拉尔夫·密里本德:《资本主义社会的国家》,商务印书馆 1997 年版。

［151］尤尔根·哈贝马斯著,刘北成、曹卫东译:《合法化危机》,上海人民出版社 2000 年版。

［152］克荣斯·奥菲:《福利国家的矛盾》,吉林人民出版社 2006 年版。

［153］大卫·哈维:《新自由主义简史》,上海译文出版社 2010 年版。

［154］埃利诺·奥斯特罗姆著,余逊达译:《公共事务的治理之道》,上海三联书店 2000 年版。

［155］大卫·哈维著,黄煜文译:《巴黎城记》,广西师范大学出版社 2010 年版。

［156］牛俊伟:《城市中的问题与问题中的城市》,南京大学博士学位论文,2013 年。

［157］任荣:《论曼纽尔·卡斯特的新马克思主义城市观》,上海师范大学硕士学位论文,2011 年。

［158］赫曦滢:《新马克思主义城市学派理论研究》,吉林大学博士学位论文,2012 年。

［159］刘先颖:《列斐伏尔〈空间的生产〉理论述评》,黑龙江大学硕士学位论文,2012 年。

［160］余美兰:《詹姆斯·奥康纳的"国家财政危机理论"研究》,福建师范大学硕士学位论文,2014 年。

［161］孙承叔:《一种被忽视的生产——马克思社会关系再生产理论的当代意义》,载于《学习与探索》2007 年第 4 期。

［162］陆春萍:《资本主义都市中集体消费的问题与启示》,载于《经济研究导刊》2006 年第 6 期。

［163］吴宁:《列斐伏尔的城市空间社会学理论及其中国意义》,载于《社会》2008 年第 2 期。

［164］杨有庆:《城市化与空间的生产——列斐伏尔哲学思想"空间转向"探析》,载于《兰州交通大学学报》2011 年第 2 期。

［165］杨有庆:《地理学、空间正义与历史地理唯物主义——论戴维·哈维

对马克思主义的地理学改造》，载于《华北电力大学学报（社会科学版）》2015年第5期。

[166] 章仁彪、李春敏：《大卫·哈维的新马克思主义空间理论探析》，载于《福建论坛（人文社会科学版）》2010年第1期。

[167] 高春花：《列斐伏尔城市空间理论的哲学建构及其意义》，载于《理论视野》2011年第8期。

[168] 大卫·哈维、黄晓武：《列菲弗尔与〈空间的生产〉》，载于《国外理论动态》2006年第1期。

[169] 吴宁：《列斐伏尔对空间的政治学反思》，载于《理论导刊》2008年第5期。

[170] 魏海燕：《哈维新帝国主义论域中的空间》，载于《苏州大学学报（哲学社会科学版）》2012年第1期。

[171] 赫曦滢、赵海月：《大卫·哈维：全球空间生产的资本逻辑再认识》，载于《兰州学刊》2011年第12期。

[172] 曼纽尔·卡斯特、戈岳、高向平著：《城市化》，载于《国外城市规划》2006年第5期。

[173] 高峰：《城市空间生产的运作逻辑——基于新马克思主义空间理论的分析》，载于《学习与探索》2010年第1期。

[174] 洪燕妮：《瓦解"资本逻辑"视域中的国家概念——哈维对马克思国家理论的阐释》，载于《华东理工大学学报（社会科学版）》2015年第2期。

[175] 张国昀：《马克思主义经济学视域中的资本主义国家本质研究》，载于《经济经纬》2010年第6期。

[176] 徐诺金：《我国房地产市场的根本出路在于深化市场化改革》，载于《征信》2014年第1期。

[177] 李国敏、卢珂：《公共性：中国城市住房政策的理性回归》，载于《中国行政管理》2011年第7期。

[178] 贺香彬：《从医疗改革进程看我国公共政策价值取向的变迁与回归》，载于《内蒙古农业大学学报（社会科学版）》2009年第4期。

[179] 丁魁礼、刘建平：《过度市场化与市场化不足的双重克服——医疗体

制改革的一种可行路径分析》，载于《武汉科技学院学报》2006年第4期。

［180］胡海鸥、翁莲萍：《教育市场化范畴与市场化方法的探讨》，载于《当代经济管理》2010年第12期。

［181］冯建军：《教育市场化与教育公正》，载于《高等教育研究》2008年第6期。

［182］任政：《资本、空间与正义批判——大卫·哈维的空间正义思想研究》，载于《马克思主义研究》2014年第6期。

［183］刘太刚：《公共物品理论的反思——兼论需求溢出理论下的民生政策思路》，载于《中国行政管理》2011年第9期。

［184］陈明富：《"虚幻共同体"批判视野下马克思资本主义国家观》，载于《南昌大学学报（人文社会科学版）》2015年第1期。

［185］蒋维兵：《个人利益与共同利益之间关系的历史唯物主义阐释》，载于《宁夏党校学报》2015年第4期。

［186］郭晓君、王璐媛：《论动态性公共物品供给中政府职能的分离》，载于《河北企业》2008年第6期。

［187］楚永生、张宪昌：《公共物品供给的动态化视角研究》，载于《现代经济探讨》2005年第3期。

［188］邹波、李晓：《加强社会保障的整体性研究》，载于《社会科学战线》1997年第5期。

［189］刘晓丹、孙英兰：《"生态环境"内涵界定探讨》，载于《生态学杂志》2006年第6期。

［190］姚晓红、陈先奎：《马克思的社会有机体理论与构建和谐社会》，载于《理论探索》2007年第4期。

［191］王朝晖：《人的需要与社会发展的辩证关系》，郑州大学硕士学位论文，2007年。

［192］Agnes Heller, The Theory of Need in Marx, New York: ST, Martin's P, 1976.

［193］Arrow, K. J., The Implications of Learning by Doing, Review of Economic Studies, Vol. 29, 1962.

[194] Baileyee, Baumolw J., Deregulation and the theory of contestable markets, Yale Journalon Regulation, Vol. 1,1984.

[195] Baumolw Baileyee, Deregulation and the theory of contestable markets, Yale Journal on Regulation, Vol. 1, 1984.

[196] B. Greenwald, J. E. Stiglitz, Externalities in Economics with imperfect information and incomplete markets, Quarterly Journal of Economics, Vol. 101, 1986.

[197] Blank, Rebecca M, When can public makers rely on private market? The effective provision of social services, Economic Journal 110, 2000.

[198] Blundell. R., Consumer Behaviour: Theory and Emperical Evidence, Economic Journal, Vol. 100, 1990.

[199] Brueckner, J. K., A test for allocative efficiency in the local public good sector. Journal of Public Economic 19,1982.

[200] Buchanan, J. M., An Economic Theory of Clubs, Economica,32,1965.

[201] Buehanan, J. M, The Demand and Supply of Public Goods. Chicago: Rand McNally,1968.

[202] C. Cynthia, The Local State: Manaqement of cities and People, London: Pluto Press,1977.

[203] Clark, E. H, Multipart Pricing of Pubic Goods, Public choice, 11, 1971.

[204] Clifford Winston, Efficient Transportation Infrastructure Policy The Journal of Economic Perspectives, Vol. 5, No. 1. (Winter, 1991).

[205] Coase, R. H., The Lighthouse in Economics. Journal of Law and Economics, V. 17, N. 2 (October),1974.

[206] Coase, R. H., The Problem of Social Cost, Journal of Law and Economics, Vol. 3, 1960.

[207] Cockburn, Cynthia, The local state: management of cities and people, London: pluto press limited,1977.

[208] Colm, G., Comments on Samuelson's theory of public finance, Review of Economics and Statistics, XXXVIII, November,1956.

[209] David Harvey, Spaces of Capital towards a Critical Geography , Edinburgh

University Press, 2001.

[210] David Harvey, The Urbanization of Capital: Studies in the History and Theory of Capitalist , Basil Blackwell Ltd. , 1985.

[211] Demsetz, H. The Private Production of Public Goods, Journal of Law and Economics,13(October),1970.

[212] D. Goulet,The cruel choice a new concept on the theory of development , New York:Atheneum,1971.

[213] D. Harvey, The Urbanization of Capital: Studies in the History and Theory of Capitalist Urbanization, Oxford UK:Basil Blackwell Ltd. , 1985.

[214] Elden,Stuart. Understanding Henri Lefebrve. London and New York:Continuum,2004.

[215] Epstein,P. D. Using Performance Measurment in Local Government,Workingham, England:Van Nostrand Reinhold,1984.

[216] Freeman,A. Myrick, III. Approaches to Measuring Public Goods Demands. Amer. J. Agr. Econ. 61,1979.

[217] Gerhard Colm, theory of public expenditure , annals of the American Academy of political and social science,January,1936.

[218] Goldin,Kenneth D,Equal Access VS Selective Access:A Critigque of Public Goods Theory,Public Choice,29(Spring),1979.

[219] Green,Jerry R. and Laffont, Jean-Jaques,Incentives in Public Decisionmaking New York:North-Holland Publishing Company,1979.

[220] Greenwald, B and Stiglitz,J. E. , Externalities with imperfect information and incomplete markets, Quarterly Journal of Economics, Vol. 101,1986.

[221] Harvey,David, Spaces of Capital towards a Critical Geograpahy, Edinburgh: Edinburgh University Press,2001.

[222] Henri Lefebvre, The Production of Space (Translated by Donald Nicholson-Smith), Blackwell Ltd. , 1991.

[223] James M. Buchanan,An Econmic Theory of Clubs,Economics,32,February,1965.

[224] James O'Connor, The Fiscal Crisis of the State, New York: St. Martin's Press, 1973.

[225] John Gillingham, European Integration, 1950 – 2003: Superstate or New Market Economy, New York: Cambridge University Press, 2003.

[226] Julius Margolis, A Comment On the Pure Theory of Public Expenditure, Review of Economics and Statistics, November,1955.

[227] K. Arrow, The Implications of Learning by Doing, Review of Economic Studies, Vol. 29, 1962.

[228] Kieran Mckeown, Marxist Political Economy and Marxist Urban Sociology, London, Macmillan Press, 1987.

[229] Lefebvre, Henri, The Production of Space, Translated by Donald Nicholson-Smith, Blackwell Ltd.,1991.

[230] Mancur Olson, The logic of collective action: public goods and the theory of groups, Havard University Press, Cambridge, Massachusetts,1980.

[231] Manuel Castells, Theor and Ideology in urbam sociology in chris Piokvance (ed), urban Sociology: Critical Essays,1976.

[232] Manuel Castells, The Urban Question: A Marxist Approach, London, Edward Arnold Ltd. , 1977.

[233] Melville L. McMillan; Joe Amoako-Tuffour, Demands for Local Public Sector Outputs in Rural and Urban Municipalities, American Journal of Agricultural Economics, Vol. 73, No. 2 ,May, 1991.

[234] Michael Pickhardt, Fifty years after Samuelson's "The Pure Theory of Public Expenditure", Submitted for presentation at the 52nd International Atlantic Economic Conference,to be held in Philadelphia, USA, October,2001.

[235] Musgrave, R. A., Provision for Social Goods, in: Margolis, J. Guitton, H. (Eds.), Public Economics, London. Reprinted in: Musgrave, R. A. Public Finance in a Democratic Society, Sussex 1986.

[236] Musgrave, R. A., The Theory of Public Finance, New York: McGraw-Hill. 1959.

[237] P. A. Samuelson, Aspects of Public Expenditure Theory, Review of Economics and Statistics, November, 1958.

[238] P. A. Samuelson, Diagrammatic Exposition of a Theory of Public Expenditure, Review of Economics and Statistics, 37, 1955.

[239] P. A. Samuelson, The Pure theory of Public Expenditure, Review of Economics and Statistics, 36, November, 1954.

[240] Peter Saunders, Social Theory and Urban Question, Hutchinson, 1986.

[241] R. H. Coase, The Problem of Social Cost, Journal of Law and Economics, Vol. 3, 1960.

[242] Shleifer, Andrei, State versus private ownership, The Journal of Economic Perspectives 12(4), 1998.

[243] Steven Deller, Pareto-Efficiency and the Provision of Public Goods Within a Rural Setting, Growth and Change 21(Winter), 1990.

[244] Tiebout, C. M., A Pure Theory of Local Expenditures, Journal of Political Economy, 1965.

[245] Wallace F. Oates, Fiscal Federalism, by Harcourt Brace Jovanovich, Inc., 1972.

后　　记

时光荏苒，岁月如梭。自博士毕业之后到中国社科院马克思主义研究院工作，恰有十年整。在这十年中，一直构想以马克思的社会共同需要思想为基础，同时借鉴西方马克思主义城市理论，并结合对西方公共产品理论的批判，构建新的理论体系对我国社会主义民生建设问题进行深入的实证研究，这不仅是基于我博士期间选定研究领域的深入拓展，还是出自对中国特色社会主义政治经济学建设尽绵薄之力的设想，更是出于对我国民生建设问题的深切人文关怀。

但设想是美好的，现实是艰辛的。书稿的构思不断被推倒重来，加之承担的多种学术性事务工作，以及可爱女儿的诞生，导致此书十年之后才艰难写就并付梓出版。在书稿的构思、写作、修改过程中，得到了许多良师益友的帮助和指导，其中中国人民大学胡钧教授、国家行政学院张孝德教授、中国社会科学院胡乐明教授和彭五堂副研究员，在经典著作研读、文献选用及研究思路上给予了细心指导；中国人民大学张旭教授、北京理工大学贾利军教授、中国人民大学陈亮副教授和张晨副教授、中央党校张开副教授、河北农业大学杨向辉博士、邢台学院种项戎老师等在研究构架、研究内容上给予了大力支持；中国社科院的博士生徐曼和许敏、北京理工大学的硕士生冯卓和金轲等在资料收集、数据整理与文字编校方面给予了许多帮助。可以说，在他们的鼎力帮助下，书稿的研究思路与研究方向才进一步得以明确，研究内容才进一步得以充实完善，并最终成稿。

此外，在书稿进行过程中，还参阅了大量国内外相关的文献资料，获取了许多有益的启示，在此一并向这些文献的作者表示诚挚的谢忱！

感谢经济科学出版社范莹老师，本书的出版得到了范莹老师以及出版社的大力帮助与支持！

本书是中国社会科学院创新项目"当代资本主义与世界金融危机研究"的阶段性成果，并获得中国社会科学院青年学者发展基金项目资助。

但研究水平有限，就教于各位学术同行，期待专家批评指正。

2016 年 1 月